2015
中国上市公司治理评价研究报告

China Coporate Governance
Evaluation Report

李维安 等著

图书在版编目(CIP)数据

中国上市公司治理评价研究报告.2015/李维安等著.—北京:商务印书馆,2016
ISBN 978-7-100-12411-9

Ⅰ.①中… Ⅱ.①李… Ⅲ.①上市公司—企业管理—研究报告—中国—2015 Ⅳ.①F279.246

中国版本图书馆 CIP 数据核字(2016)第 173101 号

所有权利保留。
未经许可,不得以任何方式使用。

2015 中国上市公司治理评价研究报告
李维安 等著

商 务 印 书 馆 出 版
(北京王府井大街36号 邮政编码100710)
商 务 印 书 馆 发 行
山东临沂新华印刷物流集团
有 限 责 任 公 司 印 刷
ISBN 978-7-100-12411-9

2016年8月第1版 开本 787×1092 1/16
2016年8月第1次印刷 印张 18.25
定价:55.00元

本项研究获得"中国特色社会主义经济建设协同创新中心"（CICCE）、国家自然科学基金项目、教育部长江学者特聘教授奖励计划、教育部人文社会科学重点研究基地重大研究课题、高等学校优秀青年教师教学科研奖励基金项目、南开大学"985"、"211工程"等项目的资助，在此表示衷心的感谢。

中国公司治理评价课题组负责人：李维安

课题组协调人：程新生

课题组主要成员：郝　臣　吴德胜　张耀伟　王鹏程
　　　　　　　　张国萍　牛建波　刘振杰　李浩波
　　　　　　　　李晓琳　李慧聪　郑海埃　丁振松
　　　　　　　　李元祯　吕美伦　贵思博等

目 录

第一章 公司治理评价与治理指数 ·············· 1

第一节 公司治理评价的研究意义 ·············· 1
第二节 公司治理评价的国内外研究 ·············· 3
第三节 中国上市公司治理指数研发历程与构成 ·············· 7
第四节 中国上市公司治理评价指标体系 ·············· 9

第二章 基于公司治理指数开展的相关研究 ·············· 28

第一节 国内基于公司治理指数开展的相关研究 ·············· 28
第二节 国外基于公司治理指数开展的相关研究 ·············· 31
第三节 基于公司治理指数研究小结 ·············· 33

第三章 中国上市公司治理总体评价 ·············· 35

第一节 中国上市公司治理评价样本情况 ·············· 35
第二节 中国上市公司治理总体分析 ·············· 39
第三节 中国上市公司治理100佳 ·············· 45
主要结论 ·············· 49

第四章 中国上市公司股东治理评价 ·············· 50

第一节 中国上市公司股东治理总体分析 ·············· 50
第二节 中国上市公司股东治理分行业评价 ·············· 51
第三节 中国上市公司股东治理分控股股东性质评价 ·············· 54
第四节 中国上市公司股东治理分地区评价 ·············· 56
第五节 中国上市公司股东治理100佳评价 ·············· 59
主要结论 ·············· 63

第五章　中国上市公司董事会治理评价 … 64

第一节　中国上市公司董事会治理总体分析 … 64
第二节　中国上市公司董事会治理分行业评价 … 65
第三节　中国上市公司董事会治理分控股股东性质评价 … 69
第四节　中国上市公司董事会治理分地区评价 … 71
第五节　中国上市公司董事会治理100佳评价 … 74
主要结论 … 78

第六章　中国上市公司监事会治理评价 … 80

第一节　中国上市公司监事会治理总体分析 … 80
第二节　中国上市公司监事会治理分行业评价 … 81
第三节　中国上市公司监事会治理分控股股东性质评价 … 84
第四节　中国上市公司监事会治理分地区评价 … 86
第五节　中国上市公司监事会治理100佳评价 … 89
主要结论 … 92

第七章　中国上市公司经理层治理评价 … 94

第一节　中国上市公司经理层治理总体分析 … 94
第二节　中国上市公司经理层治理分行业评价 … 95
第三节　中国上市公司经理层治理分控股股东性质评价 … 99
第四节　中国上市公司经理层治理分地区评价 … 101
第五节　中国上市公司经理层治理100佳评价 … 104
主要结论 … 108

第八章　中国上市公司信息披露评价 … 112

第一节　中国上市公司信息披露总体分析 … 112
第二节　中国上市公司信息披露分行业评价 … 114
第三节　中国上市公司信息披露分控股股东性质评价 … 117
第四节　中国上市公司信息披露分地区评价 … 119
第五节　中国上市公司信息披露100佳评价 … 121
主要结论 … 125

第九章　中国上市公司利益相关者治理评价 ·········· 126

- 第一节　中国上市公司利益相关者治理总体分析 ·········· 126
- 第二节　中国上市公司利益相关者治理分行业评价 ·········· 128
- 第三节　中国上市公司利益相关者治理分控股股东性质评价 ·········· 130
- 第四节　中国上市公司利益相关者治理分地区评价 ·········· 132
- 第五节　中国上市公司利益相关者治理100佳评价 ·········· 135
- 主要结论 ·········· 138

第十章　主板上市公司治理总体评价 ·········· 140

- 第一节　主板上市公司治理总体分析 ·········· 140
- 第二节　主板上市公司治理分行业评价 ·········· 144
- 第三节　主板上市公司治理分控股股东性质评价 ·········· 148
- 第四节　主板上市公司治理分地区评价 ·········· 150
- 第五节　主板上市公司治理100佳评价 ·········· 155
- 主要结论 ·········· 159

第十一章　主板上市公司股东治理评价 ·········· 160

- 第一节　主板上市公司股东治理总体分析 ·········· 160
- 第二节　主板上市公司股东治理分行业评价 ·········· 161
- 第三节　主板上市公司股东治理分控股股东性质评价 ·········· 165
- 第四节　主板上市公司股东治理分地区评价 ·········· 167
- 第五节　主板上市公司股东治理100佳评价 ·········· 169
- 主要结论 ·········· 173

第十二章　主板上市公司董事会治理评价 ·········· 175

- 第一节　主板上市公司董事会治理总体分析 ·········· 175
- 第二节　主板上市公司董事会治理分行业评价 ·········· 176
- 第三节　主板上市公司董事会治理分控股股东性质评价 ·········· 179
- 第四节　主板上市公司董事会治理分地区评价 ·········· 182
- 第五节　主板上市公司董事会治理100佳评价 ·········· 184
- 主要结论 ·········· 189

第十三章　主板上市公司监事会治理评价 ······ 191

第一节　主板上市公司监事会治理总体分析 ······ 191
第二节　主板上市公司监事会治理分行业评价 ······ 192
第三节　主板上市公司监事会治理分控股股东性质评价 ······ 195
第四节　主板上市公司监事会治理分地区评价 ······ 197
第五节　主板上市公司监事会治理100佳评价 ······ 200
主要结论 ······ 203

第十四章　主板上市公司经理层治理评价 ······ 205

第一节　主板上市公司经理层治理总体分析 ······ 205
第二节　主板上市公司经理层治理分行业评价 ······ 206
第三节　主板上市公司经理层治理分控股股东性质评价 ······ 209
第四节　主板上市公司经理层治理分地区评价 ······ 212
第五节　主板上市公司经理层治理100佳评价 ······ 214
主要结论 ······ 218

第十五章　主板上市公司信息披露评价 ······ 222

第一节　主板上市公司信息披露总体分析 ······ 222
第二节　主板上市公司信息披露分行业评价 ······ 224
第三节　主板上市公司信息披露分控股股东性质评价 ······ 226
第四节　主板上市公司信息披露分地区评价 ······ 228
第五节　主板上市公司信息披露100佳评价 ······ 231
主要结论 ······ 234

第十六章　主板上市公司利益相关者治理评价 ······ 236

第一节　主板上市公司利益相关者治理总体分析 ······ 236
第二节　主板上市公司利益相关者治理分行业评价 ······ 237
第三节　主板上市公司利益相关者治理分控股股东性质评价 ······ 240
第四节　主板上市公司利益相关者治理分地区评价 ······ 242
第五节　主板上市公司利益相关者治理100佳评价 ······ 245
主要结论 ······ 248

第十七章　中小企业板上市公司治理评价 ······ 250

第一节　中小企业板公司治理评价总体分析 ······ 250
第二节　中小企业板上市公司治理评价分组比较 ······ 253
主要结论 ······ 256

第十八章　创业板上市公司治理评价 ······ 258

第一节　创业板上市公司治理评价总体分析 ······ 258
第二节　创业板上市公司治理评价分组比较 ······ 261
主要结论 ······ 264

第十九章　上市金融机构治理评价 ······ 265

第一节　上市金融机构治理评价总体分析 ······ 265
第二节　上市金融机构治理评价分组比较 ······ 269
第三节　上市金融机构治理年度比较 ······ 270
主要结论 ······ 276

参考文献 ······ 277

第一章 公司治理评价与治理指数

第一节 公司治理评价的研究意义

一、公司治理改革与治理评价问题提出

公司治理改革已经成为全球性的焦点问题,作为全球市场上的一种竞争优势以及可持续发展的重要组成部分,完善的公司治理机制对于保证市场秩序具有十分重要的作用。近二十年来,全球公司治理研究的关注主体由以美国为主逐步扩展到英美日德等主要发达国家,近年来已扩展到转轨和新兴市场国家。研究内容也随之从治理结构与机制的理论研究,扩展到治理模式与原则的实务研究。目前治理质量与治理环境倍受关注,研究重心转移到公司治理评价和治理指数。中国的公司治理也大致经历了这些阶段,制度建设与企业改革经过了独特的由破到立的过程。从《中国公司治理原则》(2001年)、《关于上市公司建立独立董事制度的指导意见》(2001年8月)与《中国上市公司治理准则》(2002年1月)的颁布,到新《公司法》和《证券法》(2005年10月)的出台,以及国务院批准证监会《关于提高上市公司质量的意见》(2005年10月)的发布,在股权分置全流通、高级管理人员持股等大背景下,中国的公司治理改革进入了一个新的阶段。

公司治理研究的重要任务之一就是探讨如何建立一套科学完善的公司治理评价系统。通过系统的运行,一方面为投资者提供投资信息,另一方面可以掌握公司治理的现状,观察与分析公司在对利益相关者权益保护、公司治理结构与治理机制建设等方面的现状与问题,促进提高公司治理质量及公司价值。公司治理理论界以及实务界迫切需要了解以下问题:中国公司治理的质量如何? 如何规范股东大会以及怎样才能确保公司的独立性? 董事会如何运作才能形成完善的决策与监督机制? 采用何种激励与约束机制才能有效降低代理成本并促使代理人为公司长期发展而努力? 决定公司治理质量的主要因素有哪些? 公司治理存在哪些风险,其程度如何,对投资者及其他利益相关者的利益有何影响? 公司治理机制的建立与完善会如何影响公司绩效?

解决上述问题的核心是建立一套适应中国公司治理环境的公司治理评价系统和评

价指数,用以掌握我国公司的治理结构与治理机制完善状况、公司治理风险的来源、程度与控制,并进一步观察与分析中国公司在控股股东行为、董事会运作、经营层激励约束、监事会监督以及信息披露等方面的现状、存在的风险、治理绩效等。通过该系统可以探索中国公司治理的模式,以规范公司治理结构及董事会的治理行为,建立良好的高管层激励与约束机制,完善公司的信息披露制度,保护股东及其他利益相关者的权益,最终实现良好的经营业绩。

二、公司治理评价的应用价值

有利于政府监管,促进资本市场的完善与发展。公司治理指数反映了公司治理水平,详细编制并定期公布公司治理指数,能够使监管部门及时掌握其监管对象的公司治理结构与治理机制的运行状况,从而在信息反馈方面确保其监管有的放矢。同时,有利于证券监管部门及时掌握中国公司治理状况以及相关的准则、制度等的执行情况。利用该系统,证券监管部门可以及时了解其监管对象在控股股东行为、董事会、监事会、高管人员的任选与激励约束机制以及信息披露与内部控制等方面的建立与完善程度以及可能存在的公司治理风险等,有利于有效发挥监管部门对于公司的监管作用。

有利于形成公司强有力的声誉制约并促进证券市场质量的提高。基于融资以及公司持续发展的考虑,公司必须注重其在证券市场以及投资者中的形象。公司治理评价系统的建立,可以对公司治理的状况进行全面、系统、及时的跟踪,定期将评价的结果公布,弥补了我国企业外部环境约束较弱的缺陷。由于公司治理评价状况的及时公布而产生的信誉约束,将促使公司不断改善公司治理状况,最大限度地降低公司治理风险,从而有利于证券市场质量的提高,强化信用。公司的信用是建立在良好的公司治理结构与治理机制的基础之上的,一个治理状况良好的公司必然具有良好的企业信用。公司治理指数的编制与定期公布,能够对公司治理的状况实施全面、系统、及时的跟踪,从而形成强有力的声誉制约并促进证券市场质量的提高。不同时期公司治理指数的动态比较,反映了公司治理质量的变动状况,因而有利于形成动态声誉制约。

有利于公司科学决策与监控机制的完善和诊断控制。公司治理指数使公司(被评价对象)能够及时掌握本公司治理的总体运行状况以及公司在控股股东行为、董事会、监事会、经理层等方面的治理状况以及信息披露、内部控制状况,及时对可能出现的问题进行诊断,有针对性地采取措施,从而确保公司治理结构与治理机制处于良好的状态中,进而提高公司决策水平和公司竞争力。定期的公司治理评价信息,将使管理当局及时地掌握公司治理潜在的风险,并采取积极的措施降低与规避监控风险;投资者利用公司治理评价所提供的公司治理质量、公司治理风险的全面信息,可以了解其投资对象,为科学决策提供信息资源。例如，公司治理计分卡的应用有助于指导公司科学决策。

为投资者投资提供鉴别工具并指导投资。及时量化的公司治理指数，能够使投资者对不同公司的治理水平与风险进行比较，掌握拟投资对象在公司治理方面的现状与可能存在的风险。同时根据公司治理指数、风险预警与公司治理成本以及公司治理绩效的动态数列，可以判断投资对象公司治理状况与风险的走势及其潜在投资价值，从而提高决策水平。传统上投资者主要分析投资对象的财务指标，但财务指标具有局限性。建立并定期公布公司治理指数，将促进信息的公开，降低信息不对称性，提高决策科学性。例如，成立于1992年的LENS投资管理公司的投资选择原则是从财务评价和公司治理评价两个角度找出价值被低估和可以通过公司治理提高价值的公司。美国机构投资者服务公司与英国富时还建立起了公司治理股价指数，为其会员提供公司治理咨询服务。韩国也建立了公司治理股价指数。

有利于建立公司治理实证研究平台，提高公司治理研究水平。中国公司治理指数报告使公司治理的研究由理论层面的研究具体到量化研究和实务研究，有利于解决公司治理质量、公司治理风险、公司治理成本与公司治理绩效度量这些科学问题。公司治理评价过程中的一系列调查研究的成果是顺利开展公司治理实证研究的重要数据资源。这一平台的建立，将使公司治理理论研究与公司治理实践得以有机结合，进一步提高公司治理理论研究对公司治理实践的指导作用。

第二节　公司治理评价的国内外研究

一、国内外主要的公司治理评价系统

国内外对公司治理评价与指数的研究经历了公司治理的基础理论研究、公司治理原则与应用研究、公司治理评价系统与治理指数研究的过程，并由商业机构的公司治理评价发展到非商业性机构的公司治理评价。中外学者对公司治理评价的关注是基于满足公司治理实务发展的需要，尤其是机构投资者的需要。

公司治理评价萌芽于1950年杰克逊·马丁德尔（Jackson Martindell）提出的董事会绩效分析，随后一些商业性的组织也推出了公司治理状况的评价系统。最早的、规范的公司治理评价研究是由美国机构投资者协会在1952年设计的正式评价董事会的程序，随后出现了公司治理诊断与评价的系列研究成果，如沃尔特·J.萨蒙（Walter J.Salmon，1993）提出诊断董事会的22个问题；1998年标准普尔公司（Standard & Poor's Co.）创立公司治理服务系统，该评价系统于2004进行了修订；1999年欧洲戴米诺推出戴米诺公司治理评价系统;2000 年亚洲里昂证券推出里昂公司治理评价系统;2003 年南开大学中国公司治理研究院(原南开大学公司治理研究中心)李维安率领的南开大学公司治理评价课题组等推出"中国上市公司治理评价系统"(中国第一个全面系统的公司治理评价系统),2004 年公布《中国公司治理评价报告》,同时发布中国上市公司治理指数($CCGI^{NK}$)。

美国机构投资者服务公司(Institutional Shareholder Services)还建立了全球性的公司治理状况数据库,为其会员提供公司治理服务;另外还有布朗斯威克(Brunswick Warburg)、ICLCG(Institute of Corporate Law and Corporate Governance)、ICRA(Information and Credit Rating Agency)、世界银行公司评价系统、泰国公司治理评价系统、韩国公司治理评价系统、日本公司治理评价系统(CGS、JCGIndex)以及我国台湾公司治理与评等系统等。详细情况见表 1.1。

表 1.1　国内外主要公司治理评价系统

公司治理评价机构或个人	评 价 内 容
杰克逊・马丁德尔(Jackson Martindell)	社会贡献、对股东的服务、董事会绩效分析、公司财务政策
标准普尔(Standard & Poor's)	所有权结构、利益相关者的权利和相互关系、财务透明度和信息披露、董事会结构和程序
戴米诺(Deminor)	股东权利与义务、接管防御的范围、信息披露透明度、董事会结构
里昂证券(CLSA)	管理层的约束、透明度、小股东保护、独立性、公平性、问责性、股东现金回报以及公司社会责任
美国机构投资者服务组织(ISS)	董事会及其主要委员会的结构、组成、公司章程和制度、公司所属州的法律、管理层和董事会成员的薪酬、相关财务业绩、"超前的"治理实践、高管人员持股比例、董事的受教育状况
戴维斯和海德里克(DVFA)	股东权利、治理委员会、透明度、公司管理以及审计
布朗斯威克(Brunswick Warburg)	透明度、股权分散程度、转移资产/价格、兼并/重组、破产、所有权与投标限制、对外部人员的管理态度、注册性质
公司法与公司治理机构(ICLCG)	信息披露、所有权结构、董事会和管理层结构、股东权利、侵吞(expropriation)风险、公司的治理历史
信息和信用评级代理机构(ICRA)	所有权结构、管理层结构(含各董事委员会的结构)、财务报告和其他披露的质量、股东利益的满足程度
宫岛英昭、原村健二、稻垣健一等日本公司治理评价体系(CGS)	股东权利、董事会,信息披露及其透明性三方面,考察内部治理结构改革对企业绩效的影响

续表

公司治理评价机构或个人	评价内容
日本公司治理研究所公司治理评价指标体系(JCGIndex)	以股东主权为核心,从绩效目标和经营者责任体制、董事会的机能和构成、最高经营者的经营执行体制以及股东间的交流和透明性四方面评价
泰国公司治理评价系统	股东权利、董事品质、公司内部控制的有效性
韩国公司治理评价系统	股东权利、董事会和委员会结构、董事会和委员会程序、向投资者披露和所有权的平等性
香港城市大学公司治理评价系统	董事会结构、独立性或责任;对小股东的公平性;透明度及披露;利益相关者角色、权利及关系;股东权利
台湾辅仁大学公司治理与评等系统	董(监)事会组成、股权结构、参与管理与次大股东、超额关系人交易、大股东介入股市的程度
GMI(Governance Metrics International)治理评价系统	透明度与披露(含内部监控)、董事会问责性、社会责任、股权结构与集中度、股东权利、管理人员薪酬、企业行为
世界银行治理评价系统	公司治理的承诺、董事会的结果和职能、控制环境和程序、信息披露与透明度、小股东的待遇
中国社会科学院世界经济与政治研究所公司治理研究中心	股东权利、对股东的平等待遇、公司治理中利益相关者的作用、信息披露和透明度、董事会职责、监事会指责
南开大学推出的中国上市公司治理指数(CCGI^{NK})	控股股东、董事会、监事会、经理层、信息披露、利益相关者

资料来源:根据已有相关研究文献整理。

二、已有公司治理评价系统共性与差异

一般而言,公司治理评价系统具有以下四个共同特征:一是评价系统均由一系列详细指标组成,且各个评价系统均包括了三个因素:股东权利、董事会结构及信息披露。二是在所有的评价系统中,评分特点是相同的。总体而言,较低的分值意味着较差的治理水平,反之意味着较好的治理状况。但也有两个例外,一个例外是 ICRA 评价系统,它使用相反的评分方法,公司治理评级 CGR1 意味着最好的治理状况,公司治理评级 CGR6 意味着最低的治理水平;另一个例外是布朗斯威克的治理风险分析,它是以惩罚得分的形式来计算,得分越高,公司的治理风险越大。三是绝大多数评价系统都使用了权重评级方法,根据治理各要素重要程度的不同赋予不同的权重,从而计算出公司治理评价值。四是获取评价所需信息的方法是一致的,主要来自公开可获得信息,其他信息通过与公司关键员工的访谈而获得。不同评价系统的主要区别在于以下两个方面。

第一,一些评价系统是用来评价某一个别国家公司的治理状况(例如 DVFA、布朗斯威克等),另一些评价系统则涉及多个国家的公司治理评价,如标准普尔、戴米诺和里昂证券评价系统包含了国家层次的分析。这些评价中使用的标准都很相似。标准普尔提供了一个关于法律、管制和信息基础的有效程度的评估;戴米诺评级服务包括一个由法律分析和特定国家范围内的公司治理实务组成的国家分析报告,其服务范围涵盖了 17 个欧洲国家;里昂证券主要利用与管制和制度环境有关的六个宏观公司治理因素来对各个市场进行评级,涉及 20—25 个新兴市场;世界银行的研究也基于与公司治理有关的六个综合指标进行了国家层次上的比较;戴维斯和海德里克(Davis and Heidrick,2002)比较了公司治理的国别差异,但采用了不同的方法,他们主要考虑了基于公司治理实务和单个公司治理状况的国家层次平均水平。

第二,各评价系统关注的重点、采用的标准以及评价指标体系的构成呈现出较大差别。如标准普尔以经济合作与发展组织(Organization for Economic Cooperation and Development,OECD)公司治理准则、美国加州基金(CalPERS)等提出的公司治理原则以及国际上公认的对公司治理要求较高的指引、规则等制定评价指标体系,把公司治理评价分为国家评分与公司评分两部分。前者从法律基础、监管、信息披露制度以及市场基础四个方面予以考核;后者包括所有权结构及其影响、利益相关者关系、财务透明与信息披露、董事会的结构与运作四个维度的评价内容。关注的是宏观层面上的外部力量以及公司内部治理结构与运作对于公司治理质量的影响。戴米诺则以经济合作与发展组织(OECD)公司治理准则以及世界银行的公司治理指引为依据制定指标体系,从股东权利与义务、接管防御范围、公司治理披露以及董事会结构与功能三个维度衡量公司治理状况,重视公司治理环境对公司治理质量的影响,特别强调接管防御措施对公司治理的影响。里昂证券评价系统则从公司透明度、管理层约束、董事会的独立性与问责性、小股东保护、核心业务、债务控制、股东的现金回报以及公司的社会责任等八个方面评价公司治理的状况,注重公司透明度、董事会的独立性以及对小股东的保护,强调公司的社会责任。

公司治理评价的研究与应用,对公司治理实践具有指导意义。正如上述对不同评价系统的对比所看到的,不同的评价系统有不同的适用条件,中国公司的治理环境、治理结构和机制与国外有很大的差别,因而直接将国外评价系统移植到国内必将产生水土不服现象。只有借鉴国际经验,结合中国公司所处的法律环境、政治制度、市场条件以及公司本身的发展状况,设置具有中国特色的公司评价指标体系,并采用科学的方法对公司治理状况做出评价,才能准确反映中国公司治理状况。中国上市公司治理指数(CCGI^{NK})充分考虑了中国公司治理环境的特殊性。

第三节　中国上市公司治理指数研发历程与构成

进入21世纪以来,由于对公司治理质量和治理环境的格外关注,如何识别公司治理的优劣便成为需要解决的问题,这就迫切需要建立一套适应中国上市公司治理环境的公司治理评价系统。通过该系统的运行,我们能够掌握公司治理的状况,观察与分析中国上市公司在股权结构、董事会运作、经营层激励约束、监事会监督、信息披露以及利益相关者参与治理等方面的现状与问题,从而能够从整体上提高公司治理水平,保证公司运营的质量和良好的经营业绩。

一、中国上市公司治理指数研发历程

中国公司治理的研究从公司治理理论研究深入到公司治理原则与应用研究,之后从公司治理原则研究进一步发展到公司治理评价指数的研究。中国上市公司治理指数的研究发展呈现为渐进式的动态优化过程。具体来说,中国上市公司治理指数($CCGI^{NK}$)的形成经历了四个阶段。

第一阶段:研究并组织制定《中国公司治理原则》。在中国经济体制改革研究会的支持下,于2001年推出的《中国公司治理原则》,被中国证监会《中国上市公司治理准则》以及太平洋经济合作理事会(Pacific Economic Cooperation Council,简称PECC)组织制定的《东亚地区治理原则》所吸收借鉴,为建立公司治理评价指标体系提供了参考性标准。

第二阶段:构建"中国上市公司治理评价指标体系"。历时两年调研,2001年11月,第一届公司治理国际研讨会提出《在华三资企业公司治理研究报告》。2003年4月,经反复修正,提出"中国上市公司治理评价指标体系"。围绕公司治理评价指标体系,2003年11月,第二届公司治理国际研讨会征求国内外专家意见,根据前期的研究结果和公司治理专家的建议,最终将公司治理指标体系确定为6个维度:股东治理指数、董事会治理指数、监事会治理指数、经理层治理指数、信息披露指数、利益相关者治理指数,合计80多个评价指标。

第三阶段:正式推出中国上市公司治理指数和《中国公司治理评价报告》。基于评价指标体系与评价标准,构筑中国上市公司治理指数($CCGI^{NK}$),2004年首次发布"中国公司治理评价报告",报告应用$CCGI^{NK}$第一次对中国上市公司(2002年的数据)进行大样本全面量化评价分析,之后逐年发布年度公司治理报告。

第四阶段:中国上市公司治理评价系统应用阶段。在学术上,公司治理评价为课题、著作、文章等系列成果的研究提供了平台,获得国家自然科学基金重点项目和国家社科重大招标项目支持,公司治理报告在商务印书馆、高等教育出版社以及北京大学出版社等国内出版社出版,并在国外出版社出版英文版。此外,还为监管部门治理监管工作提供支持,为企业提升治理水平提供指导。$CCGI^{NK}$连续应用于"CCTV中国最具价值上市公司年度评选";应用于联合国贸发会议对中国企业的公司治理状况抽样评价和世界银行招标项目(2007年10月30日至11月1日,应联合国贸发会议邀请,李维安教授参加了在瑞士日内瓦召开的ISAR专家组第24届会议,并就《中国公司治理信息披露项目》做大会报告);应用于国务院国资委国有独资央企董事会建设与评价等和国家发改委委托项目推出的"中国中小企业经济发展指数"研究(2007年接受保监会委托,设计保险公司治理评价标准体系;2008年接受国务院国资委委托,对央企控股公司治理状况进行评价;开发中国公司治理指数数据库;研发中国公司治理股价指数;设计中国公司治理计分卡)。

二、中国上市公司治理指数构成

基于中国上市公司面临的治理环境特点,南开大学公司治理评价课题组在总结公司治理理论研究、公司治理原则、各类公司治理评价系统以及大量实证研究、案例研究成果的基础上,于2003年设计出中国上市公司治理评价系统,2004年公布"中国公司治理评价报告",同时发布$CCGI^{NK}$。随后,于2004年、2005年加以优化,广泛征求各方面的意见,对6个维度评价指标进行适度调整。通过对上市公司治理评价的实证研究,对部分不显著性指标进行调整;通过对公司实施公司治理评价,不断检验系统的有效性并进行优化;引入新的公司治理研究思想,例如利益相关者;听取各方面的意见,广泛研讨;密切关注治理环境变化,并及时反映到评价系统中,例如法律法规变化。评价指标体系见表1.2。

表1.2 中国上市公司治理指数评价指标体系

指 数 (目标层)	公司治理评价6个维度 (准则层)	公司治理评价各要素 (要素层)
中国上市公司 治理指数 ($CCGI^{NK}$)	控股股东行为($CCGI^{NK}_{SH}$)	上市公司独立性
		中小股东权益保护
		关联交易
	董事会治理($CCGI^{NK}_{BOD}$)	董事权利与义务
		董事会运作效率

续表

指　数 （目标层）	公司治理评价6个维度 （准则层）	公司治理评价各要素 （要素层）
中国上市公司 治理指数 （$CCGI^{NK}$）	董事会治理（$CCGI^{NK}_{BOD}$）	董事会组织结构
		董事薪酬
		独立董事制度
	监事会治理（$CCGI^{NK}_{BOS}$）	监事会运行状况
		监事会规模与结构
		监事胜任能力
	经理层治理（$CCGI^{NK}_{TOP}$）	经理层任免制度
		经理层执行保障
		经理层激励约束
	信息披露（$CCGI^{NK}_{ID}$）	信息披露可靠性
		信息披露相关性
		信息披露及时性
	利益相关者治理（$CCGI^{NK}_{STH}$）	利益相关者参与程度
		利益相关者协调程度

资料来源：南开大学中国公司治理研究院"中国上市公司治理评价系统"。

指标体系是公司治理指数的根本，不同环境需要不同的公司治理评价指标体系，中国上市公司治理指数反映了中国市场的诸多重要特征。此评价指标体系基于中国上市公司面临的治理环境特点，侧重于公司内部治理机制，强调公司治理的信息披露、中小股东的利益保护、上市公司独立性、董事会的独立性以及监事会参与治理等，从股东权利与控股股东、董事与董事会、监事与监事会、经理层、信息披露以及利益相关者六个维度，设置19个二级指标，具体有80多个评价指标，对中国上市公司治理的状况做出全面、系统的评价。

第四节　中国上市公司治理评价指标体系

一、中国上市公司股东治理评价指标体系

中国转轨时期经济的复杂性决定了上市公司控股股东行为的复杂性，控股股东的目标选择不再局限于对上市公司控制收益与成本的比较，而更多的是考虑集团整体利益。对于中国上市公司控股股东行为外部性的分析，控制权的范围要从上市子公司拓

展到包括上市子公司、控股股东及其他关联公司甚至整个集团,体现为控股股东对集团资源的控制程度。

(一)股东治理评价相关研究

上市公司与其控股股东之间存在着种种关联,控股股东对上市公司的行为往往超越了上市公司的法人边界。从保护中小股东利益的视角来看,我们可以从四个层次来反映控股股东行为与股东治理状况。

1. 股东的平等待遇

遵循"资本多数"的原则,控股股东往往能够对股东大会加以控制。控股股东通过制定股东大会程序、股东参与条件来提高中小股东参加股东大会的成本,限制了中小股东的参与程度,难以保障所有股东得到足够和及时的信息。通过衡量股东大会投票制度、股东的参与度,可以对控股股东是否存在影响股东大会的行为加以判断。

2. 引发控股股东行为负外部性的体制性诱因

在我国国有企业股份制改造过程中,上市公司与其控股股东之间往往存在着"资产混同",模糊了上市公司的法人财产边界,为控股股东滥用上市公司资源、损害中小股东等其他利益相关者的利益创造了条件。上市公司相对于控股股东独立与否,可以反映出引发控股股东侵害小股东行为的体制性诱因程度。

3. 控股股东行为负外部性的制约机制

各国对中小股东权益的保护,主要是通过在股东大会上强化中小股东对股东大会召集、提议等的影响力,来限制控股股东的权利。2002年中国证监会和国家经贸委联合颁布的《中国上市公司治理准则》在保护股东权益、平等对待所有股东方面,做出了一些原则性的规定,成为《公司法》的有益补充。保护中小股东的制度是否健全、是否得到有效的实施,可以衡量在上市公司中是否形成制约控股股东行为、降低负外部性的有效机制。

4. 控股股东行为负外部性的现实表现

上市公司的控股股东通过调动各子公司、关联公司的资源,可以实现集团整体利益的最大化,各公司间的有机协调、资源的互补,也可以发挥整个集团的"联合经济效应";增强集团整体的竞争能力。但是,目前中国上市公司的控股股东存在着集团资源滥用的行为,体现在运营层面上时具有较强的负外部性,损害了中小股东的利益。

(二)中国上市公司股东治理评价指标体系设计思路

基于对股东行为特征的分析,我们构建了中国上市公司控股股东行为评价指标体系,主要包括以下三个方面。

1. 独立性

由于法律法规的推出、监管的强化,以及上市公司自主治理水平的提高,上市公司在人员、业务、财务、资产、机构等方面的独立性得到了加强,但这种独立性大都停留在表面层次,上市公司相对股东单位的独立性仍需加强。我们对以下几个方面进行评价:第一,通过上市公司董事是否在控股股东处兼职来反映人员独立性情况;第二,通过主营业务是否重叠交叉来度量同业竞争,判断业务独立性情况;第三,通过计算从最终控制人到上市公司的控制链条层级的长度来判断现金流权与控制权分离程度,控制层级越长,最终控制人就越有可能通过金字塔式持股结构侵害中小股东利益;第四,通过观察控股股东是否将主业资产装入上市公司实现整体上市来进一步判断上市公司在人员、财务、经营上的独立性。

2. 中小股东权益保护

本部分重点判断上市公司对中小股东保护相关法律、法规及原则的实施情况,是否根据法律法规建立了相应的实施细则,并是否通过实际行动有效维护了中小股东的权益。通过上市公司是否建立了累积投票权制度、制定了相关实施细则、是否在股东大会中实行了网络投票,来衡量中小股东的意志能否在公司决策中得到体现。通过股东大会参与性衡量股东参与股东大会的积极性,通过募集资金是否变更、变更程序是否经股东大会批准、是否说明原因来度量上市公司是否滥用募集资金,通过现金股利派发规模和连续性来度量上市公司对股东的回报。

3. 关联交易

本部分通过控股股东是否无偿地占用上市公司资金、上市公司是否为控股股东及其他关联方提供贷款担保、控股股东与上市公司间关联交易的规模等三个指标反映控股股东滥用关联交易的情况。

表 1.3 中国上市公司控股股东评价指标体系

主因素层	子因素层	说明
独立性	人员独立性	考察董事在股东单位兼职比例,分析上市公司决策层和管理层相对于控股股东的独立性,其在处理股东利益冲突时能否保持平衡
	同业竞争	考察上市公司与控股股东公司在主营业务上是否存在重叠交叉
	控制层级	考察从最终控制人到上市公司的控制链条层级的长度,控制层级越长,导致现金流权与控制权分离,最终控制人就越有可能通过金字塔式持股结构侵害中小股东利益
	整体上市	考察上市公司控股股东是否实行了整体上市,可以起到避免同业竞争、理顺上市公司上下游产业关系、大量减少关联交易的积极效应

续表

主因素层	子因素层	说　　明
中小股东权益保护	股东大会投票制度	考察上市公司是否建立了累积投票权制度,制定了实施细则,是否在股东大会中实行了网络投票,衡量中小股东的意志能否在公司决策中得到体现
	股东大会参与性	考察股东参与股东大会的积极性,上市公司是否让尽可能多的股东参加大会
	募集资金使用情况	考察募集资金是否变更,变更程序是否经股东大会批准,是否说明原因
	现金股利分配	考察上市公司通过现金股利对投资者回报的规模及长期连续性
关联交易	关联方资金占用	考察关联方是否通过占用上市公司货币资金、欠付上市公司应收货款等手段损害中小股东利益
	关联担保	考察上市公司是否为大股东或其附属企业解决债务融资问题,以上市公司的名义为其贷款提供担保
	经营类和资产类关联交易	考察上市公司及控股股东是否通过日常经营类、股权类和资产类关联交易进行利润操作,获取控制权收益

资料来源:南开大学中国公司治理研究院"中国上市公司治理评价系统"。

二、中国上市公司董事会治理评价指标体系

董事会是公司治理的核心。作为股东和经理之间的连接纽带,董事会既是股东的代理人,又是经理人员的委托人和监督者,在公司的战略发展、重大决策方面发挥着至关重要的作用,是完善治理结构、优化治理机制的关键环节。董事会治理水平直接决定着公司潜在的治理风险以及长远发展。国内外相继爆发的安然、世通、德隆、创维等公司治理丑闻也验证了这一点。因此,董事会一方面要积极领导公司为投资者创造更多的财富,在资本市场上争取到充足的资本,服务好投资者这个"上帝";另一方面还要关注消费者的利益和需求,在产品市场上获取消费者的支持和信任,服务好消费者这个"上帝",从而实现公司的持续发展。通过对上市公司的董事会治理进行评价,无疑会推动中国上市公司董事会治理的改善与优化,从而为董事会建设提供系统性的制度保障。

（一）董事会治理评价相关研究

董事会治理评价研究的开展可以从董事会履职基础层面,延伸至董事会结构完善及机制优化层面,最终体现在董事会在公司行为以及治理风险防范中发挥的重要作用。

1. 董事会职能边界及权利配属研究

现代公司的双重委托代理问题下,董事会是否能够抑制管理层对股东利益偏离的

机会主义行为,是否能够克制控股股东的利益攫取行为而实现全部股东的财富最大化,在一定程度上取决于董事会职能边界及权利配属等基本理论问题的明晰化。在实践层面,董事会的薪酬制定权利、提名权利、针对董事会议案的异议权利等在很多情况下也被"剥夺",造成董事职能的虚化。董事会的履职基础需进一步夯实。

2. 董事会结构建设向董事会机制优化的转型研究

董事会结构建设是董事会治理提升的基础,但仅具有完善的董事会治理结构还远不能实现董事会的高效运作,结构建设向机制优化的转型是提升现阶段我国上市公司董事会治理质量的关键环节。从关注董事会规模、董事会会议次数、董事会专业委员会设立情况、董事的专业背景等角度转向董事会议案决议、独立董事意见内容、董事会会议质量、董事团队氛围、董事会专业委员会履职状况等方面是现有研究面临的较大挑战。

3. 董事会治理与公司行为研究

科学决策是董事会治理的重要目标。董事会在对公司行为的影响中扮演了重要的角色。完善的董事会治理结构、高效的董事会治理机制推动了公司科学的投融资决策和生产经营决策,并保证了公司财务质量的高水平。

4. 嵌入治理风险的董事会治理研究

董事会作为公司治理的核心,其关键职责在于防范各种可能的治理风险。董事会应以治理风险防范为导向,建立适当的风险控制结构和机制,有效识别和控制公司运营中面临的各种治理风险,防止治理风险的累积和爆发。探讨治理风险导向的董事会治理机制和风险防控机制,搭建嵌入治理风险的董事会治理分析框架对于董事会治理研究具有重要的意义。

(二) 董事会治理评价指标体系设计思路

在已有评价指标体系和有关评价研究成果的基础上,结合我国上市公司董事会治理现状,以董事诚信、勤勉义务为核心,董事会治理评价指标体系从董事权利与义务、董事会运作效率、董事会组织结构、董事薪酬、独立董事制度五个维度,构筑了一套董事会治理评价指标体系,并以此为标准对上市公司董事会治理状况进行评价分析。

1. 董事权利与义务

董事在公司的权利结构中具有特定的法律地位,同时还需承担特定的法律责任和义务。董事的来源、履职状况等会对董事权利与义务的履行状况产生重要影响,从而在一定程度上决定了董事会治理水平。对董事权利与义务状况进行的评价有助于提升董事会治理质量。

董事权利与义务主要考察董事来源、履职的诚信勤勉情况等。董事权利与义务的评价指标主要包括：董事权利与义务状态、董事损害赔偿责任制度、股东董事比例、董事年龄构成，董事专业背景，董事在外单位的任职情况等。

2. 董事会运作效率

董事会作为公司的核心决策机构，承担着制定公司战略并对经理层实施有效监督的责任。董事会的运作效率直接决定着董事会职责的履行状况以及公司目标的实现程度。高效率的董事会运作有助于董事会更好地履行职责，制定更科学的公司发展规划，更有效率地监督管理人员，从而提升公司的持续价值创造能力。

董事会运作效率主要考察董事会运作状况，以反映董事会功能与作用的实现状态。董事会运作效率的评价指标主要包括：董事会规模，董事长与总经理的两权分离状态，董事与高管的职位重合情况，董事会成员的性别构成，董事会会议情况等。

3. 董事会组织结构

董事会组织结构界定了董事会内部分工与协作的方式、途径等。董事会专业委员会的设立情况会影响到董事会的运作。只有董事会内部权责分明、组织健全，才能保证董事会职责的履行。合理的董事会组织结构是董事会高效运转的前提。

董事会组织结构主要考察董事会专业委员会运行状况。董事会组织结构的评价指标主要包括：董事会战略委员会、审计委员会、薪酬与考核委员会、提名委员会、其他专业委员会的设置情况等。

4. 董事薪酬

公司的董事承担着制定公司战略决策和监督管理人员的责任，并且要履行勤勉义务和诚信义务。在赋予董事责任和义务的同时，给予董事合适的薪酬至关重要。具有激励效果的薪酬组合能够促进董事提高自身的努力程度，提高董事履职的积极性，促使董事与股东利益的趋同，并最终提升公司的核心竞争力。

董事薪酬主要考察董事激励约束状况，包括短期激励和长期激励。董事薪酬的评价指标主要包括：董事在公司的领薪状况，董事的现金薪酬状况，董事持股情况，董事股权激励计划的制定及实施等。

5. 独立董事制度

独立董事制度为上市公司的董事会引入了具有客观立场的独立董事。这些独立董事独立于上市公司，与上市公司之间没有利益关联，在一定程度上能够客观地发表见解，从而保护公司投资者的利益。在中国"一股独大"的股权结构下，需要建立独立董事制度来保证董事会的独立性以及决策的科学性。

独立董事制度主要考察公司董事会的独立性及独立董事的职能发挥状况。独立董事制度的评价指标主要包括：独立董事比例，独立董事的专业背景，独立董事在外单位的任职状况,独立董事参会情况,独立董事津贴等。

表1.4 中国上市公司董事会治理评价指标体系表

主因素层	子因素层	说　　　明
董事权利与义务	董事权利与义务状态	评价董事权利与义务的清晰界定程度
	董事损害赔偿责任制度	考核董事的责任履行
	股东董事比例	考核具有股东背景的董事比例
	董事年龄构成	考核董事年龄情况,尤其是大龄董事
	董事专业背景	考核董事的专业背景
	董事在外单位的任职情况	考核董事义务履行的时间保障
董事会运作效率	董事会规模	考核董事会人数情况
	董事长与总经理的两权分离状态	考核董事长与总经理的兼任情况
	董事与高管的职位重合情况	考核董事与高管的兼任情况
	董事会性别构成	考核董事会中女性董事的比例情况
	董事会会议情况	考核董事会会议及工作效率
董事会组织结构	战略委员会的设置	考核战略委员会的设置
	审计委员会的设置	考核审计委员会的设置
	薪酬与考核委员会的设置	评价薪酬与考核委员会的设置
	提名委员会的设置	考核提名委员会的设置
	其他专业委员会的设置	考核其他专业委员会的设置
董事薪酬	董事薪酬水平	衡量董事报酬水平以及报酬结构的激励约束状况
	董事薪酬形式	
	董事绩效评价标准的建立情况	衡量董事的绩效标准设立
独立董事制度	独立董事专业背景	考核独立董事的专业背景
	独立董事兼任情况	考核独立董事在外单位的任职情况
	独立董事比例	考核董事会独立性
	独立董事激励	考核独立董事激励约束状况
	独立董事履职情况	考核独立董事参加会议情况

资料来源:南开大学中国公司治理研究院"中国上市公司治理评价系统"。

三、中国上市公司监事会治理评价指标体系

监事会是上市公司的专设监督机关,完善监事会的监督机制是提高公司治理质量、降低治理风险的关键。从各国公司立法看,尽管对监事会这一履行监督职责的机构称

谓不同,有的称为监察人,也有的称为监察役等,但在本质和功能上并无大的差别。我国《公司法》规定,监事会是由股东会选举产生的,履行监督公司业务执行状况以及检查公司财务状况的权力机关。监事会主要职权包括:监督权,监事会有权检查公司业务执行状况以及公司财务状况;弹劾权,监事会有权对违反法律、行政法规、公司章程或者股东大会决议的董事、高级管理人员提出罢免的建议;股东大会的召集权与主持权,监事会有权提议召开临时股东大会会议,在董事会不履行本法规定的召集和主持股东大会会议职责时召集和主持股东大会会议;提案权,监事会有权向股东大会会议提出提案;起诉权,监事会有权对违反诚信义务的董事、高级管理人员提起诉讼。监事会作为公司内部专门行使监督权的常设监督机构,是公司内部治理结构与机制的一个重要组成部分。监事会监督权的合理安排及有效行使,是防止董事和高管独断专行、保护股东投资权益和公司债权人权益的重要措施。但目前我国上市公司现状是监事会功能不彰,效力不显,监事不独立,未能发挥应有的监督作用,致使监事会在现实中成为花瓶一只。因此,有必要对上市公司的监事会治理状况进行评价,使我国监事会逐步趋于健全与完善。基于此,本部分我们从监事会运行状况、监事会规模与结构和监事胜任能力三个方面对我国上市公司监事会参与治理的状况进行了评价,并对监事会治理与公司绩效的关系进行了实证研究。

(一) 监事会治理评价相关研究

对于监事会治理评价问题的研究,目前国内外基本上处于空白阶段,造成这种现状的原因是多方面的。

第一,英美为代表的公司治理模式中没有监事会。在以处于国际主流地位的英美为代表的"一元模式"的公司治理结构中,没有设置监事会,但这并不意味着没有监督机制,其监督主要是通过董事会中下设相关委员会和其中的外部独立董事以及外部市场来实现的。这是与英美国家公众持股公司的股东人数众多、股权高度分散的现状相适应的,由于不可能由各个股东分别或共同监督,大量股东使得代理成本成为一个严重的问题,而且由于搭便车问题的存在,单个股东进行监督的动力不足。因此借助"外脑"力量,即引入外部独立董事对于克服内部利益掣肘不失为明智选择。同时,英美两个国家的经理人市场也比较发达,能够对经营者实施较强的外部监督。因此,尽管国际上一些知名公司治理评价公司,如标准普尔、戴米诺、里昂证券等都已推出了自身的公司治理评价体系,但其中均未单独涉及监事会评价问题。

第二,我国上市公司治理模式的现实状况。从公司治理结构的角度看,我国公司治理模式更接近于大陆法系的"二元模式",即在股东大会之下设立与董事会相独立的监事会。在国际上以"二元模式"为典型代表的德日等国的监事会与两国证券市场不是很发达、管理层在企业中居于支配性地位为基本特征的公司治理状况相适应的。德国实行董事会和监事会分设的双层制,其中监事会具有较强的监督职能。德国《股份法》规定,公司必须有双层制的董事会结构,即管理委员会和监事会,前者负责公司的日常事务,由担任公司实际职务的经理人员组成;后者是公司的控制主体,负责任命管理委员会的成员并且审批公司的重大决策,并监督其行为,但不履行具体的管理职能。日本的监事会制度既不同于美英的单层制,也与德国的双层制有些许不同。在日本,董事会与监事会是并列的机构,二者均由股东大会选举产生,后者对前者进行监督。这些与我国监事会在性质和职权上有着诸多差异,使得来自"二元模式"国家的监事会评价的参考价值也极为有限。

第三,监事会治理评价没有受到足够重视。国内一些证券机构(如海通证券、大鹏证券)在进行中国上市公司治理评价体系研究过程中,主要集中在股东大会治理评价研究(反映在股权结构、股权集中度和股东大会召开情况等方面)、董事会治理评价研究(反映在董事会规模、董事会运作和董事的激励约束等方面)以及信息披露状况方面的评价研究(反映在信息披露的完整性、准确性和有效性),对监事会的评价几乎没有涉及。

对于监事会运行状况评价研究的欠缺,使我们难以判断作为上市公司治理架构"三会"之一的监事会在公司治理中是否发挥了应有的作用,其治理状况的改进与完善对于提高上市公司治理水平是否发挥着重要的作用,是否如有些专家认为的那样,在嫁接了国外的独立董事制度后,监事会已不再重要甚至是多余的。源于此,考虑监事会在我国公司治理结构中的特殊地位,充分借鉴国际上不同公司治理模式中内部监督经验,结合中国上市公司自身环境条件及改革进程,设计出一套能够客观评价上市公司监事会治理状况的指标体系具有重要的理论与现实意义。

(二)中国上市公司监事会治理评价指标体系的设计思路

在我国上市公司中,监事会作为公司内部的专职监督机构,以出资人代表的身份行使监督权力,对股东大会负责。公司监事会的性质决定了它不得进行公司业务活动,对外也不代表公司开展业务。例如,德国《股份法》规定:监事会成员不得"同时隶属于董事会和监事会"。我国《公司法》规定董事、经理和财务负责人不得兼任监事,也是为了实现公司权责明确、管理科学、激励和约束相结合的内部管理体制。这种规定是为了保证监事会行使监督权的专一目标。监事会的基本职能是以董事会和总经理为主要监督对象,监督公司的一切经营活动以及财务状况,在监督过程中,随时要求董事会和经理人员纠正违反公司章程的越权行为。对监事会治理的评价我们以"有效监督"为目标,遵循科学性、可行性和全面性的原则,从监事会运行状况、监事会结构与规模和监事胜任能力三个方面,设计了导入独立董事制度补充后的包括11个指标的中国上市公司监事会治理评价指标体系。

1. 运行状况

监事会是否真正发挥作用以及发挥作用的程度是我们关注的焦点,即监事会是否召开过监事会会议,召开过多少次,其次数多于、等于还是少于我国《公司法》所规定的召开次数。据此,我们设计了监事会会议次数来衡量监事会运行状况。

2. 规模结构

良好的监事会规模与结构是监事会有效运行的前提条件,为了保证监事会行使监督权的有效性,首先监事会在规模上应该是有效的,其次是监事会成员的构成上也应该有效。为此,我们设计了监事会人数和职工监事设置情况来反映监事会结构与规模状况。

3. 胜任能力

有了结构与机制后,没有具体的要素,整个监事会系统也无法正常运转。监事胜任能力包括监事会主席胜任能力和其他监事胜任能力两个方面。由于上市公司是一个占有庞大经济资源的复杂利益集团,要求监事应具有法律、财务、会计等方面的专业知识或工作经验,具有与股东、职工和其他利益相关者进行广泛交流的能力。监事的学历和年龄等对其开展相应工作的胜任能力也具有重要的影响。监事持股有利于调动其履职的积极性。依据上述思路,我们设置了监事会主席职业背景、监事会主席学历、监事会主席年龄、监事会主席持股状况来评价监事会主席胜任能力;设置了其他监事职业背景、其他监事年龄、其他监事学历以及其他监事持股状况指标来评价其他监事胜任能力。

表 1.5 中国上市公司监事会治理评价指标体系一览表

主因素层	子因素层	说　　明
运行状况	监事会会议次数	考核监事会履行工作职能的基本状况
规模结构	监事会人数	考核监事会履行监督职能的人员基础
	职工监事设置情况	考核监事会代表职工行使监督权力的情况
胜任能力	监事会主席职业背景	考核监事会主席职业背景对其胜任能力的影响
	监事会主席学历	考核监事会主席学历对其胜任能力的影响
	监事会主席年龄	考核监事会主席年龄对其胜任能力的影响
	监事会主席持股状况	考核监事会主席持股状况对其胜任能力的影响
	其他监事职业背景	考核监事职业背景对其胜任能力的影响
	其他监事学历	考核监事学历对其胜任能力的影响
	其他监事年龄	考核监事年龄对其胜任能力的影响

资料来源:南开大学中国公司治理研究院"中国上市公司治理评价系统"。

四、中国上市公司经理层治理评价指标体系

经理层治理是从客体视角对上市公司治理状况进行的评价。本部分从经理层的任免制度、执行保障以及激励约束机制三个方面,从不同行业、第一大股东的性质等视角对中国上市公司经理层的治理状况进行评价,并对经理层治理与公司绩效的关系进行了实证研究。

(一)经理层治理评价相关研究

国际上大多数公司治理评价系统中都将经理层治理方面的评价指标分列于不同的评价结构中。标准普尔公司治理服务系统(2004)将管理层成员的任命、薪酬结构及人员更换状况作为董事会治理状况进行了反映。ICLG、ICRA 和 ISS(2004)在对跨国公司全球评价标度与内部评价标度上都分别有专门的高管层结构及管理层薪酬与股权状况的评价,经理层的薪酬也一直作为 GMI 对公司治理考察的核心因素。戴米诺公司(Demínor)治理评价系统(2002)则注重公司期权和董事长与 CEO 两职关系情况的测评。里昂证券公司治理评估系统(CLSA)将管理者的高股份激励及股东现金流分配等列入重要的评价范畴。南开大学中国公司治理研究院在设置上市公司治理评价指标系统的初期,将经理层评价作为一个重要维度,CCGI^{NK} 主要从任免制度、执行保障和激励机制三个维度评价中国上市公司高管层治理状况,进行经理层治理指数与绩效指数的回归分析(李维安、张国萍,2003,2005)。随着公司治理评价的深入与优化,公司高管层的监督、约束、变更及效率保障逐渐成为研究重点。

(二)中国上市公司经理层治理评价指标体系设计思路

经理层治理评价指数由三个维度构成。

1. 任免制度

在经理层治理评价系统中,我们选择总经理的选聘方式、其他高管人员的选聘方式、高管人员的行政度、董事长与总经理的两职设置状况及高管稳定性构建了评价公司经理层任免制度的指标。随着上市公司高管人员选聘制度化程度提高以及高管变更频度的加大,我们强化了高管稳定性的指标评价。

2. 执行保障

经理层的执行保障评价包括总经理及其他高管人员学历指标对经理层的支持保障、学识胜任能力、经理层对日常经营的控制程序、经理层内部控制程度,以及高层经理人员在股东单位或股东单位的关联单位兼职情况等内容,特别地,高层经理人员的兼职情况受到重视。

3. 激励约束

我们从经理层薪酬与股权总量、结构、薪酬及股权与公司业绩的关系等多角度设计指标,从强度和动态性两个角度评测激励与约束程度。

表 1.6　中国上市公司经理层治理评价指标体系

主因素层	子因素层	说　明
任免制度	高管层行政度	考察经理层任免行政程度
	两职设置	考察总经理与董事长的兼职状况
	高管稳定性	考察经理层的变更状况
执行保障	高管构成	考察经理层资格学历状况
	双重任职	考察经理层成员的兼职状况
	CEO 设置	考察经理层中 CEO 设置状况
激励约束	薪酬水平	考察经理层薪酬激励水平
	薪酬结构	考察经理层激励的动态性
	持股比例	考察经理层长期激励状况

资料来源:南开大学中国公司治理研究院"中国上市公司治理评价系统"。

五、中国上市公司信息披露评价指标体系

(一)信息披露相关研究

"阳光是最有效的消毒剂,电灯是最有效的警察。"一个资本市场的信息透明度越高,资本市场的有效性就越强,投资者就越容易做出有效的投资决策。如果信息是透明的,投资者就可以在事前进行合理的判断,事后进行更好的监督,可以选择到合适的投资或者融资项目,而管理人员也可以得到他们所需的资金。但如果投资者和经理人之间的信息不对称,则会使投资者的闲置资金与投资机会之间的配置无法实现,使资本市场的配置功能失效。

由于信息的不完备,投资者往往根据市场的平均水平估计公司投资项目的投资收益,对于优质项目来说,融资成本过高,将造成公司的融资约束。迈尔斯和梅吉拉夫(Myers and Majluf, 1984)认为当投资者低估企业的融资证券价值,而管理者无法将一个好的投资机会正确传递给外部投资者时,投资项目将会被搁置。在更为极端的情况下,债券市场上还会出现"信贷配给",即借款人愿意以市场平均利率支付利息,但仍然无法筹集到所需要的全部资金(Stiglitz and Weiss, 1981; Gale and Hellwig, 1985)。通过信息披露缓解了信息不对称,投资者能够更加准确地估计证券价值和项目的风险,对

于有良好的投资机会的公司,投资者在购买证券时会要求一个较低的风险溢价,从而降低公司的融资成本;而对于项目风险较高的公司来说,投资者在购买证券时会要求一个较高的风险溢价来弥补其可能遭受的损失,从而提高公司的融资成本。

信息的披露还有利于投资者在投资后对管理层进行监督。投资者所处的信息劣势使得一般投资者难以掌握企业内部充分而真实的信息或者无力支付了解这些信息所需的成本而难以实现对代理问题的有效监督。于是,当投资者不能对自己的投资做到完全的监督,而他们又意识到经理人员会有代理问题时,他们对投资将保持谨慎的态度。这也会导致资本市场的运行低效。

(二) 信息披露的评价

南开大学公司治理评价系统中的信息披露评价体系针对信息披露可靠性、相关性、及时性进行评价,在借鉴相关研究成果的基础上,以科学性、系统性和信息披露评价的可行性等原则为指导,以国际公认的公司治理原则、准则为基础,借鉴、综合考虑我国《公司法》《证券法》《上市公司治理指引》,比照《公开发行证券的公司信息披露内容与格式准则第2号(2012年、2014年修订)》《企业会计准则》《公开发行股票公司信息披露实施细则》等有关上市公司的法律法规设计评价指标体系。

1. 可靠性

可靠性指一项计量或叙述与其所要表达的现象或状况的一致性。可靠性是信息的生命,要求公司所公开的信息能够准确反映客观事实或经济活动的发展趋势,而且能够按照一定标准予以检验。但信息的可靠性具有相对性和动态性,相对可靠性体现了历史性,而且相对可靠性向绝对可靠性接近。一般情况下,作为外部人仅通过公开信息是无法完全判断上市公司资料可靠性的,但是可以借助上市公司及其相关人员违规历史记录等评价信息的披露判断可靠性。从信息传递角度讲,监管机构和中介组织搜集、分析信息,并验证信息可靠性,这种检验结果用于评价信息披露可靠性是可行的、合理的。信息披露可靠性的评价指标主要包括:年度财务报告是否被出具非标准无保留意见;近三年公司是否有违规行为;公司是否有负面报道;近一年是否有关于当期及前期的财务重述;当年是否因虚假陈述被处罚;内部控制的有效性鉴证情况。

2. 相关性

信息披露相关性则要求上市公司必须公开所有法定项目的信息,不得忽略、隐瞒重要信息,使信息使用者了解公司治理结构、财务状况、经营成果、现金流量、经营风险及风险程度等,从而了解公司全貌、事项的实质和结果。信息披露的相关性包括形式上的完整和内容上的齐全。信息披露相关性的评价指标主要包括:公司战略是否充分披露;公司治理结构是否充分披露;竞争环境是否充分披露;产品和服务市场特征是否充分披露;盈利预测的信息是否充分披露;经营风险和财务风险是否充分披露;公司社会责任方面是否充分披露;员工培训计划和费用是否充分披露;对外投资项目是否充分披露;取得或处置子公司情况是否充分披露;控股公司及参股公司经营情况是否充分披露;关联交易是否充分披露;内部控制缺陷是否充分披露;研发信息是否充分披露。

3. 及时性

信息披露的及时性是指信息失去影响决策的功能之前提供给决策者。信息除了具备真实完整特征之外,还要有时效性。由于投资者、监管机构和社会公众与公司内部管理人员在掌握信息的时间上存在差异,为解决获取信息的时间不对称性可能产生的弊端,信息披露制度要求公司管理当局在规定的时期内依法披露信息,减少有关人员利用内幕信息进行内幕交易的可能性,增强公司透明度,降低监管难度,从而有利于规范公司管理层经营行为,保护投资者利益;从公众投资者来看,及时披露的信息可以使投资者做出理性的价值判断和投资决策;从上市公司本身来看,及时披露信息使公司股价及时调整,保证交易的连续和有效,减少市场盲动。信息披露及时性评价指标主要通过上市公司年度报告获得,包括年度报告公布的时滞、当年是否有延迟披露处罚。

表 1.7 中国上市公司信息披露评价指标体系一览表

主因素层	子因素层	说 明
可靠性	年度财务报告是否被出具非标准无保留意见	考察公司财务报告的合法性和公允性
	违规行为	考察公司在近三年是否有违规行为
	有无负面报道	考察是否有媒体对公司进行负面报道
	有无财务重述	考察公司近一年是否有关于当期及前期的财务重述
	虚假陈述被处罚	考察公司当年是否有虚假陈述被处罚
	内控有效性鉴证情况	考察公司内部控制的有效性
相关性	公司战略	考察公司是否充分披露了有关公司战略的信息
	公司治理结构	考察公司是否充分披露了有关公司治理结构的信息
	公司竞争环境分析	考察公司是否充分披露了有关公司竞争环境的信息
	产品和服务市场特征	考察公司是否充分披露了有关产品和服务市场特征的信息
	盈利预测的信息	考察公司是否充分披露了盈利预测的信息
	公司风险	考察公司是否充分披露了有关公司的经营风险和财务风险的信息

续表

主因素层	子因素层	说　　明
相关性	公司社会责任	考察公司是否充分披露了有关公司社会责任的信息
	员工培训计划和费用	考察公司是否充分披露了有关员工培训计划和费用的信息
	对外投资项目	考察公司是否充分披露了有关对外投资项目的信息
	子公司取得或处置情况	考察公司是否充分披露了有关取得或处置子公司情况是否充分披露的信息
	控股及参股公司经营情况	考察公司是否充分披露了有关控股及参股公司经营情况的信息
	关联交易	考察公司是否充分披露了有关关联交易的信息
	内部控制缺陷披露	考察公司是否充分披露了有关内部控制缺陷的信息
及时性	年度报告公布的时滞	反映信息披露是否及时
	延迟披露处罚	考察公司是否有延迟披露

资料来源：南开大学中国公司治理研究院"中国上市公司治理评价系统"。

六、中国上市公司利益相关者治理评价指标体系

20世纪80年代之前，企业的经营宗旨是股东利益最大化，公司治理研究的问题主要是围绕如何建立合理的激励和约束机制，将代理人的道德风险问题降至最低限度，最终达到公司价值最大化。80年代以来，随着企业经营环境的变化，股东、债权人、雇员、消费者、供应商、政府、社区居民等利益相关者的权益受到企业经营者的关注，公司治理也转变为利益相关者的"共同治理"（Blair and Kruse，1999）模式。李维安（2005）指出，所谓公司治理是指，通过一套包括正式或非正式的、内部或外部的制度或机制来协调公司与所有利益相关者之间的利益关系，以保证公司决策的科学化，从而最终维护公司各方面的利益的一种制度安排。公司治理的主体不仅局限于股东，而是包括股东、债权人、雇员、顾客、供应商、政府、社区等在内的广大公司利益相关者。对利益相关者治理的评价有利于我们了解目前中国上市公司利益相关者参与治理的状况以及公司与利益相关者的协调状况。根据利益相关者在公司治理中的地位与作用，并且考虑到评价指标的科学性、可行性，我们设置了利益相关者评价指标体系，主要考察利益相关者参与公司治理程度和公司与利益相关者之间的协调程度。

（一）利益相关者治理评价相关研究

目前，在公司治理中充分考虑利益相关者的权益，鼓励利益相关者适当参与公司治理已经成为广为接受的观点。1963 年，斯坦福大学一个研究小组（SRI）提出了利益相关者"（Stakeholders）这一概念，指那些没有其支持，组织就无法生存的群体（Freeman and Reed，1983）。但在当时管理学界并未引起足够的重视。20 世纪 80 年代以后，随着企业经营环境的变化，股东、债权人、员工、消费者、供应商、政府、社区居民等利益相关者的权益受到企业经营者的关注，公司在经营管理中对利益相关者的关注日益提高，消费者维权运动、环境保护主义及其他社会活动取得了很大的影响，公司对员工、社区及公共事业关注力度大大提高，公司治理也由传统的股东至上的"单边治理"模式演化为利益相关者"共同治理"模式。布莱尔（Blair，1995）认为，公司应是一个社会责任的组织，公司的存在是为社会创造财富。公司治理改革的要点在于：不应把更多的权利和控制权交给股东，"公司管理层应从股东的压力中分离出来，将更多的权利交给其他的利益相关者"。

英国的《Hampel 报告》（*Hampel Report*，1998）、经济合作与发展组织（OECD）于 1999 年 6 月推出的《OECD 公司治理原则》（*OECD Principles of Corporate Governance*）、美国商业圆桌会议（The Business Roundtable）公司治理声明等重要的公司治理原则都把利益相关者放在相当重要的位置。2006 年 3 月，欧盟委员会在布鲁塞尔发起"欧洲企业社会责任联盟"的倡议，由企业主导的，对所有的欧洲企业开放，旨在促进和鼓励企业社会责任实践，并为企业的社会责任行为提供相关支持。2006 年 4 月 27 日，联合国全球契约（*UN Global Compact*）在纽约发布了"责任投资原则"（Principles for Responsible Investment）。来自 16 个国家的、代表着世界领先的、拥有超过 2 万亿美元资产的投资机构的领导者在纽约证券交易所正式签署了该项原则。依据该原则，机构投资者承诺，在受托人职责范围内，将把环境、社会和公司治理（ESG）因素引入到投资分析和决策过程中，促进本原则在投资领域中的认同和应用，共同努力提高本原则的有效性，各自报告履行本原则所采取的行动和有关进展报告。2004 年 6 月，ISO 在瑞典召开会议研究制定 ISO26000，它是适用于包括政府在内的所有社会组织的"社会责任"指导性文件（标准），标准包括社会责任七个方面的内容，即：组织治理、人权、劳工权益保护、环境保护、公平经营、消费者权益保护以及参与社区发展。

虽然目前利益相关者问题在公司治理研究中居于重要地位，但国内外涉及并强调利益相关者的公司治理评价体系并不多。标准普尔公司治理评价指标体系（Standard and Poor's Company，1998）中涉及了"金融相关者"，但仅仅指股东，并未涉及其他利益相关者。里昂证券(亚洲)公司的评价体系主要关注公司透明度、对管理层的约束、董事会的独立性和问责性、对中小股东的保护等方面,涉及债务规模的合理控制以及公司的社会责任,一定程度上注意到了利益相关者问题。而戴米诺(Deminor)和国内海通证券的公司治理评价体系则没有具体涉及利益相关者问题。南开大学中国公司治理原则研究课题组于2001年在《〈中国公司治理原则(草案)〉及其解说》一文中指出,中国公司必须构筑以股东、经营者、职工、债权人、供应商、客户、社区等利益相关者为主体的共同治理机制,保证各利益相关者作为平等的权利主体享受平等待遇,并在构建中国公司治理评价体系中,将利益相关者治理纳入进来。利益相关者治理这一维度包括利益相关者参与公司治理的程度和公司与利益相关者的协调程度,它为我们研究公司治理问题奠定了坚实的基础。

(二)中国上市公司利益相关者治理评价指标体系设计思路

根据利益相关者在公司治理中的地位与作用,并且考虑到评价指标的科学性、可行性、完整性,我们设置包括利益相关者参与性指标和协调性指标两大部分的利益相关者评价指标体系。其中利益相关者参与性指标分为:公司员工参与程度,中小股东参与和权益保护程度,公司投资者关系管理;利益相关者协调性指标包括:公司社会责任履行,公司和监督管理部门的关系,公司诉讼与仲裁事项。

1. 参与程度

利益相关者参与性指标主要评价利益相关者参与公司治理的程度和能力,较高的利益相关者参与程度和能力意味着公司对利益相关者权益保护程度和决策科学化程度的提高。公司员工参与程度:员工是公司极其重要的利益相关者,在如今人力资本日益受到关注的情况下,为员工提供有效途径参与公司的重大决策和日常经营管理,有利于增强员工的归属感,提高员工忠诚度并激励员工不断实现更高的个人目标和企业目标。我们用职工持股比例这个指标来考察职工的持股情况,这是公司员工参与公司治理的货币资本和产权基础,员工持股计划也是对员工进行产权激励的重要举措。我们通过这个指标来考察公司员工参与公司治理的程度。中小股东参与和权益保护程度:在少数控股股东在公司中占有绝对的支配地位时,中小股东作为弱势群体,往往由于种种原因,如参与公司治理的成本高等,无法参与公司决策的公司治理实践,并且自身权益常常受到侵害。为考察公司对中小股东参与和权益保护的程度,我们设立以下三个指标:累积投票制度的采用;网上投票的采用;代理投票制度的采用,具体为是否采用征集投票权。公司投资者关系管理:投资者关系管理是指公司通过及时的信息披露,加强与投资者之间的沟通与交流,从而形成公司与投资者之间良好的关系,实现公司价值最大化。在我国,上市公司投资者关系管理体系还处于发展阶段。我们设置如下指标考察上市公司的投资者关系管理状况:公司网站的建立与更新:考察公司投资者关系管理信息的披露与交流渠道的建立与通畅状况;公司投资者关系管理制度及其执行:考察公司投资者关系管理制度建设以及是否由专人或专门的部门负责投资者关系管理。设有专门的投资者关系管理制度和投资者关系管理部门有利于促进投资者关系管理工作的持续有效开展。

2. 协调程度

利益相关者协调性指标考察公司与由各利益相关者构成的企业生存和成长环境的关系状况和协调程度,它主要包括公司社会责任履行状况、公司和监督管理部门的关系和公司诉讼与仲裁事项三个分指标。公司社会责任履行状况:重视企业社会责任,关注自然环境的保护并正确处理与社区、社会的关系,是企业追求长远发展的必备条件。在此,主要通过如下两个指标考察公司社会责任的履行状况:公司公益性捐赠支出,可以考察上市公司对社会及所处社区的贡献;公司环境保护措施,反映上市公司对所处自然环境的关注与保护。公司和监督管理部门的关系:企业从事合法经营,必须履行相应的法律责任,因此协调并正确处理公司和其监管部门的关系至关重要。我们通过对罚款支出和收入的量化处理,考察上市公司和其所处的监督管理环境及其中各主体要素的和谐程度。公司诉讼与仲裁事项:通过考察公司诉讼、仲裁事项的数目及其性质,可以考察上市公司和股东、供应商、客户、消费者、债权人、员工、社区、政府等利益相关者的和谐程度。

南开大学中国公司治理研究院关于中国上市公司利益相关者治理评价的指标体系已经应用了几年,并在应用过程中不断地调整和优化,该指标体系已经比较成熟和稳定。但是利益相关者治理是一个动态的过程,它随着各利益相关者之间的博弈和权衡而不断变化,利益相关者治理评价指标体系不可能完全固定下来,而应该随着环境的变化及时调整部分评价指标,使得利益相关者治理评价指标体系能够更为科学、客观地反映我国上市公司利益相关者治理的状况,同时对我国上市公司利益相关者治理的改善和提高起到引导的作用。为了保证中国上市公司治理评价的科学性、客观性、公正性和连续性,对利益相关者治理评价指标体系的调整和优化是本着审慎的原则进行的,对于需要调整的指标则通过专家讨论,并在广泛听取各方面意见的基础上,本着科学和实事求是的原则谨慎调整和优化。鉴于上述原则,对利益相关者治理评价的主因素层保持稳定,依然是利益相关者参与程度和利益相关者协调程度两个指标来评价,而子因素层则根据公司治理环境的变化进行了局部优化和调整,使得评价结果能够保持连续性,但调整和优化的程度较小。

表 1.8 中国上市公司利益相关者治理评价指标体系一览表

主因素层	子因素层	说　　明
参与程度	公司员工参与程度	考察职工的持股情况
	公司中小股东参与和权益保护程度	考察上市公司中小股东参与程度和权益保护程度
	公司投资者关系管理	考察公司网站的建立与更新状况和公司投资者关系管理制度建设情况
协调程度	公司社会责任履行	考察上市公司社会责任的履行和披露情况、上市公司对所处自然环境的关注与保护
	和公司监督管理部门的关系	考察上市公司和其所处的监督管理环境的和谐程度,涉及上市公司和一部分利益相关者的关系状况
	公司诉讼与仲裁事项	考察上市公司和股东、供应商、客户、消费者、债权人、员工、社区、政府等利益相关者的和谐程度

资料来源:南开大学中国公司治理研究院"中国上市公司治理评价系统"。

第二章 基于公司治理指数开展的相关研究

公司治理评价的最终目的在于为公司治理研究和实践提供参考和指导。在理论界,国内外的学者应用不同的方法构建公司治理指数,并在此基础上对公司治理不同维度的指标及其影响进行了富有实际意义的描述和研究。

第一节 国内基于公司治理指数开展的相关研究

一、基于公司治理总体评价指数的相关研究

南开大学中国公司治理研究院课题组(2003)的研究从公司治理实务需求的角度出发,追溯公司治理实务与理论研究发展历程,在此基础上对国际著名公司治理评价系统进行了比较,并提出了适合中国公司治理环境的公司治理评价指标体系——$CCGI^{NK}$。$CCGI^{NK}$以指数的形式,通过对公司治理影响因素的科学量化,全面、系统、连续地反映上市公司治理状况。在借鉴了国外一流公司治理评价指标体系、充分考虑中国公司治理特殊环境的基础上,$CCGI^{NK}$从股东权益、董事会、监事会、经理层、信息披露、利益相关者6个纬度,构建了包括6个一级指标、20个二级指标、80个三级指标的评价体系。

在$CCGI^{NK}$的基础上,学者展开了各种富有实际意义的研究。例如,南开大学中国公司治理研究院公司治理评价课题组(2004)在对模型的稳定性与可靠性检验的基础上,对中国上市公司治理状况进行了实证分析。研究结果表明:股权结构是决定公司治理质量的关键因素,国有股一股独大不利于公司治理机制的完善;良好的公司治理将使公司在未来具有较高的财务安全性,有利于公司盈利能力的提高,投资者愿意为治理状况好的公司支付溢价。

基于2003年的评价样本,李维安和唐跃军(2006)发现,上市公司治理指数对总资产收益率、每股净资产、加权每股收益、每股经营性现金流量、总资产周转率、总资产年度增长率、财务预警值均有显著的正面影响,这表明拥有良好的公司治理机制有助于提

升企业的盈利能力、股本扩张能力、运营效率、成长能力，有助于增强财务弹性和财务安全性。公司治理中所涉及的控股股东治理、董事会治理、经理层治理、信息披露、利益相关者治理、监事会治理机制，在很大程度上决定了上市公司是否能够拥有一套科学的决策制定机制与决策执行机制，而这将对公司业绩和公司价值产生直接而深远的影响。李维安、张立党和张苏（2012）利用CCGI^{NK}的评价结果，通过实证分析发现，高水平的公司治理能够降低投资者的异质信念程度，从而降低股票的投资风险。

除了南开大学中国公司治理研究院的CCGI^{NK}之外，国内的许多其他学者也在公司治理指数构建和相关研究方面做出了有益的尝试。例如，白重恩、刘俏和陆洲等（2005）综合考虑了公司治理内、外部机制，运用主元因素分析法集合八个指标构建了公司治理指数（G指数）。并通过实证研究发现，治理水平高的企业其市场价值也高，投资者愿为治理良好的公司付出相当可观的溢价。郝臣（2005，2009）聚焦于公司的股东、董事会、监事会、经理层的治理特征，分别构建了公司治理指标，并分别对民营上市公司样本和上市公司总体样本进行了实证分析。结果表明，民营上市公司治理指数与公司绩效指标之间存在显著的正相关关系，并且治理指数对公司绩效指标有显著的解释力。对于总体样本来说，当期公司治理具有相对价值相关性和较低的增量价值相关性，而前期公司治理只具有相对价值相关性。ST公司的治理价值相关性原理与一般上市公司存在差异。上述结论说明我国投资者在投资决策时已经开始考虑公司治理因素。鲁桐等（2014）聚焦于中小板和创业板上市公司，综合股权结构与股东权利、董事会和监事会运作、信息披露与合规性以及激励机制四个方面对上市公司治理水平进行系统评估，他们发现公司治理与公司业绩存在正相关关系，其中激励约束机制特别是高管与核心技术人员的股权激励是影响上市公司绩效的重要因素（鲁桐、吴国鼎，2015）。韩少真、潘颖和张晓明（2015）构建了包括董事会治理、管理层治理、股东治理、会议治理四个维度的公司治理指标体系，并发现公司治理对公司绩效具有正向影响，这一影响在民营企业中更加显著。

二、基于公司治理不同维度评价指数的相关研究

除公司治理总体指标外，国内学者对于国内公司的董事会、监事会、经理层、股权结构和利益相关者等有关治理指标进行了专门的研究。

李维安和王世权（2005）在对现有监事会评价理论与实践回顾基础上，结合中国自身环境条件及改革进程，设计了中国上市公司监事会治理绩效评价指标体系，并且利用调研数据，对上市公司监事会治理水平进行了评价与实证研究。结果显示，监事会治理总体水平较低，不同行业、不同企业性质之间的治理水平存在着很大差别，大股东的持

股比例亦对监事会治理的有效性具有显著影响。

李维安和唐跃军(2005)设置了利益相关者治理评价指标考察中国上市公司利益相关者参与公司治理和利益相关者权益的保护状况,并构建了利益相关者治理指数。进一步的实证研究表明,利益相关者治理指数对每股收益(EPS)、净资产收益率(ROE)、股本扩张能力(NAPS)均有显著的正面影响,这表明上市公司良好的利益相关者治理机制和较高的利益相关者治理水平有助于增强公司的盈利能力,进而提升包括股本扩张能力在内的企业成长与发展潜力。同时,利益相关者治理机制所涉及的五个方面对企业业绩和企业价值也存在重要影响。因此,他们建议在公司治理中考虑利益相关者的权益,鼓励利益相关者适当而有效地参与公司治理和管理。

沈艺峰、肖珉和林涛(2009)基于1 432家上市公司2007年公布的"自查报告和整改计划",从大股东、董事会监事会、经理层以及投资者法律保护四个方面对上市公司治理情况进行归纳和整理,从中提取出有用信息,综合反映目前我国上市公司治理情况和问题。

王福胜和刘仕煜(2009)对上市公司的股权结构、集中度、资本结构、董事会独立性等公司治理要素与公司成长、盈利能力之间关系的综合考量基础上,通过引入DEA模型来描述公司治理效率,进而构建了有关公司治理效率评价的指标体系。

安占强(2009)基于构建上市公司的经理层激励机制、股权结构、股权集中度、董事会及股东大会这四个治理维度,利用因子分析法和旋转矩阵分析的方式,构建了一个包含十个治理变量的综合指数。

魏明海、柳建华和刘峰(2010)从法律与证券市场监管、地区治理环境和公司治理三个层次综合衡量上市公司质量。在法律与证券市场监管方面,分别从证券市场立法、证券市场监管以及法律和监管制度执行三个角度构造17项指标衡量;在地区治理环境上,分别从地方政府治理和中介组织发展两个角度构造6项指标衡量。

程新生、谭有超和刘建梅(2012)通过构建对公司非财务信息披露质量的评价指标,探究了其与公司外部融资与投资效率的关系。他们发现,外部融资是非财务信息和投资效率之间的中介变量,但同时又受到了外部制度约束的影响。

高明华、苏然和方芳(2014)构建了包含董事会结构、独立董事独立性、董事会行为和董事激励与约束4个一级指标和37个二级指标的中国上市公司董事会治理评价指标体系,发现董事会治理对公司绩效、公司合规性、代理成本和盈余市场反应具有显著的正向影响,且非国有优于国有。

王鹏程和李建标(2014)检验了利益相关者治理与企业融资约束的关系。他们发现,企业利益相关者治理能够有效缓解企业融资约束,不同利益相关者治理行为对融资约束的影响存在差异,而且对国有企业和民营企业的影响也不同。

第二节 国外基于公司治理指数开展的相关研究

一、基于学者构建的公司治理评价指数的相关研究

国外最早的公司治理评价研究可追溯到20世纪50年代。1950年,杰克逊·马丁德尔提出了董事会绩效分析。1952年,美国机构投资者协会设计出了第一套正式评价董事会的程序。但直到20世纪90年代末,公司治理评价研究才真正引起学术界和实务界的关注。

冈珀斯、石井和梅特里克(Gompers, Ishii and Metrick, 2003)构建的G指数被认为在公司治理评价研究领域具有里程碑的意义。他们把美国投资者责任研究中心(Investor Responsibility Research Center,简称IRRC)提出的24项公司治理条款从延缓敌意收购的战术、投票权、董事/管理层保护、其他接管防御措施以及国家法律五个维度加以区分,并根据公司的实际情况对这些条款进行赋值,然后把每项条款的得分进行加总从而形成G指数。G指数越高表示股东权利越小。他们依据G指数对样本公司分组并进行了对比。实证结果表明,股东权利与公司价值呈现正相关关系。

别布互克、科恩和费雷尔(Bebchuk, Cohen and Ferrell, 2004, 2009)在深入分析G指数中24项公司治理条款的基础上,选出了能够充分反映股东投票权限制以及敌意收购防御的六项重要条款,并进行0或1的赋值,构建了壕沟指数(entrenchment index,简称E指数)。E指数主要涵盖交错选举董事条款(staggered board provision)、股东修订公司章程的限制、毒丸计划、金色降落伞计划以及兼并和修订公司章程遵循绝对多数原则的规定等要素。他们利用IRRC的数据,证实了E指数与股票收益、公司价值(以托宾Q值来衡量)正相关。

克雷默斯和费雷尔(Cremers and Ferrell, 2009)利用G指数和E指数,以IRRC等提供的数据检验了公司治理对公司价值以及股票收益率的影响。他们在控制公司固定效应和年度固定效应之后研究发现,G指数和E指数与公司价值之间存在显著的负相关性,也就是说良好的公司治理与股票收益率之间存在显著的正相关性。同时,随着市场对良好公司治理重要性认知的增强,股票收益率有所下降。

别布互克、科恩和王(Bebchuk, Cohen and Wang, 2010)的实证研究则显示,1991—1999年G指数和E指数与异常股票收益正相关,而2001—2008年两者并没有表现出直接的显著关系,最后他们提出"学习假说"(Learning Hypothesis)来解释相关

性消失现象。

安曼、厄施和施密德(Ammann, Oesch and Schmid, 2011)利用GMI编制的64个公司治理特征,采用相加指数法和主成分分析法分别构建了公司治理指数,并在此基础上开展公司治理评价的跨国实证研究。

布莱克、德·卡瓦略和桑帕约(Black, De Carvalho and Sampaio, 2014)构建了巴西公司治理指数(BCGI),并以之对2004年、2006年和2009年巴西上市公司的治理质量进行了评价。他们的指标包括了董事会结构、所有权结构、董事会运作、小股东权益保护、关联交易和信息披露六个维度的指标。他们通过实证研究发现,他们的指标中与上市要求相同的部分会提升公司价值,上市要求中没有提及的则不会提升公司价值。

奥尔-马尔卡维、皮莱和巴蒂(Al-Malkawi, Pillai and Bhatti, 2014)通过构建公司治理指数(CGI),评价和分析了海湾阿拉伯国家合作委员会(GCC)国家上市公司的公司治理质量。他们的指标包括了信息披露、董事会有效性和股东权利三个维度30个指标的内容。

达什(Das, 2012)针对印度公司的特点构建了公司治理指标,包括股权结构、董事会、经理层薪酬、监事会公司控制权市场、信息披露等相关指标。并将印度公司的数据与发达国家公司的数据进行了国际比较。

二、基于评价机构构建的公司治理评价指数的相关研究

国外的许多评价机构也构建和发布了各自的公司治理指数。例如,美国机构股东服务公司(ISS)依据董事会及其主要委员会的结构和组成、公司章程和制度、公司所属州的法律、管理层和董事薪酬、相关财务业绩、最佳公司治理实践、管理层持股比例、董事受教育水平等指标构建了公司治理指数。国际管理评级机构(GMI)的公司治理指数则更加侧重于信息透明度与披露(含内部监控)、董事会问责制、企业社会责任、股权结构与股权集中度、股东权利、管理层薪酬、公司行为等因素。

乔克哈里斯和莱文(Chhaochharia and Laeven, 2009)、阿加沃尔等(Aggarwal et al., 2010)利用ISS提供的公司治理评价得分,阿什博-斯凯夫和拉丰(Ashbaugh-Skaife and Lafond, 2006)、德瓦尔和弗尔维梅林(Derwall and Verwijmeren, 2007)利用GMI提供的治理评价得分检验了公司治理与公司价值、股票收益、股权资本成本、财务风险等变量之间的关系,研究结果基本证实了公司治理对公司表现的积极作用。巴拉苏布拉马尼亚姆、布莱克和康纳(Balasubramaniam, Black and Khanna, 2010)利用2006年印度公司治理调查,从董事会结构、信息披露、关联方交易、股东权利、董事会程序等方面对公司治理进行评价。

第三节 基于公司治理指数研究小结

如表2.1所示,目前国外已经有众多的学者和机构构建了公司治理指数,并开展了基于指数的相关研究。用公司治理指数作为公司治理评价的工具并开展研究已经成为国际理论界和实务界的共同趋势。

反观我国的公司治理指数研究,在研究的多样性上与发达国家有较大的差距。我国连续多年发布并得到广泛关注和应用的公司治理指数仅有南开大学中国公司治理研究院发布的$CCGI^{NK}$。目前国内大部分基于公司治理指数的研究所采用的都是这一指数的数据。

在公司治理指数的应用方面,目前多数研究聚焦于公司治理指数与公司绩效指标之间的关系,多数研究观察到了公司治理指数与公司绩效之间的正相关关系。现有的许多研究已经开始关注公司治理指数的有效性以及公司治理的内生性问题,并采取了联立方程、工具变量等手段对这些问题进行控制。

表2.1 国内外的主要公司治理评价指数汇总

评价机构或作者(年份)	主要评价内容	评价方法	评价对象
南开大学中国公司治理研究院(2003至今)	股东权益、董事会、监事会、经理层、信息披露、利益相关者	专家评分层次分析加权分析	中国上市公司
潘福祥(2004)	外部机构的审核评价、股权结构、董事会治理机制和经理人员激励情况	层次分析	中国上市公司
施东晖和司徒大年(2004)	控股股东行为、关键人选聘与激励与约束、董事会结构与运作和信息披露透明度	加权分析	中国上市公司
白重恩、刘俏和陆洲等(2005)	董事会、高管薪酬、股权结构、财务信息披露和透明度、企业控制权市场、法制基础和中小投资者权益保护、产品市场的竞争程度	主元分析	中国上市公司
沈艺峰等(2009)	大股东、董事会监事会、经理层以及投资者法律保护四个方面对上市公司治理情况进行归纳和整理	综合计分	中国上市公司
魏明海、柳建华和刘峰(2010)	法律与证券市场监管、地区治理环境和公司治理三个层次综合衡量	综合计分	中国上市公司
鲁桐等(2014)	股权结构与股东权利、董事会和监事会运作、信息披露与合规性以及激励机制	综合积分	中小板和创业板上市公司
韩少真、潘颖和张晓明(2015)	包括董事会治理、管理层治理、股东治理、会议治理	主成分分析	中国上市公司

续表

评价机构或作者(年份)	主要评价内容	评价方法	评价对象
美国机构股东服务公司(ISS)	董事会及其主要委员会的结构和组成、公司章程和制度、公司所属州的法律、管理层和董事薪酬、相关财务业绩、最佳公司治理实践、管理层持股比例、董事受教育水平	综合计分	30个国家的公司数据
国际管理评级机构(GMI)	信息透明度与披露(含内部监控)、董事会问责制、企业社会责任、股权结构与股权集中度、股东权利、管理层薪酬、公司行为	综合计分	22个国家的公司数据
冈珀斯、石井和梅特里克(2003)	延缓敌意收购的战术、投票权、董事/管理层保护、其他接管防御措施以及国家法律	综合计分	IRRC数据库
别布互克、科恩和费雷尔(2004,2009)	交错选举董事条款、股东修订公司章程限制、毒丸计划、金色降落伞计划、兼并和修订公司章程遵循绝对多数原则的规定	综合计分	IRRC数据库
贝纳尔、罗伯茨、施密德和齐默尔曼(Beiner, Drobetz, Schmid and Zimmermann, 2006)	公司治理承诺、股东权利、信息透明度、董事会和管理层、财务报告和审计	综合计分	瑞士上市公司
布朗和卡勒(Brown and Caylor, 2006)	审计、董事会章程/制度、董事培训、激励、所有权、累积实践、公司形式	综合计分	美国上市公司
乔克哈里亚和莱文(Chhaochharia and Laeven, 2009)	累积投票权、董事会轮选制、临时股东大会召集权、毒丸计划、审计委员会独立性、董事会独立性、提名委员会独立性、连锁董事	综合计分	ISS数据库中30个国家数据
安曼、厄施和施密德(Ammann, Oesch and Schmid, 2011)	董事会责任、财务披露和内部控制、股东权利、薪酬、公司控制权市场、公司行为	综合计分主成分分析	GMI数据库中22个国家数据
布莱克、德·卡瓦略和桑帕约(Black, De Carvalho and Sampaio, 2014)	董事会结构、所有权结构、董事会运作、小股东权益保护、关联交易和信息披露	综合计分	巴西上市公司
奥尔-马尔卡维、皮莱和巴蒂(Al-Malkawi, Pillai and Bhatti, 2014)	信息披露、董事会有效性和股东权利	综合计分	海湾阿拉伯国家合作委员会(GCC)国家上市公司

资料来源:根据已有相关研究文献整理。

第三章 中国上市公司治理总体评价

第一节 中国上市公司治理评价样本情况

一、样本来源及选取

本次编制中国上市公司治理指数的样本来源于截止到 2015 年 4 月 30 日公布的公开信息(公司网站、巨潮资讯网、中国证监会、沪深证券交易所网站等)以及色诺芬 CCER 数据库、国泰安 CSMAR 数据库和 WIND 数据库,根据信息齐全以及不含异常数据两项样本筛选的基本原则,我们最终确定有效样本为 2 590 家,其中主板 1 452 家,含金融机构 40 家;主板非金融机构 1 412 家;中小企业板 732 家,含金融机构 4 家;中小板非金融机构 728 家;创业板 406 家。样本公司的行业、控股股东性质及地区构成见表 3.1、表 3.2 与表 3.3。需要说明的是,考虑到金融机构、中小企业板和创业板公司治理的特殊性,我们对这些板块的公司进行了单独分析,即除主板、中小企业板和创业板外,另将各板块中的金融机构抽取出来单独组成一个板块,这样总体评价样本为 2 590 家,主板 1 412 家,中小企业板 728 家,创业板 406 家,金融、保险行业板块 44 家,各板块详细分析见后面有关章节。

二、样本行业分布情况

从样本行业分布情况来看,最近几年评价中各行业样本所占比例保持了较稳定的趋势,而且制造业样本的比例最高,占 60.00%,相比较 2014 年的 60.19%略有下降,见表 3.1。

表 3.1 样本公司的行业构成

行　业	数　目	比例(%)
农、林、牧、渔业	47	1.81
采掘业	67	2.59
制造业	1 554	60.00
其中　食品、饮料	102	3.94

续表

行　业	数　目	比例(%)
纺织、服装、皮毛	76	2.93
木材、家具	11	0.42
造纸、印刷	45	1.74
石油、化学、塑胶、塑料	260	10.04
电子	154	5.95
金属、非金属	200	7.72
机械、设备、仪表	522	20.15
医药、生物制品	156	6.02
其他制造业	28	1.08
电力、煤气及水的生产和供应业	79	3.05
建筑业	58	2.24
交通运输、仓储业	77	2.97
信息技术业	220	8.49
批发和零售贸易业	134	5.17
金融、保险业	44	1.70
房地产业	122	4.71
社会服务业	91	3.51
传播与文化产业	43	1.66
综合类	54	2.08
合　计	2 590	100.00

资料来源:南开大学公司治理数据库。

三、样本控股股东分布情况

按控股股东性质分组样本中,国有控股和民营控股公司仍然占据较大的比例,合计比例96.72%,相较于2014年的97.04%略有下降,详情见表3.2。

表3.2　样本公司的控股股东构成

控股股东性质	数　目	比例(%)
国有控股	1 034	39.92
集体控股	21	0.81
民营控股	1 471	56.80
社会团体控股	6	0.23

续表

控股股东性质	数 目	比例(%)
外资控股	37	1.43
职工持股会控股	9	0.35
其他类型	12	0.46
合　计	2 590	100.00

资料来源：南开大学公司治理数据库。

从表中数据可见，就国有控股和民营控股公司所占比例的变化趋势来看，2015年度国有控股公司比例为39.92%，呈现下降趋势——在2014年评价中，国有控股公司有1 027家，比例为41.63%；2013年评价中有1 038家，比例为42.02%；2012年评价中有1 019家，比例为43.77%；2011年评价中有900家，比例为46.15%；2010年评价中有950家，比例为60.94%；2009年评价中有852家，比例为67.57%；2008年评价中有779家，比例为67.50%；2007年评价中有787家，比例为67.73%；2006年评价中有901家，比例为72.14%；2005年评价中为914家，比例为71.29%；2004年评价中有850家，比例为73.98%。较之前几年的样本数量，2011—2014年国有控股公司的比例均不足50%。民营控股公司在2015年评价中有1 471家，比例为56.80%，比例延续持续上升的态势——在2014年评价中有1 367家，比例为55.41%；2013年评价中有1 367家，比例为55.34%；在2012年评价中有1 246家，比例为53.52%；2011年评价中有983家，比例为50.41%；2010年评价中有568家，比例为36.43%；2009年评价中有368家，比例为29.18%；2008年评价中有320家，比例为27.73%；2007年评价中有337家，比例为29.00%；而在2006年评价中有313家，比例为25.06%；2005年评价中为304家，比例为23.71%；在2004年评价中有238家，比例为20.71%。继2011年、2012年、2013年、2014年后，民营控股公司的比例再次超过国有控股公司。外资控股、集体控股、职工持股、社会团体控股公司样本所占比例较小。

四、样本地区分布情况

近年来上市公司的地区分布比例没有太大变化，从不同地区占样本数量、比例看，经济发达地区的广东省(386家，占样本公司的14.90%)、浙江省(265家，占样本公司的10.23%)、江苏省(253家，占样本公司的9.77%)、北京市(235家，占样本公司的9.07%)、上海市(201家，占样本公司的7.76%)、山东省(152家，占样本公司的5.87%)占有数量最多，而西部欠发达地区的甘肃省、贵州省、宁夏、青海省和西藏占样本量最少，其中青海省和西藏最少，仅为10家，反映出经济发展水平与上市公司数量存在一定的关系，区域分布详情见表3.3。

表 3.3　样本公司的地区构成

地　区	数　目	比例(%)	地　区	数　目	比例(%)
北京市	235	9.07	湖北省	83	3.20
天津市	42	1.62	湖南省	75	2.90
河北省	49	1.89	广东省	386	14.90
山西省	35	1.35	广　西	32	1.24
内蒙古	25	0.97	海南省	27	1.04
辽宁省	70	2.70	重庆市	39	1.51
吉林省	40	1.54	四川省	91	3.51
黑龙江省	32	1.24	贵州省	20	0.77
上海市	201	7.76	云南省	29	1.12
江苏省	253	9.77	西　藏	10	0.39
浙江省	265	10.23	陕西省	42	1.62
安徽省	80	3.09	甘肃省	25	0.97
福建省	91	3.51	青海省	10	0.39
江西省	32	1.24	宁　夏	12	0.46
山东省	152	5.87	新　疆	40	1.54
河南省	67	2.59	合　计	2 590	100.00

资料来源:南开大学公司治理数据库。

五、样本市场板块分布情况

2004年6月我国中小企业板揭幕,中小企业板是深圳证券交易所为了鼓励自主创新而专门设置的中小型公司聚集板块。2009年10月我国创业板正式启动,创业板是主板之外的专为暂时无法上市的中小企业和新兴公司提供融资途径和成长空间的证券交易市场,是对主板市场的有效补给,在资本市场中占据着重要的位置。2015年的评价中对样本公司按照市场板块类型进行详细划分,其中54.52%的样本公司来自主板,共1 412家;中小企业板728家,占28.11%;创业板406家,占15.68%;另有44家金融、保险业公司,占1.70%。详细见表3.4。

表 3.4　样本公司的市场板块构成

市场板块类型	数　目	比例(%)
主　板	1 412	54.52
中小企业板	728	28.11
创业板	406	15.68
金融、保险业	44	1.70
合　计	2 590	100.00

资料来源:南开大学公司治理数据库。

第二节 中国上市公司治理总体分析

一、中国上市公司治理总体描述

在2015年评价样本中,上市公司治理指数平均值为62.07,较2014年的61.46提高0.61。具体见表3.5。

表3.5 公司治理指数描述性统计

统计指标	公司治理指数	统计指标	公司治理指数
平均值	62.07	峰度	-0.33
中位数	62.14	极差	22.23
标准差	3.53	最小值	49.85
方差	12.49	最大值	72.08
偏度	-0.14		

资料来源:南开大学公司治理数据库。

如表3.5所示,2015年公司治理指数最大值为72.08,最小值为49.85,样本的标准差为3.53。指数分布情况见图3.1。

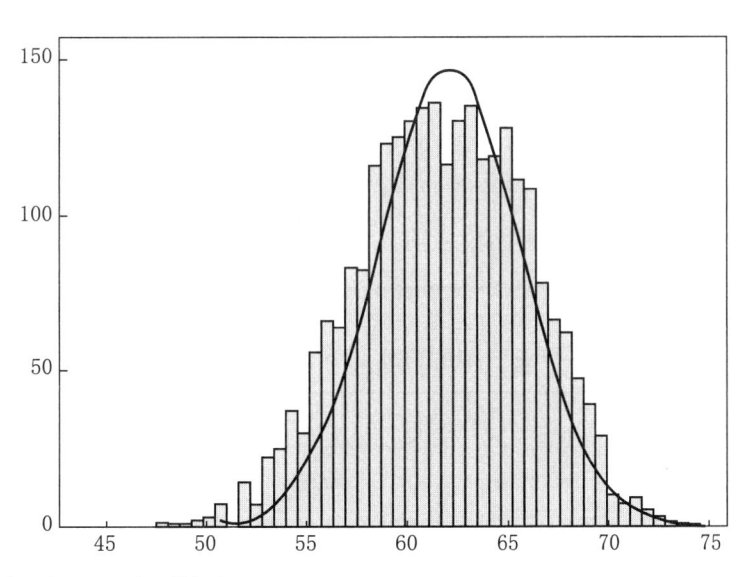

资料来源:南开大学公司治理数据库。

图3.1 公司治理指数分布图

在 2 590 家样本公司中,没有 1 家达到 CCGI^{NK} Ⅰ 和 CCGI^{NK} Ⅱ,有 18 家达到了 CCGI^{NK} Ⅲ 水平;达到 CCGI^{NK} Ⅳ 的有 1 828 家,占全样本的 70.58%,较 2014 年的 64.69% 有显著的提高;处于 CCGI^{NK} Ⅴ 的公司有 743 家,占全样本的 28.69%,与 2014 年的 34.52% 相比,有显著下降的趋势;有 1 家上市公司的治理指数在 50 以下,占全样本的 0.04%,较 2014 年的 0.12% 有所下降(2013 年为 0.16%,2012 年为 0.21%,2011 年为 0.67%,2010 年为 3.33%)。见表 3.6。

表 3.6 公司治理指数等级分布

公司治理指数等级		公司治理指数等级分布	
		数 目	比例(%)
CCGI^{NK} Ⅰ	90—100	—	—
CCGI^{NK} Ⅱ	80—90	—	—
CCGI^{NK} Ⅲ	70—80	18	0.69
CCGI^{NK} Ⅳ	60—70	1 828	70.58
CCGI^{NK} Ⅴ	50—60	743	28.69
CCGI^{NK} Ⅵ	50 以下	1	0.04
合 计		2 590	100.00

资料来源:南开大学公司治理数据库。

二、中国上市公司治理分行业分析

以平均值而言,2015 年评价中金融、保险业的公司治理指数位居第一,达到 64.30;其次为信息技术业,医药、生物制品,电子等。公司治理指数平均值最低的是综合类,值为 60.14;房地产业指数均值相对较低,为 60.55。总体描述说明就公司治理总体状况而言,行业间存在一定的差异。相比较之前几年的评价,2015 年评价中各行业的公司治理指数排名发生了一定的变化。详细见表 3.7。

表 3.7 按行业分组的样本公司治理指数描述性统计

行 业	数目	比例(%)	平均值	中位数	标准差	极差	最小值	最大值
农、林、牧、渔业	47	1.81	60.91	60.87	3.55	17.96	49.85	67.81
采掘业	67	2.59	61.28	60.98	2.96	13.98	53.72	67.70
制造业	1 554	60.00	62.33	62.51	3.54	21.27	50.81	72.08
其中 食品、饮料	102	3.94	62.51	62.70	3.65	17.64	53.64	71.28

续表

行　　业	数目	比例(%)	平均值	中位数	标准差	极差	最小值	最大值
纺织、服装、皮毛	76	2.93	60.82	61.01	3.02	12.79	52.97	65.76
木材、家具	11	0.42	62.28	61.73	2.73	9.71	58.38	68.09
造纸、印刷	45	1.74	61.83	61.11	3.65	17.08	55.01	72.08
石油、化学、塑胶、塑料	260	10.04	61.76	61.90	4.04	20.68	50.81	71.49
电子	154	5.95	62.85	63.12	3.33	18.41	52.47	70.88
金属、非金属	200	7.72	61.78	61.34	3.56	17.08	52.47	69.55
机械、设备、仪表	522	20.15	62.73	62.90	3.37	19.39	51.90	71.29
医药、生物制品	156	6.02	62.86	63.33	3.30	13.70	54.67	68.38
其他制造业	28	1.08	62.56	62.40	2.71	9.69	57.84	67.53
电力、煤气及水的生产和供应业	79	3.05	60.51	60.25	2.87	12.78	55.05	67.83
建筑业	58	2.24	62.72	63.21	3.12	14.14	54.04	68.18
交通运输、仓储业	77	2.97	61.46	61.17	3.30	16.58	53.97	70.55
信息技术业	220	8.49	62.98	63.35	3.26	15.01	53.77	68.78
批发和零售贸易业	134	5.17	61.46	61.34	3.77	19.41	51.46	70.87
金融、保险业	44	1.70	64.30	64.79	3.01	13.99	56.30	70.29
房地产业	122	4.71	60.55	60.59	3.20	16.49	54.15	70.65
社会服务业	91	3.51	61.70	61.33	3.66	17.98	52.87	70.85
传播与文化产业	43	1.66	60.85	60.93	3.31	13.14	54.54	67.69
综合类	54	2.08	60.14	60.21	3.68	16.26	52.85	69.12
合　　计	2 590	100.00	62.07	62.14	49.85	22.23	49.85	72.08

资料来源：南开大学公司治理数据库。

三、中国上市公司治理分控股股东性质分析

表3.8的描述性统计显示,样本中数量较少的是社会团体控股、职工持股会控股、其他类型、集体控股、外资控股几类,分别有6家、9家、12家、21家和37家公司;国有控股和民营控股样本量较多,分别有1 034家和1 471家。

就样本平均值而言,其他类型控股的治理指数平均值最高,为64.36;其次为集体控股和民营控股,分别为62.45和62.72。外资控股指数平均值为61.47,国有控股指数平均值为61.19。职工持股会控股的指数平均值最低,为58.09。民营控股上市公司治理指数平均值高于国有控股上市公司。

表 3.8 按控股股东性质分组的样本公司治理指数描述性统计

控股股东性质	数目	比例(%)	平均值	中位数	标准差	极差	最小值	最大值
国有控股	1 034	39.92	61.19	60.96	3.32	21.27	50.81	72.08
集体控股	21	0.81	62.45	62.22	3.05	11.54	56.51	68.06
民营控股	1 471	56.80	62.72	63.06	3.53	21.64	49.85	71.49
社会团体控股	6	0.23	59.79	59.52	2.32	6.14	57.01	63.15
外资控股	37	1.43	61.47	60.54	3.58	16.76	53.50	70.26
职工持股会控股	9	0.35	58.09	58.31	3.13	8.64	52.87	61.51
其他类型	12	0.46	64.36	64.69	3.70	11.93	57.34	69.27
合 计	2 590	100.00	62.07	62.14	49.85	22.23	49.85	72.08

资料来源：南开大学公司治理数据库。

四、中国上市公司治理分地区分析

与往年情况类似，经济发达地区广东省、浙江省、江苏省、北京市和上海市占有的样本数量较多，其中广东省最多，为 386 家，浙江省有 265 家，江苏省达 253 家，北京市和上海市分别有 235 家和 201 家；而西部欠发达地区的青海省、西藏、宁夏占样本量少，其中西藏和青海省最少，仅为 10 家，反映出经济活跃水平与上市公司数量的关系。各地区公司治理指数分析结果详见表 3.9。

表 3.9 样本公司治理指数按地区分组的描述性统计

地 区	数目	比例(%)	平均值	中位数	标准差	极差	最小值	最大值
北京市	235	9.07	63.01	63.36	3.20	16.41	54.46	70.87
天津市	42	1.62	60.81	60.18	3.51	13.91	53.90	67.82
河北省	49	1.89	61.15	61.02	3.53	15.15	53.85	69.00
山西省	35	1.35	59.81	59.49	3.34	14.72	52.08	66.79
内蒙古	25	0.97	60.67	61.04	4.02	14.50	53.72	68.23
辽宁省	70	2.70	61.25	60.70	3.81	15.98	52.92	68.91
吉林省	40	1.54	61.31	61.35	3.57	16.19	51.46	67.64
黑龙江省	32	1.24	60.04	60.06	3.33	11.89	54.67	66.56
上海市	201	7.76	61.62	61.75	3.47	17.72	52.77	70.49
江苏省	253	9.77	62.50	62.34	3.59	20.24	51.26	71.49
浙江省	265	10.23	62.91	63.01	3.07	17.94	52.47	70.42
安徽省	80	3.09	61.84	61.60	3.20	14.60	55.05	69.64
福建省	91	3.51	62.82	63.17	3.09	16.40	52.85	69.25

续表

地区	数目	比例(%)	平均值	中位数	标准差	极差	最小值	最大值
江西省	32	1.24	62.42	62.49	3.61	13.56	54.59	68.15
山东省	152	5.87	61.89	62.12	3.54	16.17	54.15	70.32
河南省	67	2.59	62.00	61.87	3.64	16.35	53.03	69.38
湖北省	83	3.20	61.11	61.36	3.75	17.85	50.81	68.66
湖南省	75	2.90	61.96	61.76	3.88	16.81	51.90	68.71
广东省	386	14.90	62.99	63.19	3.40	19.62	52.47	72.08
广西	32	1.24	60.83	60.96	3.01	12.23	53.87	66.10
海南省	27	1.04	60.03	60.27	3.07	13.14	54.20	67.34
重庆市	39	1.51	62.00	60.99	3.85	17.51	53.77	71.28
四川省	91	3.51	61.17	61.50	3.37	14.93	53.59	68.52
贵州省	20	0.77	61.30	61.35	3.62	14.11	53.50	67.61
云南省	29	1.12	61.97	61.90	4.33	19.65	49.85	69.50
西藏	10	0.39	60.11	59.42	3.71	10.10	54.99	65.09
陕西省	42	1.62	60.69	61.12	3.76	15.73	52.97	68.70
甘肃省	25	0.97	61.37	61.01	3.37	13.56	55.97	69.53
青海省	10	0.39	61.20	61.74	4.26	12.71	55.12	67.84
宁夏	12	0.46	59.06	59.28	3.41	9.90	53.64	63.53
新疆	40	1.54	60.83	60.47	2.81	12.67	54.04	66.72
合计	2 590	100.00	62.07	62.14	49.85	22.23	49.85	72.08

资料来源:南开大学公司治理数据库。

在表3.9中的第三列数据(上市公司数量占总体比例)与第四列数据(上市公司治理指数平均值)之间存在较高的正相关性,说明经济发达地区的上市公司治理状况总体上要好于经济欠发达地区。具体而言,北京市、广东省、浙江省、福建省、江苏省、江西省、河南省、重庆市样本平均值依次为63.01、62.99、62.91、62.82、62.50、62.42、62.00、62.00,均超过62;而山西省、宁夏均值均在60以下,分别为59.81、59.06。

五、中国上市公司治理分市场板块分析

在2015年评价中,按照市场板块对样本公司进行划分,其中金融、保险业治理指数位居首位,均值达64.30;创业板为63.84;中小企业板为63.61;而同2014年一样,主板上市公司的治理指数仍然最低,为60.70。具体见表3.10。

表 3.10　按市场板块分组的样本公司治理指数描述性统计

板块类型	数目	比例(%)	平均值	中位数	标准差	极差	最小值	最大值
主　板	1 412	54.52	60.70	60.59	3.35	20.80	49.85	70.65
中小企业板	728	28.11	63.61	63.73	3.14	20.83	51.26	72.08
创业板	406	15.68	63.84	64.03	2.76	17.28	53.60	70.88
金融、保险业	44	1.70	64.30	64.79	3.01	13.99	56.30	70.29
合　计	2 590	100.00	62.07	62.14	49.85	22.23	49.85	72.08

资料来源:南开大学公司治理数据库。

六、中国上市公司治理年度分析

2015 年度公司治理指数平均值为 62.07,2010 年、2011 年、2012 年、2013 年和 2014 年治理指数平均值为分别为 59.09、60.28、60.60、60.76 和 61.46。对比连续几年来的中国上市公司的总体治理状况可知,总体治理水平呈现逐年提高的趋势。各年公司治理评价各级指数的比较见表 3.11。

表 3.11　公司治理指数历年比较

治理指数	2010	2011	2012	2013	2014	2015
公司治理指数	59.09	60.28	60.60	60.76	61.46	62.07
股东治理指数	59.81	64.56	61.20	62.89	64.28	65.08
董事会治理指数	60.33	60.81	61.21	61.74	63.38	63.48
监事会治理指数	56.17	57.17	57.35	57.38	57.99	58.54
经理层治理指数	57.21	57.81	57.27	57.21	57.12	57.80
信息披露指数	63.43	63.02	63.14	63.18	63.29	64.27
利益相关者治理指数	54.83	56.47	63.22	61.46	61.84	62.51

资料来源:南开大学公司治理数据库。

在几个分指数中,股东治理指数 2015 年的数值为 65.08,相对于 2014 年的 64.28,提高了 0.80;董事会治理指数呈现显著的逐年上升趋势,作为公司治理核心的董事会建设得到加强,继 2010 年首次突破了 60 之后,2015 年继续增长达 63.48;新公司法加强了监事会的职权,监事会治理状况明显提高,平均值从 2010 年的 56.17 逐年提高到 2011 年的 57.17,从 2011 年的 57.17 提高到 2012 年的 57.35,从 2013 年的 57.38 提高到 2014 年的 57.99,从 2014 年的 57.99 提高到 2015 年的 58.54;经理层治理状况呈现出较稳定的趋势,从 2010 到 2015 年的经理层治理指数平均值依次为 57.21、57.81、57.27、

57.21、57.12 和 57.80；信息披露状况经历 2011 年的拐点后，呈现增长趋势，2015 年平均值达到 64.27；利益相关者问题逐步引起上市公司的关注，一直保持着稳步提高的趋势，尤其是从 2010 年起指数均值提高明显，2013 年出现一定幅度回调，2015 年的指数均值为 62.51，略高于 2014 年的 61.84。

第三节 中国上市公司治理 100 佳

一、中国上市公司治理 100 佳描述统计

本节将 2015 年评价样本中公司治理指数排名前 100 位的公司（100 佳）与其他样本进行比较，分析 100 佳的行业、地区和控股股东性质分布，以及 100 佳公司的相对绩效表现。如表 3.12 的描述性统计显示，100 佳上市公司治理指数为 69.03，较 2014 年的 69.08 略有下降，100 佳上市公司中最高治理指数为 72.08，最低为 68.03，极差为 4.05。与表 3.11 的对比显示，我们不难发现，100 佳上市公司的各级治理指数的平均值都明显高于总样本。

表 3.12 公司治理 100 佳治理指数描述性统计

统计指标	公司治理指数	股东治理指数	董事会治理指数	监事会治理指数	经理层治理指数	信息披露指数	利益相关者治理指数
平均值	69.03	73.94	65.32	59.93	65.09	75.14	69.03
中位数	68.72	74.66	65.21	58.14	65.66	76.73	68.72
标准差	0.92	5.79	1.91	6.47	4.47	5.90	0.92
极差	4.05	25.95	10.33	29.57	22.53	27.40	4.05
最小值	68.03	57.73	60.84	47.85	52.37	57.43	68.03
最大值	72.08	83.68	71.18	77.41	74.90	84.82	72.08

资料来源：南开大学公司治理数据库。

二、中国上市公司治理 100 佳公司行业分布

表 3.13 的公司治理 100 佳行业分布表明，从绝对数量看，制造业所占数量最多，达 68 家；其次是信息技术业，有 13 家；批发和零售贸易业有 5 家；金融、保险业有 4 家；社会服务业有 3 家；房地产业，综合类和交通运输、仓储业，各有 2 家；建筑业有 1 家公司进入 100 佳；农、林、牧、渔业和采掘业以及电力、煤气及水的生产和供应业，传播与文化产业没有公司进入 100 佳。从 100 佳占行业样本数量比例来看，金融、保险业比例最高，为 9.09%；其次为信息技术业，为 5.91%；而房地产业的 100 佳所占比例最低，仅为 1.64%。

表 3.13 公司治理 100 佳公司行业分布

行　　业	100 佳个数	样本个数	100 佳所占比例(%)
农、林、牧、渔业	—	47	—
采掘业	—	67	—
制造业	68	1 554	4.38
电力、煤气及水的生产和供应业	—	79	—
建筑业	1	58	1.72
交通运输、仓储业	2	77	2.60
信息技术业	13	220	5.91
批发和零售贸易业	5	134	3.73
金融、保险业	4	44	9.09
房地产业	2	122	1.64
社会服务业	3	91	3.30
传播与文化产业	—	43	—
综合类	2	54	3.70
合　　计	100	2 590	3.86

资料来源:南开大学公司治理数据库。

三、中国上市公司治理 100 佳公司控股股东性质分布

从绝对数量看,公司治理 100 佳集中分布在民营控股上市公司中。100 佳上市公司中,最终控制人性质为民营控股的占 77 家;其次为国有控股上市公司,有 19 家;社会团体控股为 2 家;集体控股、职工持股会控股各有 1 家;而外资控股和其他类型的公司今年没有 1 家进入 100 佳。从相对比例来看,社会团体控股样本中的 100 佳比例最高,其次是民营控股,集体控股 100 佳的比例高于国有控股的样本。详细情况见表 3.14

表 3.14 公司治理 100 佳公司控股股东性质分布

控股股东性质	100 佳个数	样本个数	比例(%)
国有控股	19	1 034	1.84
集体控股	1	21	4.76
民营控股	77	1 471	5.23
社会团体控股	2	12	16.67
外资控股	—	6	—
职工持股会控股	1	37	2.70
其他类型	—	9	—
合　　计	100	2 590	3.86

资料来源:南开大学公司治理数据库。

四、中国上市公司治理100佳公司地区分布

据表3.15的省区分布数量显示,在100佳的上市公司中,广东省有23家,江苏省14家,北京市有12家。其中,广东省在2014年和2013年评价中也是入选100佳公司数目最多的地区。

天津市、山西省、黑龙江省、贵州省、青海省、宁夏、吉林省、广西、海南省、西藏、新疆均没有入选100佳的上市公司。这些地区中,青海省和宁夏等在以往的评价过程中,入选100佳的上市公司数量也较少。

从相对数来看,重庆市比例最高,为12.82%,广东省为5.96%,山东省为5.92%,江苏省为5.53%,福建省为5.49%;而安徽省、湖北省、河北省、河南省、四川省、陕西省和上海市均在3%以下。

表3.15　公司治理100佳公司地区分布

地　区	100佳个数	样本个数	比例(%)
北京市	12	235	5.11
天津市	—	42	—
河北省	1	49	2.04
山西省	—	35	—
内蒙古	1	25	4.00
辽宁省	3	70	4.29
吉林省	—	40	—
黑龙江省	—	32	—
上海市	3	201	1.49
江苏省	14	253	5.53
浙江省	10	265	3.77
安徽省	2	80	2.50
福建省	5	91	5.49
江西省	1	32	3.13
山东省	9	152	5.92
河南省	2	67	2.99
湖北省	1	83	1.20
湖南省	3	75	4.00
广东省	23	386	5.96
广　西	—	32	—
海南省	—	27	—

续表

地 区	100佳个数	样本个数	比例(%)
重庆市	5	39	12.82
四川省	2	91	2.20
贵州省	—	20	—
云南省	1	29	3.45
西 藏	—	10	—
陕西省	1	42	2.38
甘肃省	1	25	4.00
青海省	—	10	—
宁 夏	—	12	—
新 疆	—	40	—
合 计	100	2 590	3.86

资料来源：南开大学公司治理数据库。

五、中国上市公司治理 100 佳公司绩效

为了考察公司治理与公司绩效之间的相关性，我们选取了反映上市公司市场表现和收益能力的 10 个财务指标。各指标计算公式：每股收益 1＝净利润本期值/实收资本本期期末值；每股收益 2＝净利润本期值/最新股本；每股收益 3＝（净利润－营业外收入＋营业外支出）本期值/实收资本本期期末值；每股收益 4＝净利润－营业外收入＋营业外支出）本期值/最新股本；投入资本回报率＝（净利润＋财务费用）/（资产总计－流动负债＋应付票据＋短期借款＋一年内到期的长期负债）；营业利润率＝营业利润/营业收入；销售费用率＝销售费用/营业收入；管理费用率＝管理费用/营业收入；财务费用率＝财务费用/营业收入；销售期间费用率＝（销售费用＋管理费用＋财务费用）/（营业收入）。比较结果如表 3.16 所示，公司治理 100 佳上市公司的绩效指标均好于其他样本。

表 3.16 公司治理 100 佳公司绩效与其他样本的比较

财务指标	100 佳样本	其他样本
每股收益 1	0.507	0.345
每股收益 2	0.507	0.336
每股收益 3	0.447	0.289
每股收益 4	0.447	0.281
投入资本回报率	0.075	0.066

续表

财务指标	100佳样本	其他样本
营业利润率	0.119	0.058
销售费用率	0.060	0.070
管理费用率	0.090	0.130
财务费用率	0.010	0.030
销售期间费用率	0.160	0.230

资料来源：南开大学公司治理数据库。

主 要 结 论

第一，从时间序列比较来看，我国上市公司总体治理水平在2004—2015年间呈现出总体上升趋势，历经2009年拐点之后，呈现逐年上升的态势，并在2015年达到历史最高水平。

第二，从行业比较分析来看，2015年评价排名中，金融、保险业的公司治理指数位居第一；紧随其后的是信息技术业，医药、生物制品，电子等，这些行业治理状况相对较好；而综合类和房地产业上市公司治理水平总体仍然偏低。

第三，从控股股东性质比较分析来看，继2013年和2014年之后，2015年民营控股上市公司治理指数再次超过国有控股上市公司。

第四，从地区比较分析来看，北京市、广东省、浙江省、福建省、江苏省、江西省、河南省、重庆市等地区治理指数平均值最高；而宁夏、山西省等地区指数排名比较靠后。

第五，从市场板块来看，2015年评价中金融保险公司治理指数均值最高，为64.30；其次为创业板，其治理指数均值为63.84，中小企业板为63.61；而主板上市公司的治理指数平均值最低，为60.70。

第六，从样本分组比较来看，公司治理100佳的上市公司治理状况显著好于总体样本公司的治理状况（69.03—62.07），通过对两组样本的财务指标的比较发现，无论是收益能力，还是市场表现，100佳均好于非100佳。

第四章 中国上市公司股东治理评价

第一节 中国上市公司股东治理总体分析

一、2015年中国上市公司股东治理总体描述

2015年度2 590家中国上市公司股东治理指数的平均值为65.08,中位数为65.45,最小值为32.24,最大值为84.83,标准差为8.74。股东治理指数基本服从正态分布。股东治理评价的三个二级指标——独立性、中小股东权益保护和关联交易的平均值分别为63.47、61.95和69.02。公司之间的差距较大,独立性、中小股东权益保护和关联交易的极差分别达到了94.00、73.15和69.00。股东治理指数及其三项二级指标的描述性统计情况如表4.1所示。

表4.1 中国上市公司股东治理总体状况描述性统计

项目	平均值	中位数	标准差	极差	最小值	最大值
股东治理指数	65.08	65.45	8.74	52.59	32.24	84.83
独立性	63.47	66.82	18.01	94.00	2.00	96.00
中小股东权益保护	61.95	62.55	12.08	73.15	19.00	92.15
关联交易	69.02	72.00	11.32	69.00	18.00	87.00

资料来源:南开大学公司治理数据库。

二、2010—2015年中国上市公司股东治理比较

从图4.1可以看出,2010—2015年六年上市公司股东治理指数的变化趋势可以分为前后两个阶段:2010—2012年和2013—2015年。2010—2012年三年间,股东治理指数有较大的波动,从2010年的59.81上升到2011年的64.56,2012年有了大幅下降,降低到61.20。2013—2015年则开始保持平稳上升的态势,从2013年的62.89,上升到2014年的64.28和2015年的65.08。

独立性、中小股东权益保护和关联交易三个二级指标的变化趋势与股东治理指数

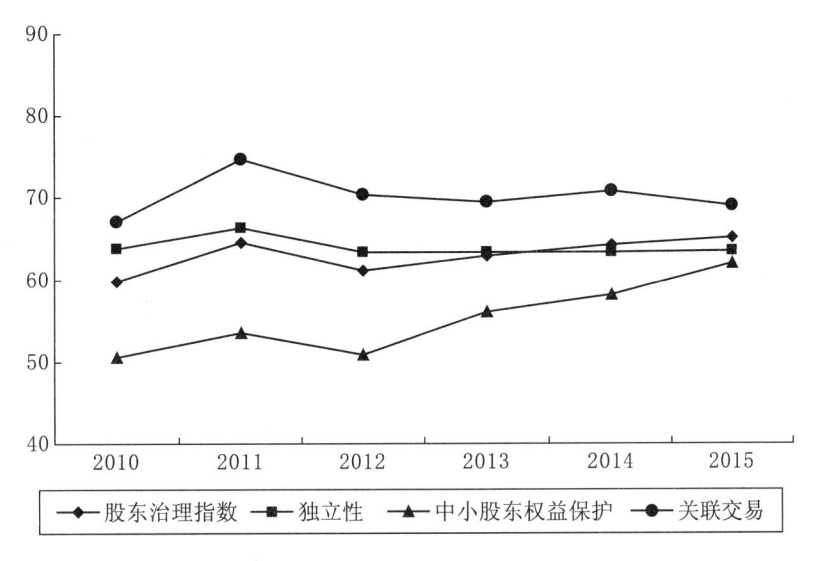

图 4.1 中国上市公司股东治理指数平均值六年折线图比较

资料来源：南开大学公司治理数据库。

类似，2010—2012年三年的波动比较大，从2013年开始平稳上升。相比2014年，独立性略有上升，从63.38上升到63.47；关联交易有一定幅度的下降，从70.81下降到69.02；中小股东权益保护则有一定的上升，从2014年的58.21上升到61.95。如表4.2和图4.1所示。通过进一步的分析发现，2015年股东治理指数的上升主要是由中小股东权益保护大幅上升造成的，更进一步的原因是现金分红方面相比上一年度有较大的提高。

表 4.2 中国上市公司股东治理指数六年描述性统计比较

项 目	2010	2011	2012	2013	2014	2015
股东治理指数	59.81	64.56	61.20	62.89	64.28	65.08
独立性	63.81	66.27	63.37	63.43	63.38	63.47
中小股东权益保护	50.55	53.55	50.93	56.05	58.21	61.95
关联交易	67.06	74.70	70.39	69.47	70.81	69.02

资料来源：南开大学公司治理数据库。

第二节 中国上市公司股东治理分行业评价

一、2015年中国上市公司股东治理分行业总体描述

表4.3列出了中国上市公司各行业股东治理指数的描述性统计结果。从行业分布

状况可以看出,平均值居前三位的分别是其他制造业,信息技术业和建筑业,其中信息技术业2014年也排名第二。平均值最低的三个行业分别是综合类,电力、煤气及水的生产和供应业以及采掘业,电力、煤气及水的生产和供应业在2014年也排名倒数第二。股东治理指数最高的行业为其他制造业,其平均值为68.97,股东治理指数最低的为综合类,其平均值为60.13,差距为8.84,2014年的行业差距7.07,2013年的差距为6.92,说明股东治理状况行业间的差距总体趋势在加大。

表4.3 中国上市公司股东治理指数分行业描述性统计

行业	数目	比例(%)	平均值	中位数	标准差	极差	最小值	最大值
农、林、牧、渔业	47	1.81	64.60	64.73	8.12	38.17	40.72	78.89
采掘业	67	2.59	61.50	61.57	8.14	35.56	43.20	78.75
制造业	1 554	0.60	65.51	65.81	9.01	51.25	33.58	84.83
其中 食品、饮料	102	3.94	65.37	64.29	8.53	37.01	46.49	83.49
纺织、服装、皮毛	76	2.93	65.51	67.03	9.54	43.67	37.77	81.44
木材、家具	11	0.42	67.13	69.96	6.70	19.59	55.15	74.75
造纸、印刷	45	1.74	65.43	65.89	8.01	41.46	39.34	80.81
石油、化学、塑胶、塑料	260	10.04	64.90	65.10	9.68	47.04	36.50	83.54
电子	154	5.95	67.02	68.41	8.58	42.79	37.98	80.76
金属、非金属	200	7.72	62.81	62.11	9.47	49.42	34.17	83.59
机械、设备、仪表	522	20.15	66.05	66.08	9.01	51.25	33.58	84.83
医药、生物制品	156	6.02	66.04	66.15	7.87	38.69	41.90	80.59
其他制造业	28	1.08	68.97	68.95	6.03	22.94	56.46	79.39
电力、煤气及水的生产和供应业	79	3.05	60.85	60.26	8.02	33.27	43.28	76.55
建筑业	58	2.24	67.25	68.38	8.18	35.11	46.20	81.31
交通运输、仓储业	77	2.97	62.22	62.53	7.95	41.89	40.67	82.57
信息技术业	220	8.49	67.57	68.93	8.28	39.37	43.73	83.09
批发和零售贸易业	134	5.17	64.93	65.36	7.76	37.12	43.70	80.82
金融、保险业	44	1.70	66.40	68.16	7.21	30.83	46.99	77.82
房地产业	122	4.71	63.23	63.98	7.01	32.44	45.12	77.57
社会服务业	91	3.51	65.41	65.69	7.70	41.07	40.10	81.17
传播与文化产业	43	1.66	62.78	64.30	8.76	36.37	41.54	77.92
综合类	54	2.08	60.13	59.39	8.65	46.82	32.24	79.07
合计	2 590	100.00	65.08	65.45	8.74	52.59	32.24	84.83

资料来源:南开大学公司治理数据库。

其他制造业的三个二级指标——独立性、中小股东权益保护和关联交易的平均值分别为 71.68、63.42 和 73.18,独立性、中小股东权益保护分别比全样本均值高 8.21 和 4.16;信息技术业的三个二级指标的平均值分别为 68.03、65.17 和 69.75,分别比全样本均值高 4.56、3.22 和 0.73。股东治理指数排名前二的行业的独立性、中小股东权益保护二级指标都高于一般水平。综合类独立性和中小股东权益保护指标分别比全样本均值低 4.67 和 9.36,导致其股东治理指数排名倒数第一。电力、煤气及水的生产和供应业股东治理指数较低的原因是该行业上市公司的独立性和关联交易指标分别比全样本均值低 5.35 和 4.69。见表 4.4。

表 4.4 中国上市公司股东治理分指数分行业描述性统计

行 业	数目	比例(%)	股东治理评价指数	独立性	中小股东权益保护	关联交易
农、林、牧、渔业	47	1.81	64.60	63.76	59.08	70.53
采掘业	67	2.59	61.50	61.78	61.02	61.84
制造业	1 554	0.60	65.51	64.23	62.16	69.49
其中 食品、饮料	102	3.94	65.37	63.07	60.75	71.15
纺织、服装、皮毛	76	2.93	65.51	64.36	60.54	71.05
木材、家具	11	0.42	67.13	65.88	64.26	70.64
造纸、印刷	45	1.74	65.43	66.02	62.43	68.13
石油、化学、塑胶、塑料	260	10.04	64.90	62.96	61.96	68.82
电子	154	5.95	67.02	65.61	63.99	70.75
金属、非金属	200	7.72	62.81	60.19	59.99	66.95
机械、设备、仪表	522	20.15	66.05	65.27	63.17	69.32
医药、生物制品	156	6.02	66.04	65.41	61.35	71.04
其他制造业	28	1.08	68.97	71.68	63.42	73.18
电力、煤气及水的生产和供应业	79	3.05	60.85	58.12	58.73	64.33
建筑业	58	2.24	67.25	66.35	64.51	70.45
交通运输、仓储业	77	2.97	62.22	60.97	63.51	61.56
信息技术业	220	8.49	67.57	68.03	65.17	69.75
批发和零售贸易业	134	5.17	64.93	58.92	60.20	72.67
金融、保险业	44	1.70	66.40	69.94	62.03	69.00
房地产业	122	4.71	63.23	55.34	60.85	69.54
社会服务业	91	3.51	65.41	63.27	62.40	69.49
传播与文化产业	43	1.66	62.78	62.15	61.35	64.53
综合类	54	2.08	60.13	58.80	52.59	68.33
合　　计	2 590	100	65.08	63.47	61.95	69.02

资料来源:南开大学公司治理数据库。

二、2010—2015 中国上市公司股东治理分行业比较

从表 4.5 的统计数据可以看出,2010—2015 年金融、保险业一直位于股东治理的前列,信息技术业和社会服务业的排名也一直比较靠前,而综合类、电力、煤气及水的生产和供应业,采掘业等行业六年来一直排名靠后。六年数据分析说明,股东治理水平的行业差异比较稳定。

表 4.5 中国上市公司股东治理指数分行业六年描述性统计比较

行 业	2010	2011	2012	2013	2014	2015
农、林、牧、渔业	59.26	63.76	59.33	62.85	64.06	64.60
采掘业	58.80	64.31	59.18	60.37	62.15	61.50
制造业	59.41	64.99	61.72	62.94	64.55	65.51
电力、煤气及水的生产和供应业	60.24	62.28	57.68	60.02	60.41	60.85
建筑业	58.87	62.74	59.30	62.70	64.81	67.25
交通运输、仓储业	62.80	64.08	60.95	62.96	61.55	62.22
信息技术业	59.79	67.42	64.79	65.77	67.09	67.57
批发和零售贸易业	60.17	62.05	57.82	61.88	64.35	64.93
金融、保险业	69.00	69.42	69.47	67.29	67.48	66.40
房地产业	60.41	61.72	56.97	61.46	61.8	63.23
社会服务业	62.70	65.45	62.63	63.06	64.39	65.41
传播与文化产业	61.58	66.02	61.55	61.71	62.8	62.78
综合类	56.15	59.26	55.42	60.84	61.97	60.13
合 计	59.81	64.56	61.20	62.89	64.28	65.08

资料来源:南开大学公司治理数据库。

第三节 中国上市公司股东治理分控股股东性质评价

一、2015 年中国上市公司股东治理分控股股东性质总体描述

表 4.6 按照控股股东性质分类对中国上市公司股东治理指数进行统计分析。2015 年中国公司治理评价总样本包含 2 590 家上市公司,其中有 6 家、9 家和 12 家上市公司的控股类型为社会团体、职工持股会控股和其他类型,这些公司样本量太小,不具有统计意义,中国上市公司的主体仍为国有控股和民营控股类公司,两者相加占到了上市公司总数的 96.72%。民营控股上市公司股东治理指数的均值为 68.10;国有控股上市公

司的股东治理指数平均值为60.83;外资控股上市公司治理指数平均值为64.46。民营控股上市公司股东治理指数的平均值明显高于国有控股上市公司,差距为7.27。

如表4.7所示,民营控股上市公司的三个二级指标均高于国有控股上市公司,分别高11.92、3.85和8.36。对三级指标做进一步的分析发现,民营控股上市公司在高管及董事独立性、关联担保、经营类和资产类关联交易、现金分红等重要指标上的表现都要好于国有控股上市公司。

表4.6 中国上市公司股东治理指数分控股股东性质描述性统计

控股股东性质	数目	比例(%)	平均值	中位数	标准差	极差	最小值	最大值
国有控股	1 034	39.92	60.83	61.22	7.92	50.32	32.24	82.57
集体控股	21	0.81	66.04	67.08	8.27	29.39	50.26	79.64
民营控股	1 471	56.8	68.10	68.94	8.06	47.06	37.77	84.83
社会团体控股	6	0.23	58.87	57.03	7.08	17.59	52.34	69.93
外资控股	37	1.43	64.46	66.83	7.05	32.09	44.9	76.98
职工持股会控股	9	0.35	55.47	55.73	4.37	12.64	48.69	61.32
其他类型	12	0.46	70.99	72.45	6.07	18.12	59.70	77.82
合 计	2 590	100.00	65.08	65.45	8.74	52.59	32.24	84.83

ᵃ 资料来源:南开大学公司治理数据库。

表4.7 中国上市公司股东治理分指数分控股股东性质描述性统计

控股股东性质	股东治理指数	独立性指数	中小股东保护指数	关联交易指数
国有控股	60.83	56.49	59.70	64.14
集体控股	66.04	69.52	60.20	70.14
民营控股	68.10	68.41	63.55	72.50
社会团体控股	58.87	52.40	59.47	61.50
外资控股	64.46	61.11	63.12	67.46
职工持股会控股	55.47	50.31	52.19	61.33
其他类型	70.99	71.58	67.95	73.75
合 计	65.08	63.47	61.95	69.02

资料来源:南开大学公司治理数据库。

二、2010—2015年中国上市公司股东治理分控股股东性质比较

表4.8列出了2010—2015年六年国有控股和民营控股上市公司的股东治理指数,总体上看,2010—2015年民营控股上市公司的股东治理均优于国有控股上市公司。主要的

原因有两点:第一,民营控股上市公司在关联交易上的表现要远远好于国有控股上市公司;第二,由于没有历史包袱,中小企业板和创业板民营控股上市公司的股东治理起点更高,明显高于主板民营控股上市公司,从整体上抬高了民营控股上市公司的股东治理指数。

从二级指标上来看,2010年和2015年民营控股上市公司在独立性和关联交易上要优于国有控股上市公司,2015年以前,有三年中小股东权益保护方面比国有控股上市公司差。在2011年、2012年和2015年,民营控股上市公司在三个二级指标上面都要优于国有控股上市公司。

表4.8 中国国有和民营控股上市公司股东治理指数六年描述性统计比较

年 份	控股股东性质	股东治理评价指数	独立性	中小股东权益保护	关联交易
2010	国有	58.94	62.98	51.22	64.64
	民营	61.19	65.48	49.20	71.04
2011	国有	62.73	64.29	51.35	73.33
	民营	66.11	68.21	55.25	75.92
2012	国有	57.40	57.79	48.56	66.04
	民营	64.36	68.03	52.85	74.04
2013	国有	59.97	56.93	57.59	63.86
	民营	65.20	68.40	54.97	73.83
2014	国有	60.52	57.17	58.28	64.44
	民营	67.14	68.02	58.14	75.70
2015	国有	60.83	56.49	59.70	64.14
	民营	68.10	68.41	63.55	72.50

资料来源:南开大学公司治理数据库。

第四节 中国上市公司股东治理分地区评价

一、2015年中国上市公司股东治理分地区总体描述

表4.9列出了各省份上市公司股东治理指数的描述性分析。股东治理指数平均值最高的三个地区分别是江苏省、广东省和福建省,平均值分别为67.81、67.76和67.69;股东治理指数平均值最低的三个地区分别是海南省、山西省和宁夏,平均值分别为60.69、59.19和54.70,地区之间平均值最高与平均值最低的差距达到了12.11,比2014

年的 13.03 有所缩小。

表 4.9　中国上市公司股东治理指数分地区描述性统计

地　区	数目	比例(%)	平均值	中位数	标准差	极差	最小值	最大值
北京市	235	9.07	65.47	66.02	8.16	51.34	32.24	83.59
天津市	42	1.62	61.22	60.32	7.05	30.46	47.81	78.27
河北省	49	1.89	62.01	61.43	9.91	37.9	43.42	81.32
山西省	35	1.35	59.19	59.47	9.58	46.43	34.17	80.59
内蒙古	25	0.97	62.11	60.68	10.00	37.04	43.20	80.24
辽宁省	70	2.70	62.05	61.70	9.49	39.16	43.70	82.86
吉林省	40	1.54	63.92	64.58	7.77	28.00	51.19	79.19
黑龙江省	32	1.24	63.23	63.80	8.14	32.31	44.47	76.78
上海市	201	7.76	62.57	62.91	8.94	44.85	37.98	82.83
江苏省	253	9.77	67.81	67.94	8.14	39.79	44.29	84.09
浙江省	265	10.23	67.35	67.34	7.89	45.71	37.77	83.48
安徽省	80	3.09	63.93	63.88	8.88	36.97	45.57	82.54
福建省	91	3.51	67.69	68.95	8.49	38.40	45.09	83.49
江西省	32	1.24	64.71	65.31	8.81	35.04	47.66	82.70
山东省	152	5.87	65.57	65.51	8.44	33.50	47.31	80.81
河南省	67	2.59	66.06	67.00	9.70	47.39	34.77	82.16
湖北省	83	3.20	62.14	62.79	9.13	41.89	40.67	82.57
湖南省	75	2.90	64.23	64.49	8.24	39.51	41.17	80.68
广东省	386	14.90	67.76	68.82	8.23	44.73	40.10	84.83
广　西	32	1.24	65.24	66.46	8.39	29.42	48.92	78.34
海南省	27	1.04	60.69	60.72	7.51	25.94	48.05	73.98
重庆市	39	1.51	63.63	64.43	9.69	38.47	43.73	82.20
四川省	91	3.51	62.98	62.63	8.00	41.20	39.17	80.37
贵州省	20	0.77	62.70	63.90	8.01	28.96	44.90	73.85
云南省	29	1.12	61.10	61.52	9.12	39.07	40.72	79.79
西　藏	10	0.39	64.71	65.21	7.36	22.64	51.30	73.94
陕西省	42	1.62	62.08	62.76	7.87	32.65	46.01	78.65
甘肃省	25	0.97	63.09	63.60	7.78	26.38	48.06	74.45
青海省	10	0.39	65.29	64.38	4.46	16.60	58.77	75.38
宁　夏	12	0.46	55.70	59.15	10.10	30.58	33.58	64.16
新　疆	40	1.54	61.11	62.49	7.06	37.65	36.50	74.15
合　计	2 590	100.00	65.08	65.45	8.74	52.59	32.24	84.83

资料来源：南开大学公司治理数据库。

二、2010—2015 中国上市公司股东治理分地区比较

从表 4.10 股东治理指数平均值分地区的六年比较中可以看出，各地区的股东治理排名波动较大，江苏省、浙江省、广东省、河南省、福建省、北京市六个地区的股东治理连续六年高于总样本的平均值，除此之外，安徽省的股东治理近几年的表现也相对较好。宁夏、山西省、海南省、青海省、甘肃省、陕西省等地区的股东治理指数则连续六年较低。

表 4.10　中国上市公司股东治理指数分地区六年描述性统计比较

地　区	2010	2011	2012	2013	2014	2015
北京市	60.80	65.11	61.80	64.87	65.45	65.47
天津市	58.44	63.40	58.59	60.75	60.92	61.22
河北省	56.72	64.65	61.03	60.47	61.97	62.01
山西省	56.97	61.34	58.72	55.86	57.96	59.19
内蒙古	56.16	60.37	56.18	55.86	60.02	62.11
辽宁省	59.05	62.14	58.60	60.80	62.20	62.05
吉林省	58.32	61.79	59.93	60.10	63.10	63.92
黑龙江省	54.97	63.01	58.58	61.09	61.59	63.23
上海市	59.02	62.06	58.05	62.09	63.19	62.57
江苏省	62.41	66.28	64.05	64.81	66.76	67.81
浙江省	63.55	67.49	64.39	64.72	66.34	67.35
安徽省	60.95	65.26	60.52	62.60	63.36	63.93
福建省	60.30	64.91	61.19	64.83	66.10	67.69
江西省	59.07	62.96	59.76	58.85	62.46	64.71
山东省	58.98	65.99	62.72	63.44	64.42	65.57
河南省	61.98	67.04	62.94	63.94	66.34	66.06
湖北省	58.68	63.59	58.56	60.47	61.36	62.14
湖南省	60.21	64.15	60.17	62.04	64.01	64.23
广东省	60.83	65.62	63.60	64.88	66.52	67.76
广　西	61.15	66.16	62.89	63.26	63.58	65.24
海南省	54.42	60.70	57.20	57.41	60.33	60.69
重庆市	56.86	62.55	60.14	61.14	62.13	63.63
四川省	57.58	63.06	58.79	61.87	61.78	62.98
贵州省	58.88	62.71	60.43	61.97	63.05	62.70
云南省	61.58	67.46	59.77	60.02	59.03	61.10
西　藏	57.93	59.51	60.72	62.73	66.04	64.71
陕西省	56.85	61.91	57.64	59.17	60.73	62.08

续表

地 区	2010	2011	2012	2013	2014	2015
甘肃省	53.03	60.36	56.73	60.17	62.19	63.09
青海省	58.45	59.55	55.64	55.97	59.93	65.29
宁 夏	52.20	60.94	51.92	52.59	53.73	55.70
新 疆	62.52	62.00	56.32	62.01	62.11	61.11
合 计	59.81	64.56	61.20	62.89	64.28	65.08

资料来源：南开大学公司治理数据库。

第五节 中国上市公司股东治理100佳评价

一、中国上市公司股东治理100佳比较分析

表4.11为中国上市公司股东治理100佳股东治理指数及二级指标的描述统计结果，100佳公司的股东治理指数平均值为80.89，独立性、中小股东权益保护和关联交易的平均值分别为80.91、80.23和81.54。可以看出，100佳公司各项指标的平均值显著高于总样本。

表4.11 中国上市公司股东治理100佳描述性统计

项 目	样 本	平均值	中位数	标准差	极 差	最小值	最大值
股东治理指数	100佳	80.89	80.43	1.34	5.60	79.23	84.83
	样本总体	65.08	65.45	8.74	52.59	32.24	84.83
独立性	100佳	80.91	81.71	5.32	28.76	67.24	96.00
	样本总体	63.47	66.82	18.01	94.00	2.00	96.00
中小股东权益保护	100佳	80.23	80.10	4.62	23.49	68.67	92.15
	样本总体	61.95	62.55	12.08	73.15	19.00	92.15
关联交易	100佳	81.54	81.00	4.40	15.00	72.00	87.00
	样本总体	69.02	72.00	11.32	69.00	18.00	87.00

资料来源：南开大学公司治理数据库。

二、中国上市公司股东治理100佳公司行业分布

表4.12列出了股东治理100佳公司在各个行业的分布情况，可以看出，进入100佳

的制造业公司最多,有73家。从各行业100佳个数占行业样本总数的比例上看,最高的是食品饮料业,达到了8.82%;其次是信息技术业,100佳企业个数占行业样本总数的比例为7.73%,而农、林、牧、渔业,采掘业,木材、家具业,电力、煤气及水的生产和供应业,金融、保险业,房地产,传播与文化产业和综合类8个行业中没有1家公司入围股东治理100佳。

表4.12 中国上市公司股东治理100佳公司行业分布

行业	样本总体		100佳		
	数目	比例(%)	数目	比例(%)	占本行业比例(%)
农、林、牧、渔业	47	1.81	—	—	—
采掘业	67	2.59	—	—	—
制造业	1 554	0.60	73	73	4.70
其中 食品、饮料	102	3.94	9	9	8.82
纺织、服装、皮毛	76	2.93	4	4	5.26
木材、家具	11	0.42	—	—	—
造纸、印刷	45	1.74	2	2	4.44
石油、化学、塑胶、塑料	260	10.04	15	15	5.77
电子	154	5.95	6	6	3.90
金属、非金属	200	7.72	3	3	1.50
机械、设备、仪表	522	20.15	31	31	5.94
医药、生物制品	156	6.02	2	2	1.28
其他制造业	28	1.08	1	1	3.57
电力、煤气及水的生产和供应业	79	3.05	—	—	—
建筑业	58	2.24	2	2	3.45
交通运输、仓储业	77	2.97	1	1	1.30
信息技术业	220	8.49	17	17	7.73
批发和零售贸易业	134	5.17	4	4	2.99
金融、保险业	44	1.70	—	—	—
房地产业	122	4.71	—	—	—
社会服务业	91	3.51	3	3	3.30
传播与文化产业	43	1.66	—	—	—
综合类	54	2.08	—	—	—
合计	2 590	100.00	100	100	3.86

资料来源:南开大学公司治理数据库。

三、中国上市公司股东治理 100 佳公司控股股东分布

表 4.13 给出了中国上市公司 100 佳公司控股股东性质的分布状况,可以看到,股东治理 100 佳几乎集中在民营控股上市公司和国有控股上市公司。民营控股上市公司进入 100 佳的最多,为 93 家;国有控股上市公司有 6 家公司入围 100 佳。对 100 佳公司的股东性质分析再次验证了民营控股上市公司的股东治理远高于国有控股上市公司这一结论。

表 4.13 中国上市公司股东治理 100 佳公司控股股东分布

控股股东性质	样本总体		100 佳		
	数目	比例(%)	数目	比例(%)	占本组比例(%)
国有控股	1 034	39.92	6	6.00	0.58
集体控股	21	0.81	1	1.00	4.76
民营控股	1 471	56.8	93	93.00	6.32
社会团体控股	6	0.23	—	—	—
外资控股	37	1.43	—	—	—
职工持股会控股	9	0.35	—	—	—
其他类型	12	0.46	—	—	—
合　计	2 590	100.00	100	100	3.86

资料来源:南开大学公司治理数据库。

四、中国上市公司股东治理 100 佳公司地区分布

表 4.14 给出了中国上市公司股东治理 100 佳公司的地区分布状况,可以看到,入选股东治理 100 佳的上市公司中,来自广东省、浙江省、江苏省、北京市和福建省的样本较多,所占的比例依次为 18%、18%、16%、8% 和 8%,股东治理 100 佳中有 68% 的公司来自这 5 个地区。天津市、吉林省、黑龙江省、广西、海南省、贵州省、西藏、陕西省、甘肃省、青海省、宁夏和新疆等 12 个地区则没有 1 家公司进入股东治理 100 佳。100 佳公司数占本地区样本总数比例最高的 6 个地区分别是:福建省、浙江省、江苏省、河北省、河南省、广东省,比例分别为 8.79%、6.79%、6.32%、6.12%、5.97% 和 4.66%。这种分布状况与上市公司股东治理的地区分析基本一致。

表 4.14 中国上市公司股东治理 100 佳公司地区分布

地 区	样本总体		100 佳		
	数目	比例(%)	数目	比例(%)	占本地区比例(%)
北京市	235	9.07	8	8	3.40
天津市	42	1.62	—	—	—
河北省	49	1.89	3	3	6.12
山西省	35	1.35	1	1	2.86
内蒙古	25	0.97	1	1	4.00
辽宁省	70	2.70	2	2	2.86
吉林省	40	1.54	—	—	—
黑龙江省	32	1.24	—	—	—
上海市	201	7.76	5	5	2.49
江苏省	253	9.77	16	16	6.32
浙江省	265	10.23	18	18	6.79
安徽省	80	3.09	1	1	1.25
福建省	91	3.51	8	8	8.79
江西省	32	1.24	1	1	3.13
山东省	152	5.87	7	7	4.61
河南省	67	2.59	4	4	5.97
湖北省	83	3.20	1	1	1.20
湖南省	75	2.90	3	3	4.00
广东省	386	14.90	18	18	4.66
广 西	32	1.24	—	—	—
海南省	27	1.04	—	—	—
重庆市	39	1.51	1	1	2.56
四川省	91	3.51	1	1	1.10
贵州省	20	0.77	—	—	—
云南省	29	1.12	1	1	3.45
西 藏	10	0.39	—	—	—
陕西省	42	1.62	—	—	—
甘肃省	25	0.97	—	—	—
青海省	10	0.39	—	—	—
宁 夏	12	0.46	—	—	—
新 疆	40	1.54	—	—	—
合 计	2 590	100.00	100	100	3.86

资料来源:南开大学公司治理数据库。

主 要 结 论

第一,2015年中国上市公司股东治理指数相比2013年有一定幅度的上升,由64.28上升为65.08,上升了0.8。从二级指标来看,独立性变化不大,中小股东权益保护上升了3.74,关联交易下降1.79。股东治理指数的提升主要是由中小股东权益保护上升造成的。

第二,中小股东权益保护指数的上升主要原因为现金分红制度的清晰性、分红的连续性都有所提高。关联交易下降的原因为经营类关联交易和资产类关联交易均有所抬头。

第三,民营控股上市公司股东治理指数的平均值明显高于国有控股上市公司,差距为7.27。进一步分析发现,民营控股上市公司在中小股东非独立董事及独立董事选举权、董事交错选举、现金分红等重要指标上的表现都要好于国有控股上市公司。

第四,民营控股上市公司不同板块之间的股东治理指数差异较大,中小企业板和创业板民营控股上市公司股东治理的平均值为69.81,主板民营控股上市公司股东治理的平均值为61.36,比前者低8.45。中小企业板和创业板民营控股上市公司的三个二级指标——独立性、中小股东权益保护和关联交易分别比主板民营控股上市公司高13.33、8.36和6.09。

第五,股东治理地区之间的差距缩小。股东治理指数平均值最高的三个地区分别是江苏省、广东省和福建省,股东治理指数平均值最低的三个地区分别是海南省、山西省和宁夏,平均值最高的地区江苏与最低的地区宁夏之间的差距达到了12.11。

第六,股东治理行业之间的差距有所加大。平均值居前三位的分别是制造业大类中的其他制造业、信息技术业和建筑业。平均值最低的三个行业分别是综合类、电力、煤气及水的生产和供应业以及采掘业。股东治理指数最高的行业与股东治理指数最低的行业之间的差距为8.84,上一年则为7.07,差距有所扩大。

第七,股东治理100佳有93家为民营控股上市公司,只有6家为国有控股上市公司,这与国有控股上市公司在总样本中所占比例(39.9%)极不相称。相比2014年,100佳公司中民营控股上市公司所占比例上升,国有上市公司所占比例下降。

第五章 中国上市公司董事会治理评价

第一节 中国上市公司董事会治理总体分析

一、2015 年中国上市公司董事会治理总体描述

2015 年中国上市公司样本量为 2 590 家,董事会治理指数的平均值为 63.48,中位数为 63.67,标准差为 2.39。从董事会治理的五个主要因素来看,董事会组织结构指数最高,平均值为 68.45;董事会运作效率指数的平均值次之,为 67.51;董事权利与义务指数和独立董事制度指数位于中间,其平均值分别为 61.73 和 60.61;董事薪酬指数的平均值最低,为 57.92。从董事会分指数的公司间差异情况来看,上市公司在董事会组织结构和董事薪酬方面的差异程度较大,其标准差分别为 7.70 和 5.34;而在董事权利与义务、独立董事制度、董事会运作效率方面,上市公司之间的差异程度较小,其标准差分别为 4.63、4.52 和 4.01。具体见表 5.1。

表 5.1　中国上市公司董事会治理总体状况描述性统计

项　目	平均值	中位数	标准差	极　差	最小值	最大值
董事会治理指数	63.48	63.67	2.39	21.45	49.73	71.18
董事权利与义务	61.73	61.50	4.63	29.00	46.50	75.50
董事会运作效率	67.51	67.85	4.01	23.00	51.46	74.46
董事会组织结构	68.45	70.00	7.70	60.50	17.50	88.00
董事薪酬	57.92	57.50	5.34	25.00	50.00	75.00
独立董事制度	60.61	60.75	4.52	31.25	41.25	72.50

资料来源:南开大学公司治理数据库。

二、2010—2015 年中国上市公司董事会治理比较

董事会治理指数的平均水平在 2010—2015 年间呈现出不断上升的趋势,但表现在董事会组织结构、独立董事制度、董事权利与义务、董事会运作效和董事薪酬指数的平均水平方面,六年期间则具有不同程度的波动性。具体而言,董事权利与义务指数的平

均水平在 2010—2011 年不断提升,但是在 2012 年度出现回落,2013 年仍略有下降,2014 年显著回升,2015 年显著下降,为近年来最小值;董事会运作效率指数的均值在 2010—2012 年小幅波动,此后一直呈上升趋势,2015 年更有大幅度上升;董事会组织结构、董事薪酬和独立董事制度指数的均值在六年期间均为先上升后下降,在 2015 年呈微弱下滑趋势。详细见表 5.2,图 5.1。

表 5.2 中国上市公司董事会治理指数描述性统计六年比较

项　　目	2010	2011	2012	2013	2014	2015
董事会治理指数	60.33	60.81	61.21	61.74	63.38	63.48
董事权利与义务	65.09	66.43	65.17	63.71	67.17	61.73
董事会运作效率	57.66	57.40	57.19	58.44	60.74	67.51
董事会组织结构	67.94	68.38	68.52	68.70	69.03	68.45
董事薪酬	55.56	57.14	58.50	59.30	59.56	57.92
独立董事制度	58.82	58.88	59.97	60.63	63.05	60.61

资料来源:南开大学公司治理数据库。

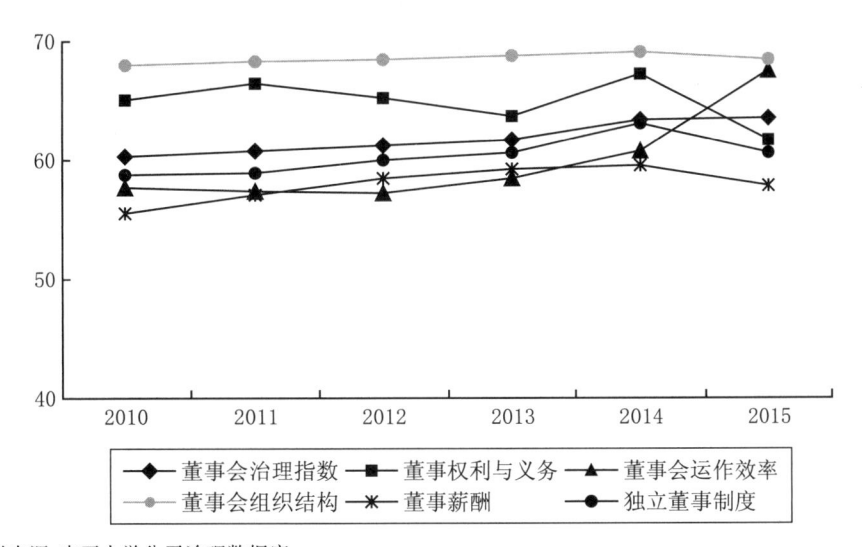

资料来源:南开大学公司治理数据库。

图 5.1 中国上市公司董事会治理指数平均值六年折线图比较

第二节　中国上市公司董事会治理分行业评价

一、2015 年中国上市公司董事会治理分行业总体描述

我们以证监会制定的行业分类标准为依据,对行业间的董事会治理状况进行分析,

以探究不同行业之间董事会治理的差异。从表 5.3 董事会治理指数分行业描述性统计中可以看出,金融、保险业,批发和零售贸易业,建筑业的董事会治理质量的平均水平较高,分别为 65.97、63.88 和 63.60;社会服务业,交通运输、仓储业,农、林、牧、渔业的董事会治理指数的平均水平较低,分别为 62.67、62.75 和 63.13。从制造业细分行业的分布状况可以看出,木材、家具业,造纸、印刷业,医药、生物制品业的董事会治理质量位居行业前三,其平均值分别为 64.11、63.90 和 63.63;金属、非金属业,电子业,纺织、服装、皮毛业的董事会治理质量位居行业最后三位,其平均值分别为 63.26、63.38 和 63.38。

表 5.3 中国上市公司董事会治理指数分行业描述性统计

行 业	数目	比例(%)	平均值	中位数	标准差	极差	最小值	最大值
农、林、牧、渔业	47	1.81	63.13	63.46	2.07	9.10	57.83	66.93
采掘业	67	2.59	63.32	63.62	2.54	11.77	57.12	68.89
制造业	1 554	60.00	63.47	63.64	2.290	18.25	51.20	69.45
其中 食品、饮料	102	3.94	63.51	63.85	2.26	11.69	55.57	67.25
纺织、服装、皮毛	76	2.93	63.38	63.29	2.21	11.51	56.24	67.75
木材、家具	11	0.42	64.11	64.87	2.15	7.69	58.03	65.72
造纸、印刷	45	1.74	63.90	64.23	1.93	8.00	59.57	67.56
石油、化学、塑胶、塑料	260	10.04	63.45	63.63	2.32	13.31	55.07	68.38
电子	154	5.95	63.38	63.78	2.55	14.82	54.55	69.37
金属、非金属	200	7.72	63.26	63.33	2.19	13.67	55.78	69.45
机械、设备、仪表	522	20.15	63.48	63.59	2.28	17.76	51.20	68.97
医药、生物制品	156	6.02	63.63	63.90	2.33	13.88	55.49	69.37
其他制造业	28	1.08	63.63	63.61	2.12	9.64	58.60	68.24
电力、煤气及水的生产和供应业	79	3.05	63.35	63.69	2.23	11.62	55.41	67.03
建筑业	58	2.24	63.60	63.81	2.49	14.08	53.64	67.73
交通运输、仓储业	77	2.97	62.75	63.22	2.80	14.65	52.67	67.33
信息技术业	220	8.49	63.44	63.71	2.47	16.06	53.12	69.18
批发和零售贸易业	134	5.17	63.88	63.95	2.15	13.28	55.84	69.12
金融、保险业	44	1.70	65.97	66.17	2.78	13.28	57.90	71.18
房地产业	122	4.71	63.56	63.66	2.20	13.89	56.07	69.95
社会服务业	91	3.51	62.67	63.20	3.14	18.97	49.73	68.70
传播与文化产业	43	1.66	63.46	63.69	2.36	10.44	57.32	67.76
综合类	54	2.08	63.52	63.46	2.37	10.82	56.63	67.44
合 计	2 590	100.00	63.48	63.67	2.39	21.45	49.73	71.18

资料来源:南开大学公司治理数据库。

从表 5.4 中国上市公司董事会治理分指数分行业描述性统计中可以看出,金融、保险业在董事会治理质量方面的优势主要体现在董事会组织结构和董事权利与义务方面,其中董事会组织结构遥遥领先其他行业;批发和零售贸易业在董事权利与义务和董事会运作效率方面表现较好,其均值水平也名列行业前三;建筑业在董事薪酬和独立董事制度方面相对表现较好。

表 5.4　中国上市公司董事会治理分指数分行业描述性统计

行　　业		数目	比例(%)	董事会治理指数	董事权利与义务	董事会运作效率	董事会组织结构	董事薪酬	独立董事制度
农、林、牧、渔业		47	1.81	63.13	61.96	66.91	69.09	55.50	61.14
采掘业		67	2.59	63.32	61.65	67.59	68.75	55.87	61.34
制造业		1 554	60.00	63.47	61.48	67.55	68.57	58.09	60.41
其中	食品、饮料	102	3.94	63.51	61.58	67.71	68.55	57.04	61.24
	纺织、服装、皮毛	76	2.93	63.38	60.63	68.10	68.85	57.32	60.24
	木材、家具	11	0.42	64.11	58.98	68.27	68.41	61.36	60.75
	造纸、印刷	45	1.74	63.90	60.67	67.81	69.22	57.78	61.92
	石油、化学、塑胶、塑料	260	10.04	63.45	62.08	67.66	68.87	57.88	59.91
	电子	154	5.95	63.38	61.92	67.09	68.08	58.83	60.12
	金属、非金属	200	7.72	63.26	61.17	67.78	68.66	56.99	60.29
	机械、设备、仪表	522	20.15	63.48	61.48	67.45	68.47	58.39	60.41
	医药、生物制品	156	6.02	63.63	61.28	67.39	68.39	58.90	60.80
	其他制造业	28	1.08	63.63	61.28	67.42	69.09	58.75	60.30
电力、煤气及水的生产和供应业		79	3.05	63.35	61.51	69.08	68.58	54.86	60.97
建筑业		58	2.24	63.60	61.03	66.85	68.66	59.45	60.67
交通运输、仓储业		77	2.97	62.75	60.07	68.26	66.18	55.61	61.27
信息技术业		220	8.49	63.44	62.78	66.84	67.18	60.10	59.98
批发和零售贸易业		134	5.17	63.88	62.61	68.38	68.52	57.43	61.33
金融、保险业		44	1.70	65.97	63.84	68.14	78.48	59.03	60.20
房地产业		122	4.71	63.56	62.20	66.79	68.95	56.97	61.84
社会服务业		91	3.51	62.67	62.49	66.44	65.01	58.46	60.48
传播与文化产业		43	1.66	63.46	61.37	66.83	68.80	57.94	61.06
综合类		54	2.08	63.52	62.20	68.14	67.92	56.67	61.39
合　　计		2 590	100.00	63.48	61.73	67.51	68.45	57.92	60.61

资料来源:南开大学公司治理数据库。

社会服务业,交通运输、仓储业,农、林、牧、渔业的董事会治理指数的平均水平较低,均处于行业最后三位。具体而言,社会服务业的董事会治理质量表现最差,主要原因在于该行业上市公司在董事会运作效率和董事会组织结构方面的表现较差,其均值都位于行业最后一名;交通运输、仓储业的董事会治理质量处于行业倒数第二名,主要原因在于该行业上市公司在董事会权利义务、董事会组织结构方面表现较差,其均值在行业最后三名之列;农、林、牧、渔业的董事会治理质量处于行业倒数第三名,主要原因在于该行业上市公司在董事薪酬方面的表现较差。

二、2010—2015 年中国上市公司董事会治理分行业比较

从表5.5董事会治理指数分行业描述性统计六年比较中可以看出,制造业、建筑业、信息技术业、批发和零售贸易业董事会治理质量的平均水平在六年期间呈现出不断上升的趋势,而其他行业则具有不同程度的波动性。金融、保险业,房地产业,建筑业董事会治理质量的平均水平在六年期间较高,其中金融、保险业的董事会治理均值连续六年都位列行业第一,房地产业董事会治理质量的平均水平连续五年位列行业前三,建筑业在六年期间有四年董事会治理治理的平均水平在行业前三。电力、煤气及水的生产

表 5.5 中国上市公司董事会治理指数分行业描述性统计六年比较

行　业	2010	2011	2012	2013	2014	2015
农、林、牧、渔业	59.46	60.09	60.80	61.52	63.59	63.13
采掘业	61.57	60.60	60.73	61.19	63.18	63.32
制造业	60.05	60.64	61.09	61.56	63.29	63.47
电力、煤气及水的生产和供应业	59.39	60.15	60.43	61.13	63.16	63.35
建筑业	60.07	61.37	62.08	62.46	63.46	63.60
交通运输、仓储业	59.89	60.70	60.79	61.45	62.90	62.75
信息技术业	60.85	61.03	61.68	62.04	63.42	63.44
批发和零售贸易业	61.05	61.30	61.43	62.26	63.54	63.88
金融、保险业	66.28	63.34	63.00	64.11	66.29	65.97
房地产业	61.28	61.52	61.84	62.37	64.03	63.56
社会服务业	59.56	61.13	61.15	62.01	62.75	62.67
传播与文化产业	61.04	61.19	61.61	61.23	63.74	63.46
综合类	60.66	61.24	61.19	62.20	63.44	63.52
合　计	60.33	60.81	61.21	61.74	63.38	63.48

资料来源:南开大学公司治理数据库。

和供应业,农、林、牧、渔业,交通运输、仓储业的董事会治理均值在六年期间表现较差。电力、煤气及水的生产和供应业的董事会治理平均水平在六年间有三年都处于行业最后一名;农、林、牧、渔业的董事会治理均值有三年处于行业最后三名,交通运输、仓储业的董事会治理均值六年间均处于行业最后五名。

第三节 中国上市公司董事会治理分控股股东性质评价

一、2015 年中国上市公司董事会治理分控股股东性质总体描述

从表 5.6 分控股股东性质董事会治理指数描述性统计中可以看出,民营控股上市公司董事会治理指数平均值最高,为 63.71;其他类型控股、国有控股和集体控股上市公司的董事会治理的均值水平位居中间,分别为 63.67、63.20 和 62.99;职工持股会控股、外资控股和社会团体控股的上市公司的董事会治理质量相对较差,其平均值分别为 62.60、62.49、61.21。从不同控股股东类别公司间的差异程度来说,职工持股会控股上市公司的差异程度最大,其标准差为 3.72;社会团体控股上市公司的差异程度最小,其标准差为 2.08。

表 5.6 中国上市公司董事会治理指数分控股股东性质描述性统计

控股股东性质	数目	比例(%)	平均值	中位数	标准差	极差	最小值	最大值
国有控股	1 034	39.92	63.20	63.43	2.43	19.33	51.85	71.18
集体控股	21	0.81	62.99	63.64	3.37	12.20	55.44	67.64
民营控股	1 471	56.80	63.71	63.90	2.30	19.72	49.73	69.45
社会团体控股	6	0.23	61.21	62.18	2.08	5.030	57.88	62.90
外资控股	37	1.43	62.49	62.30	2.47	11.58	55.93	67.51
职工持股会控股	9	0.35	62.60	63.85	3.72	10.45	56.06	66.52
其他类型	12	0.46	63.67	63.83	3.04	11.74	55.83	67.57
合计	2 590	100.00	63.48	63.67	2.39	21.45	49.73	71.18

资料来源:南开大学公司治理数据库。

从董事权利与义务指数来看,职工持股会控股上市公司最高,其平均值为 64.97,社会团体控股上市公司最低,其平均值为 58.46;从董事会运作效率指数来看,国有控股上市公司表现最好,其平均值为 68.37,职工持股会控股上市公司表现最差,其平均值为

66.28；从董事会组织结构指数来看，国有控股上市公司最高，其平均值为68.62，职工持股会控股上市公司最低，其平均值为63.22；在董事薪酬方面，民营控股上市公司表现最好，其平均值为59.62，社会团体控股上市公司表现最差，其平均值为54.50；在独立董事制度方面，职工持股会控股上市公司表现最好，其平均值为62.89，而外资控股上市公司表现最差，其平均值为58.63。见表5.7。

表5.7 中国上市公司董事会治理分指数分控股股东性质描述性统计

控股股东性质	董事会治理指数	董事权利与义务	董事会运作效率	董事会组织结构	董事薪酬	独立董事制度
国有控股	63.20	60.93	68.37	68.62	55.53	60.74
集体控股	62.99	61.51	67.01	65.86	58.24	61.07
民营控股	63.71	62.37	66.91	68.44	59.62	60.54
社会团体控股	61.21	58.46	66.94	64.17	54.50	59.58
外资控股	62.49	58.86	67.96	67.66	57.12	58.63
职工持股会控股	62.60	64.97	66.28	63.22	55.83	62.89
其他类型	63.67	61.46	67.54	66.38	61.08	60.60
合　　计	63.48	61.73	67.51	68.45	57.92	60.61

资料来源：南开大学公司治理数据库。

二、2010—2015年中国上市公司董事会治理分控股股东性质比较

从分控股股东性质董事会治理评价六年的发展趋势看，2010—2015年，民营控股上市公司的董事会治理质量已持续六年超过国有控股上市公司。

以2015年度董事会治理状况来说，国有控股上市公司在董事会运作效率、董事会组织结构、独立董事制度方面超过民营控股上市公司，而民营控股上市公司在董事权利与义务、董事薪酬方面超过国有控股上市公司。

从六年国有和民营控股上市公司在董事会分指数方面的变动趋势上来看，民营控股上市公司在董事薪酬、董事权利与义务方面具有较大优势；民营控股上市公司连续六年均在董事薪酬方面超过国有控股上市公司，有五年在董事权利与义务方面超过国有控股上市公司。而国有控股上市公司在董事会组织结构、独立董事制度方面具有较大优势；国有控股上市公司六年期间有五年在董事会组织结构的均值方面超过民营控股上市公司，有四年在独立董事制度方面的均值超过民营控股上市公司。见表5.8。

表5.8　中国国有和民营控股公司董事会治理指数描述性统计六年比较

年份	控股股东性质	董事会治理指数	董事权利与义务	董事会运作效率	董事会组织结构	董事薪酬	独立董事制度
2010	国有	60.10	64.53	57.83	67.96	54.73	58.59
	民营	60.75	66.09	57.38	68.03	56.92	59.20
2011	国有	60.64	65.93	57.95	68.44	55.58	59.03
	民营	60.97	66.93	56.91	68.38	58.45	58.73
2012	国有	60.89	64.48	57.78	68.59	56.36	60.01
	民营	61.46	65.53	56.88	68.53	59.96	59.97
2013	国有	61.56	62.79	59.28	69.11	57.34	60.70
	民营	61.87	64.48	57.78	68.39	60.79	60.55
2014	国有	63.32	67.87	60.64	69.16	59.56	62.51
	民营	63.46	66.73	60.79	68.99	59.66	63.43
2015	国有	63.20	60.93	68.37	68.62	55.53	60.74
	民营	63.71	62.37	66.91	68.44	59.62	60.54

资料来源：南开大学公司治理数据库。

第四节　中国上市公司董事会治理分地区评价

一、2015年中国上市公司董事会治理分地区总体描述

上市公司的董事会治理状况在各地区之间具有明显的差异。由表5.9，贵州省、青海省和浙江省的上市公司董事会治理的平均水平较高，位居地区前三名，其均值分别为64.34、64.13和63.90；宁夏、海南省和黑龙江省上市公司的董事会治理均值位于地区最后三名，其均值分别为62.58、62.86和63.01。从董事会治理质量在公司间的差异程度来说，北京市、安徽省、西藏上市公司董事会治理质量的差异程度较大，其标准差分别为2.89、2.83和2.73；内蒙古、陕西省、宁夏上市公司董事会治理质量的差异程度较小，其标准差分别为1.48、1.56和1.90。

表 5.9 中国上市公司董事会治理指数分地区描述性统计

地区	数目	比例(%)	平均值	中位数	标准差	极差	最小值	最大值
北京市	235	9.07	63.48	63.89	2.89	21.45	49.73	71.18
天津市	42	1.62	63.21	63.41	2.13	8.78	59.42	68.20
河北省	49	1.89	63.04	63.17	2.38	10.49	56.57	67.06
山西省	35	1.35	63.48	63.43	2.29	10.66	57.42	68.08
内蒙古	25	0.97	63.51	63.33	1.48	6.56	60.88	67.44
辽宁省	70	2.70	63.31	63.39	2.24	10.51	57.07	67.58
吉林省	40	1.54	63.20	63.51	2.38	9.70	57.20	66.90
黑龙江省	32	1.24	63.01	63.08	2.17	11.48	55.07	66.54
上海市	201	7.76	63.30	63.65	2.59	18.49	51.20	69.69
江苏省	253	9.77	63.40	63.64	2.25	18.21	52.67	70.89
浙江省	265	10.23	63.90	63.92	2.02	11.55	57.63	69.18
安徽省	80	3.09	63.13	63.55	2.83	12.75	55.12	67.87
福建省	91	3.51	63.45	63.70	2.51	13.52	55.44	68.97
江西省	32	1.24	63.89	63.80	1.99	7.45	59.44	66.89
山东省	152	5.87	63.26	63.28	2.50	13.01	54.55	67.56
河南省	67	2.59	63.56	63.90	2.25	12.42	57.04	69.45
湖北省	83	3.20	63.17	63.46	2.38	13.69	54.44	68.13
湖南省	75	2.90	63.83	63.82	2.12	11.02	57.50	68.53
广东省	386	14.90	63.70	63.86	2.55	16.57	52.80	69.37
广西	32	1.24	63.29	63.53	2.25	9.91	57.11	67.02
海南省	27	1.04	62.86	63.62	2.53	8.85	57.30	66.15
重庆市	39	1.51	63.62	63.33	2.04	8.08	60.36	68.44
四川省	91	3.51	63.24	63.54	2.11	12.81	55.84	68.64
贵州省	20	0.77	64.34	64.61	2.14	8.26	58.90	67.17
云南省	29	1.12	63.17	63.34	2.07	9.32	58.95	68.28
西藏	10	0.39	63.87	64.19	2.73	8.75	59.10	67.85
陕西省	42	1.62	63.51	63.41	1.56	7.82	58.60	66.43
甘肃省	25	0.97	63.20	63.29	2.05	10.01	56.24	66.25
青海省	10	0.39	64.13	63.35	2.62	8.11	60.78	68.89
宁夏	12	0.46	62.58	62.93	1.90	7.48	59.79	67.27
新疆	40	1.54	63.49	63.69	2.32	11.52	55.78	67.30
合计	2 590	100.00	63.48	63.67	2.39	21.45	49.73	71.18

资料来源:南开大学公司治理数据库。

二、2010—2015年中国上市公司董事会治理分地区比较

从表 5.10 中国分地区董事会治理指数平均值的六年比较中可以看出,广东省、浙

江省、北京市董事会治理质量的平均水平在六年间表现较好,位列前三名。广东省在六年间连续四年(2010—2013)蝉联地区第一名;宁夏、山西省和海南省董事会治理质量的平均水平在六年间表现相对较差。

表 5.10 中国上市公司董事会治理指数分地区描述性统计六年比较

地 区	2010	2011	2012	2013	2014	2015
北京市	61.26	61.21	61.63	62.15	63.26	63.48
天津市	60.45	61.07	61.01	61.58	63.29	63.21
河北省	59.66	60.45	60.42	61.15	63.70	63.04
山西省	58.77	60.05	60.59	60.97	63.13	63.48
内蒙古	60.61	59.82	60.56	61.94	63.17	63.51
辽宁省	60.00	60.57	60.92	61.48	63.75	63.31
吉林省	59.98	60.39	60.89	61.34	64.33	63.20
黑龙江省	60.71	60.70	60.85	61.03	62.63	63.01
上海市	59.95	60.88	61.15	61.79	62.87	63.30
江苏省	59.48	60.50	61.11	61.65	63.42	63.40
浙江省	60.67	61.06	61.60	62.04	63.77	63.90
安徽省	60.28	60.47	61.17	61.39	63.75	63.13
福建省	60.15	61.16	61.57	62.16	63.34	63.45
江西省	58.40	60.20	60.74	61.51	63.06	63.89
山东省	60.19	60.51	60.80	61.18	63.29	63.26
河南省	60.76	60.47	61.20	61.51	63.34	63.56
湖北省	60.19	60.66	60.90	61.20	63.14	63.17
湖南省	60.46	60.74	61.04	61.62	63.73	63.83
广东省	61.81	61.44	61.85	62.21	62.30	63.70
广 西	60.52	61.15	60.94	61.73	64.23	63.29
海南省	58.11	60.88	61.10	61.54	63.04	62.86
重庆市	58.35	60.46	60.89	61.03	63.20	63.62
四川省	60.08	60.63	60.93	61.78	63.77	63.24
贵州省	60.92	60.23	61.21	61.78	63.64	64.34
云南省	60.89	61.11	61.11	62.18	63.44	63.17
西 藏	60.23	60.15	60.81	61.75	63.76	63.87
陕西省	59.25	60.28	60.75	61.52	63.51	63.51
甘肃省	60.41	60.34	60.09	61.22	63.93	63.20
青海省	60.86	60.20	61.17	61.52	63.69	64.13
宁 夏	58.70	59.85	60.33	60.35	63.50	62.58
新 疆	59.70	60.45	61.08	61.59	63.87	63.49
合 计	60.33	60.81	61.21	61.74	63.38	63.48

资料来源:南开大学公司治理数据库。

第五节　中国上市公司董事会治理100佳评价

一、中国上市公司董事会治理100佳比较分析

如表 5.11 所示,董事会治理 100 佳上市公司的表现明显优于总样本上市公司。100 佳上市公司董事会治理指数的平均值为 68.09,比总样本高 4.61。100 佳公司董事会治理质量的优势主要体现在董事会组织结构、董事薪酬和独立董事制度方面,其均值比总样本上市公司分别高 7.22、5.54 和 4.56。100 佳公司在董事权利与义务、董事会运作效率方面的优势并不是很明显,其均值水平分别超过总样本 2.83 和 2.56。

表 5.11　中国上市公司董事会治理 100 佳描述性统计

项目	样本	平均值	中位数	标准差	极差	最小值	最大值
董事会治理指数	100 佳	68.09	67.89	0.84	4.01	67.17	71.18
	样本总体	63.48	63.67	2.39	21.45	49.73	71.18
董事权利与义务	100 佳	64.56	65.00	4.62	20.25	54.25	74.50
	样本总体	61.73	61.50	4.63	29.00	46.50	75.50
董事会运作效率	100 佳	70.07	69.86	3.13	12.36	62.10	74.46
	样本总体	67.51	67.85	4.01	23.00	51.46	74.46
董事会组织结构	100 佳	75.67	70.00	7.08	18.00	70.00	88.00
	样本总体	68.45	70.00	7.70	60.50	17.50	88.00
董事薪酬	100 佳	63.46	63.00	5.79	23.50	51.50	75.00
	样本总体	57.92	57.50	5.34	25.00	50.00	75.00
独立董事制度	100 佳	65.17	65.75	3.31	18.75	53.75	72.50
	样本总体	60.61	60.75	4.52	31.25	41.25	72.50

资料来源:南开大学公司治理数据库。

二、中国上市公司董事会治理100佳公司行业分布

表 5.12 是董事会治理 100 佳公司的行业分布。制造业,金融、保险业,批发和零售贸易业入围 100 佳的公司数目较多,分别有 55 家、15 家和 7 家,在数量上位居行业前三

位;金融、保险业,传播与文化产业,采掘业分别有 34.09%、6.98%、5.97%的公司入围 100 佳,在所占行业比重方面位于行业前三位。交通运输、仓储业和建筑业均只有 1 家公司入围 100 佳,无论从进入 100 佳的公司数量,还是从占行业比重上来说,均处于最后两位。

表 5.12 中国上市公司董事会治理 100 佳公司行业分布

行　　业	样本总体		100 佳		
	数目	比例(%)	数目	比例(%)	占本行业比例(%)
农、林、牧、渔业	47	1.81	—	—	—
采掘业	67	2.59	4	4.00	5.97
制造业	1 554	60.00	55	55.00	3.54
其中　食品、饮料	102	3.94	1	1.00	0.98
纺织、服装、皮毛	76	2.93	3	3.00	3.95
木材、家具	11	0.42	—	—	—
造纸、印刷	45	1.74	2	2.00	4.44
石油、化学、塑胶、塑料	260	10.04	11	11.00	4.23
电子	154	5.95	7	7.00	4.55
金属、非金属	200	7.72	5	5.00	2.50
机械、设备、仪表	522	20.15	18	18.00	3.45
医药、生物制品	156	6.02	7	7.00	4.49
其他制造业	28	1.08	1	1.00	3.57
电力、煤气及水的生产和供应业	79	3.05	—	—	—
建筑业	58	2.24	1	1.00	1.72
交通运输、仓储业	77	2.97	1	1.00	1.30
信息技术业	220	8.49	6	6.00	2.73
批发和零售贸易业	134	5.17	7	7.00	5.22
金融、保险业	44	1.70	15	15.00	34.09
房地产业	122	4.71	4	4.00	3.28
社会服务业	91	3.51	2	2.00	2.20
传播与文化产业	43	1.66	3	3.00	6.98
综合类	54	2.08	2	2.00	3.70
合　　计	2 590	100.00	100	100.00	3.86

资料来源:南开大学公司治理数据库。

从制造业细分行业来说,机械、设备、仪表业,石油、化学、塑胶、塑料业分别有 18 家、11 家公司入围 100 佳,在数量上位列行业前两位;食品、饮料业和其他制造业都仅有 1 家公司入围 100 佳行列,而木材、家具业没有公司入围 100 佳。电子业,医药、生物制品业和造纸、印刷业分别有 4.55%、4.49%、4.44%的公司入围 100 佳,在所占行业比重方面位居行业前三位。

三、中国上市公司董事会治理 100 佳公司控股股东性质分布

表 5.13 给出了董事会治理 100 佳公司控股股东分布情况,民营控股上市公司在入围 100 佳的公司数目以及所占类别比重方面均高于国有控股上市公司。具体而言,3.87%的民营控股上市公司(57 家)入围 100 佳,38 家国有控股上市公司入围 100 佳,所占类别比重为 3.68%。2 家集体控股、2 家外资控股和 1 家其他类型上市公司入围 100 佳行列,所占类别比重分别为 9.52%、5.41%和 8.33%。社会团体控股和职工持股会控股上市公司均没有公司入围 100 佳。

表 5.13　中国上市公司董事会治理 100 佳公司控股股东分布

控股股东性质	样本总体		100 佳		
	数目	比例(%)	数目	比例(%)	占本组比例(%)
国有控股	1 034	39.92	38	38.00	3.68
集体控股	21	0.81	2	2.00	9.52
民营控股	1 471	56.80	57	57.00	3.87
社会团体控股	6	0.23	—	—	—
外资控股	37	1.43	2	2.00	5.41
职工持股会控股	9	0.35	—	—	—
其他类型	12	0.46	1	1.00	8.33
合计	2 590	100.00	100	100.00	3.86

资料来源:南开大学公司治理数据库。

四、中国上市公司董事会治理 100 佳公司地区分布

从表 5.14 中国董事会治理 100 佳的地区分布情况来看,广东省、北京市、浙江省分别有 27 家、16 家、11 家公司入围 100 佳,所占地区比例分别为 6.99%、6.81%、4.15%;河北省、吉林省、黑龙江省、江西省、广西、海南省、贵州省、陕西省、甘肃省均没有上市公司入围 100 佳行列。

表 5.14　中国上市公司董事会治理 100 佳公司地区分布

地　区	样本总体		100 佳		
	数目	比例(%)	数目	比例(%)	占本地区比例(%)
北京市	235	9.07	16	16.00	6.81
天津市	42	1.62	1	1.00	2.38
河北省	49	1.89	—	—	—
山西省	35	1.35	2	2.00	5.71
内蒙古	25	0.97	1	1.00	4.00
辽宁省	70	2.70	2	2.00	2.86
吉林省	40	1.54	—	—	—
黑龙江省	32	1.24	—	—	—
上海市	201	7.76	2	2.00	1.00
江苏省	253	9.77	5	5.00	1.98
浙江省	265	10.23	11	11.00	4.15
安徽省	80	3.09	3	3.00	3.75
福建省	91	3.51	5	5.00	5.49
江西省	32	1.24	—	—	—
山东省	152	5.87	5	5.00	3.29
河南省	67	2.59	1	1.00	1.49
湖北省	83	3.20	5	5.00	6.02
湖南省	75	2.90	4	4.00	5.33
广东省	386	14.90	27	27.00	6.99
广　西	32	1.24	—	—	—
海南省	27	1.04	—	—	—
重庆市	39	1.51	2	2.00	5.13
四川省	91	3.51	2	2.00	2.20
贵州省	20	0.77	—	—	—
云南省	29	1.12	1	1.00	3.45
西　藏	10	0.39	1	1.00	10.00
陕西省	42	1.62	—	—	—
甘肃省	25	0.97	—	—	—
青海省	10	0.39	2	2.00	20.00
宁　夏	12	0.46	1	1.00	8.33
新　疆	40	1.54	1	1.00	2.50
合　计	2 590	100.00	100	100.00	3.86

资料来源:南开大学公司治理数据库。

主 要 结 论

在对 2015 年度 2 590 家中国上市公司董事会治理状况进行分析及历年数据进行比较的基础上,总结我国上市公司董事会治理质量呈现的特征及变化趋势,并给出我国上市公司董事会治理质量在行业、控股股东性质、地区方面的差异。

第一,2015 年度中国上市公司董事会治理指数的平均值为 63.48,标准差为 2.39。董事会治理分指数的发展并不均衡;董事会组织结构和董事会运作效率指数的平均值较高;董事权利与义务指数、独立董事制度指数的平均值居中;董事薪酬指数的平均值最低,表明我国上市公司董事会组织结构的规范程度较好,董事会运作效率较高,接下来改善我国上市公司董事会治理质量的关键环节是提升董事薪酬制度有效性。

第二,董事会治理指数的平均水平在 2010—2015 年呈现出不断上升的趋势,但董事权利与义务、董事会运作效率、董事会组织结构、董事薪酬和独立董事指数的平均水平六年间表现出了不同程度的波动性。

第三,2015 年度中国上市公司董事会治理质量的平均水平比 2014 年度提高了 0.10,主要原因在于董事会运作效率有了较大幅度的提高,上升了 6.77,而董事权利与义务、董事薪酬和独立董事制度指数都分别比 2014 年度有了不同程度的下降。

第四,董事会运作效率指数的显著上升主要体现在女性董事比例和董事会会议方面,2015 年度女性董事比例较 2014 年有了较大幅度上升,1 720 家上市公司都设立了女性董事,通讯会议等的采用提高了董事出席率。董事权利与义务指数的显著下降主要体现在具有经济管理背景董事人数比例的下降、65 岁以上董事人数的增加和股东董事比例的提高,2015 年度股东董事比例比 2014 年上升 11.6%,65 岁以上董事人数比例同比上升 8.41%,具有经管背景的董事人数比例下降 24.7%,董事会建设需更注重结构和运作的有效性。董事薪酬指数的下降主要体现在 2015 年在公司领取薪酬的董事比例为 42.98%,比 2014 年度显著下降。独立董事制度指数的下降表现在独立董事津贴比 2014 年下降 7 000 元,在外单位兼任的董事比例人数显著上升 23.25%。

第五,董事会治理质量在不同行业及地区之间呈现出差异性。从行业分布情况来说,金融、保险业,批发和零售贸易业,建筑业的董事会治理质量的平均水平较高;社会服务业,交通运输、仓储业,农、林、牧、渔业董事会治理指数的平均水平较低。从地区分布情况来说,贵州省、青海省和浙江省上市公司董事会治理的平均水平较高;宁夏、海南省和黑龙江省上市公司的董事会治理均值较低。

第六,2015 年度民营控股上市公司董事会治理的平均水平高于国有控股上市公司,主要原因在于民营控股上市公司在董事会权利与义务、董事薪酬方面超过国有控股上市公司。从六年国有和民营控股上市公司在董事会治理指数方面的变动趋势上来看,民营控股上市公司的董事会治理质量已持续六年超过国有控股上市公司,其优势体现在董事薪酬和董事权利与义务方面;而国有控股上市公司在董事会组织结构和独立董事制度方面具有较大优势。

第七,2015年度董事会治理100佳上市公司的表现明显优于总样本上市公司,这种优势主要体现在董事会组织结构、董事薪酬和独立董事制度方面。从100佳公司的行业分布来说,制造业,金融、保险业,批发和零售业入围100佳的公司数目较多,交通运输、仓储业和建筑业均只有1家公司入围100佳。从控股股东性质分布来说,民营控股上市公司在入围100佳的公司数目以及所占类别比重方面均高于国有控股上市公司。从地区分布来说,广东省、浙江省和上海市入围100佳的公司数目位居前三位,而天津市、内蒙古、安徽省、海南省、甘肃省均没有上市公司入围100佳。

第六章 中国上市公司监事会治理评价

第一节 中国上市公司监事会治理总体分析

一、2015年中国上市公司监事会治理总体描述

2015年中国上市公司样本量为2 590家,监事会治理指数的平均值为58.54,标准差为6.80,监事会治理指数基本服从正态分布。从监事会指数的三个主要因素来看,样本公司监事会运行状况指数平均值为70.51,监事会规模结构指数平均值为49.93,监事会胜任能力指数平均值为56.90。指标统计指数详见表6.1。

表6.1 中国上市公司监事会治理总体状况描述性统计

项目	平均值	中位数	标准差	极差	最小值	最大值
监事会治理指数	58.54	57.23	6.80	47.17	30.24	77.41
运行状况	70.51	68.60	12.25	78.40	0.00	78.40
规模结构	49.93	40.00	13.67	40.00	40.00	80.00
胜任能力	56.90	56.80	5.90	31.95	43.80	75.75

资料来源:南开大学公司治理数据库。

二、2010—2015年中国上市公司监事会治理比较

从2010—2015年连续六年监事会治理指数的发展趋势看(见表6.2,图6.1),其平均值呈现逐年上升的趋势;三个分指数中,监事会运行状况指数六年间都呈现出逐年上升趋势,从2010年的64.74提高到2015年的70.51;监事会规模结构指数在2010—2013年有所下降,在2014年有所回升后,2015年再度下滑至49.93,但仍高于2012年和2013年的水平;监事会胜任能力指数自2010年至今有较大提高,从2010年的52.44提高到2015年的56.90。

表 6.2　中国上市公司监事会治理指数描述性统计六年比较

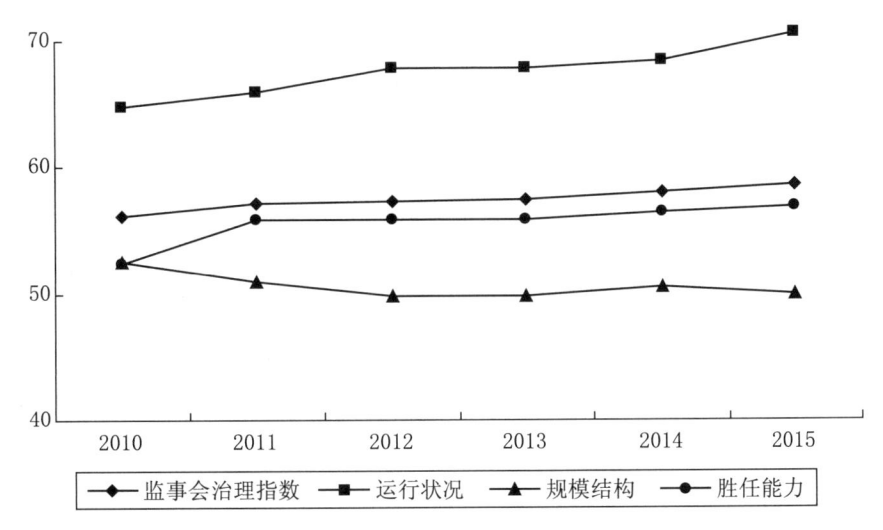

年份 项目	2010	2011	2012	2013	2014	2015
监事会治理指数	56.17	57.17	57.35	57.38	57.99	58.54
运行状况	64.74	65.92	67.80	67.90	68.45	70.51
规模结构	52.56	50.94	49.86	49.85	50.52	49.93
胜任能力	52.44	55.90	55.88	55.88	56.48	56.90

资料来源：南开大学公司治理数据库。

资料来源：南开大学公司治理数据库。

图 6.1　中国上市公司监事会治理指数平均值六年折线图比较

第二节　中国上市公司监事会治理分行业评价

一、2015 年中国上市公司监事会治理分行业总体描述

从行业分布状况可以看出，各行业监事会治理指数存在一定的差异。其中平均值居于 60 以上的行业分别为金融、保险业，电力、煤气及水的生产和供应业，交通运输、仓储业，采掘业，批发和零售贸易业，平均值分别为 65.88、62.06、61.44、60.74、60.07；平均值较低的行业有社会服务业，其他制造业，纺织、服装、皮毛业，木材、家具业，平均值均不足 57，分别为 56.85、56.19、56.06、55.82。行业分布统计详情见表 6.3。

表 6.3 中国上市公司监事会治理指数分行业描述性统计

行　业	数目	比例(%)	平均值	中位数	标准差	极差	最小值	最大值
农、林、牧、渔业	47	1.81	57.62	56.74	5.30	27.48	41.69	69.16
采掘业	67	2.59	60.74	59.19	7.31	34.91	39.90	74.81
制造业	1 554	60.00	57.95	56.74	6.58	44.29	30.73	75.02
其中　食品、饮料	102	3.94	58.75	57.87	6.58	37.94	34.44	72.38
纺织、服装、皮毛	76	2.93	56.06	55.42	6.39	32.78	38.71	71.49
木材、家具	11	0.42	55.82	54.22	4.31	14.39	51.49	65.87
造纸、印刷	45	1.74	57.54	56.60	5.11	19.62	50.16	69.77
石油、化学、塑胶、塑料	260	10.04	58.33	56.89	6.94	43.39	30.73	74.12
电子	154	5.95	57.06	56.05	6.00	41.37	30.91	72.28
金属、非金属	200	7.72	59.50	57.86	7.15	40.72	33.81	74.53
机械、设备、仪表	522	20.15	57.59	56.42	6.24	43.27	31.75	75.02
医药、生物制品	156	6.02	58.43	57.40	7.15	39.46	31.92	71.38
其他制造业	28	1.08	56.19	54.93	5.39	20.97	47.53	68.50
电力、煤气及水的生产和供应业	79	3.05	62.06	64.24	7.47	31.85	41.23	73.08
建筑业	58	2.24	59.73	58.14	7.29	34.09	40.50	74.59
交通运输、仓储业	77	2.97	61.44	64.03	7.21	33.02	42.81	75.82
信息技术业	220	8.49	58.12	57.17	5.51	41.52	34.44	75.96
批发和零售贸易业	134	5.17	60.07	59.24	6.65	39.26	34.69	73.94
金融、保险业	44	1.70	65.88	67.11	6.21	25.58	51.84	77.41
房地产业	122	4.71	58.43	57.23	7.34	38.93	34.72	73.65
社会服务业	91	3.51	56.85	56.91	8.18	40.29	30.24	70.53
传播与文化产业	43	1.66	58.20	56.53	5.58	25.52	45.12	70.63
综合类	54	2.08	58.38	57.59	7.44	34.97	38.96	73.93
合　计	2 590	100.00	58.54	57.23	6.80	47.17	30.24	77.41

资料来源:南开大学公司治理数据库。

从分指数看,导致金融、保险业,电力、煤气及水的生产和供应业,交通运输、仓储业,采掘业,批发和零售贸易业,建筑业,居于前列的主要因素是这些行业的规模结构指数和胜任能力指数明显高于平均值 49.93 和 56.90,其规模结构指数分别为 61.36、57.85、56.82、55.97、53.54、51.38,胜任能力指数分别为 64.24、60.04、59.60、59.65、57.78、59.03;导致社会服务业监事会治理指数分值较低的原因是其运行状况指数为 65.59,明显低于均值 70.51。导致其他制造业,纺织、服装、皮毛业和木材、家具业监事会治理指数分值较低的原因是这些行业的规模结构指数和胜任指数明显低于均值 49.93 和 56.90,规模指数分别为 46.25、47.04 和 44.55,胜任指数分别为 52.80、53.90 和 53.07。见表 6.4。

表 6.4 中国上市公司监事会治理分指数分行业描述性统计

行　　业	数目	比例(%)	监事会治理指数	运行状况	规模结构	胜任能力
农、林、牧、渔业	47	1.81	57.62	70.69	48.72	55.33
采掘业	67	2.59	60.74	67.58	55.97	59.65
制造业	1 554	60.00	57.95	70.91	48.93	55.87
其中　食品、饮料	102	3.94	58.75	70.23	50.88	56.77
纺织、服装、皮毛	76	2.93	56.06	69.12	47.04	53.90
木材、家具	11	0.42	55.82	72.16	44.55	53.07
造纸、印刷	45	1.74	57.54	71.65	47.00	55.99
石油、化学、塑胶、塑料	260	10.04	58.33	70.07	50.92	55.66
电子	154	5.95	57.06	71.15	46.04	56.00
金属、非金属	200	7.72	59.50	71.15	52.40	56.63
机械、设备、仪表	522	20.15	57.59	71.57	47.76	55.44
医药、生物制品	156	6.02	58.43	70.42	48.91	57.68
其他制造业	28	1.08	56.19	71.75	46.25	52.80
电力、煤气及水的生产和供应业	79	3.05	62.06	69.34	57.85	60.04
建筑业	58	2.24	59.73	70.29	51.38	59.03
交通运输、仓储业	77	2.97	61.44	68.98	56.82	59.60
信息技术业	220	8.49	58.12	73.06	46.07	57.36
批发和零售贸易业	134	5.17	60.07	70.36	53.54	57.78
金融、保险业	44	1.70	65.88	73.06	61.36	64.24
房地产业	122	4.71	58.43	67.72	49.96	58.95
社会服务业	91	3.51	56.85	65.59	48.46	57.76
传播与文化产业	43	1.66	58.20	71.56	48.72	56.24
综合类	54	2.08	58.38	68.24	50.00	58.31
合　　计	2 590	100.00	58.54	70.51	49.93	56.90

资料来源:南开大学公司治理数据库。

二、2010—2015 年中国上市公司监事会治理分行业比较

从表 6.5 的统计数据可以看出,2010—2015 年金融、保险业,电力、煤气及水的生产

和供应业,交通运输、仓储业和采掘业监事会治理指数一直居于前列,而社会服务业,综合类,农、林、牧、渔业等行业这六年来监事会治理指数一直排在后面,由六年数据分析可以认为行业因素会导致监事会治理水平的差异。

表6.5　中国上市公司监事会治理指数分行业描述性统计六年比较

年份 行业	2010	2011	2012	2013	2014	2015
农、林、牧、渔业	54.82	56.90	57.33	56.95	58.04	57.62
采掘业	58.89	60.19	59.86	60.52	60.41	60.74
制造业	55.78	56.55	56.84	56.96	57.69	57.95
电力、煤气及水的生产和供应业	59.51	60.61	60.94	60.00	60.08	62.06
建筑业	58.20	57.56	57.93	58.39	60.46	59.73
交通运输、仓储业	58.34	58.83	60.53	59.20	60.76	61.44
信息技术业	54.42	56.94	56.42	57.02	58.26	58.12
批发和零售贸易业	56.70	58.25	58.02	57.43	57.77	60.07
金融、保险业	63.44	65.13	63.76	65.84	65.55	65.88
房地产业	55.46	56.84	56.62	56.73	55.83	58.43
社会服务业	54.64	55.70	55.89	56.02	56.19	56.85
传播与文化产业	55.63	56.77	58.69	58.29	58.31	58.20
综合类	55.41	57.03	57.64	55.73	54.67	58.38
合计	56.17	57.17	57.35	57.38	57.99	58.54

资料来源:南开大学公司治理数据库。

第三节　中国上市公司监事会治理分控股股东性质评价

一、2015年中国上市公司监事会治理分控股股东性质总体描述

从表6.6的数据中可以看出,控股股东性质为国有控股的上市公司监事会治理指数为61.44、集体控股为58.67、民营控股为56.59、社会团体控股为58.94、外资控股为56.39、职工持股会控股为57.71。国有控股上市公司监事会治理水平明显高于其他上市公司。

表6.6 中国上市公司监事会治理指数分控股股东性质描述性统计

控股股东性质	数目	比例(%)	平均值	中位数	标准差	极差	最小值	最大值
国有控股	1 034	39.92	61.44	61.44	7.17	42.97	34.44	77.41
集体控股	21	0.81	58.67	58.67	4.64	16.19	51.59	67.78
民营控股	1 471	56.80	56.59	56.59	5.79	44.27	30.24	74.51
社会团体控股	6	0.23	58.94	58.94	3.43	10.23	53.45	63.68
外资控股	37	1.43	56.39	56.39	7.78	34.81	38.75	73.56
职工持股会控股	9	0.35	57.71	57.71	2.46	6.84	54.43	61.27
其他类型	12	0.46	55.56	55.56	4.87	18.20	43.68	61.88
合计	2 590	100.00	58.54	57.23	6.80	47.17	30.24	77.41

资料来源：南开大学公司治理数据库。

从分指数看，导致国有控股监事会治理指数高于其他上市公司的原因是国有控股上市公司的三项分指数比较高，特别是规模结构指数和胜任能力指数，反映出国有控股的中国上市公司监事会治理的各方面相对比较完善，可能的原因是国有控股上市公司的最终控制人——国资委，更倾向于利用监事会作为治理公司的一种手段。见表6.7。

表6.7 中国上市公司监事会治理分指数分控股股东性质描述性统计

控股股东性质	数目	比例(%)	监事会治理指数	运行状况	规模结构	胜任能力
国有控股	1 034	39.92	61.44	69.05	56.26	60.10
集体控股	21	0.81	58.67	73.27	50.00	54.83
民营控股	1 471	56.80	56.59	71.58	45.66	54.67
社会团体控股	6	0.23	58.94	73.50	43.33	62.07
外资控股	37	1.43	56.39	66.48	48.11	56.01
职工持股会控股	9	0.35	57.71	72.96	43.33	59.02
其他类型	12	0.46	55.56	69.42	41.67	57.58
合计	2 590	100.00	58.54	70.51	49.93	56.90

资料来源：南开大学公司治理数据库。

二、2010—2015年中国上市公司监事会治理分控股股东性质比较

表6.8列出了2010—2015年六年的国有控股和民营控股上市公司的监事会治理指数，总体上看，六年内国有控股上市公司的监事会治理质量一直优于民营控股上市公

司;从监事会运行状况看,民营控股上市公司总体上高于国有控股上市公司,但2015年两者差距有所减小——由2014年的6.49缩小为2.53;从监事会的规模结构看,国有控股上市公司要明显好于民营控股上市公司,2015年两者差距达到了10.60;从监事会胜任能力看,近六年来,国有控股上市公司要好于民营控股上市公司,2015年两者差距达到了5.43。

表6.8 中国国有和民营控股公司监事会治理指数描述性统计六年比较

年份	控股股东性质	监事会治理指数	运行状况	规模结构	胜任能力
2010	国有	57.60	64.71	55.69	53.42
	民营	53.91	65.04	47.43	50.85
2011	国有	59.00	64.87	55.33	57.63
	民营	55.56	66.92	47.07	54.31
2012	国有	59.75	66.40	55.47	58.35
	民营	55.45	69.07	45.36	53.88
2013	国有	59.47	65.21	55.49	58.53
	民营	55.82	70.10	45.57	53.85
2014	国有	59.95	64.77	56.49	59.27
	民营	56.57	71.26	46.14	54.41
2015	国有	61.44	69.05	56.26	60.10
	民营	56.59	71.58	45.66	54.67

资料来源:南开大学公司治理数据库。

第四节 中国上市公司监事会治理分地区评价

一、2015年中国上市公司监事会治理分地区总体描述

上市公司监事会治理指数排在前三名的是云南省(63.40)、新疆(62.74)和重庆市(62.49)的上市公司;监事会治理指数排名后三位的是西藏(55.80)、江苏省(56.27)和吉林省(56.91)的上市公司。各地区监事会治理指数详情见表6.9。

表6.9 中国上市公司监事会治理指数分地区描述性统计

地区	数目	比例(%)	平均值	中位数	标准差	极差	最小值	最大值
北京市	235	9.07	59.53	59.53	7.60	47.17	30.24	77.41
天津市	42	1.62	59.29	59.29	6.17	28.42	42.77	71.19
河北省	49	1.89	59.65	59.65	7.33	38.15	34.72	72.87
山西省	35	1.35	62.04	62.04	7.41	31.94	41.93	73.87
内蒙古	25	0.97	58.16	58.16	8.36	32.82	39.90	72.72
辽宁省	70	2.70	58.77	58.77	6.24	27.51	43.51	71.02
吉林省	40	1.54	56.91	56.91	6.79	28.47	41.23	69.70
黑龙江省	32	1.24	57.41	57.41	8.01	41.30	31.92	73.22
上海市	201	7.76	60.03	60.03	5.93	32.45	41.48	73.93
江苏省	253	9.77	56.27	56.27	6.52	38.71	33.78	72.49
浙江省	265	10.23	57.05	57.05	6.30	39.74	31.75	71.49
安徽省	80	3.09	58.80	58.80	6.07	30.98	41.69	72.66
福建省	91	3.51	58.20	58.20	7.30	36.42	34.44	70.86
江西省	32	1.24	60.37	60.37	6.50	23.79	50.72	74.51
山东省	152	5.87	58.59	58.59	6.49	36.59	39.24	75.82
河南省	67	2.59	59.27	59.27	5.84	27.51	43.19	70.70
湖北省	83	3.20	59.18	59.18	7.09	33.82	42.14	75.96
湖南省	75	2.90	58.75	58.75	6.74	29.58	42.42	72.00
广东省	386	14.90	57.55	57.55	6.46	42.83	30.73	73.56
广西	32	1.24	57.45	57.45	9.17	37.63	34.69	72.31
海南省	27	1.04	58.79	58.79	6.98	25.18	43.93	69.11
重庆市	39	1.51	62.49	62.49	5.32	19.93	53.73	73.65
四川省	91	3.51	59.03	59.03	6.55	31.55	39.83	71.38
贵州省	20	0.77	58.24	58.24	6.41	26.57	43.86	70.42
云南省	29	1.12	63.40	63.40	6.57	21.13	52.99	74.12
西藏	10	0.39	55.80	55.80	7.54	23.99	44.24	68.23
陕西省	42	1.62	60.07	60.07	7.17	30.59	45.29	75.88
甘肃省	25	0.97	58.36	58.36	7.30	26.58	45.36	71.94
青海省	10	0.39	61.01	61.01	4.49	13.58	55.09	68.67
宁夏	12	0.46	59.52	59.52	7.43	23.96	43.75	67.71
新疆	40	1.54	62.74	62.74	5.61	19.03	53.32	72.36
合计	2 590	100.00	58.54	57.23	6.80	47.17	30.24	77.41

资料来源:南开大学公司治理数据库。

二、2010—2015 年中国上市公司监事会治理分地区比较

据表 6.10 可以看出,新疆、云南省、重庆市、山西省等地区的监事会治理状况总体相对较好;而西藏、黑龙江省、吉林省、广西等地区的监事会治理状况一般。

表 6.10 中国上市公司监事会治理指数分地区描述性统计六年比较

地 区	2010	2011	2012	2013	2014	2015
北京市	56.67	58.37	58.97	60.08	59.47	59.53
天津市	56.50	57.18	57.92	60.24	58.20	59.29
河北省	56.79	58.16	57.95	62.59	59.93	59.65
山西省	58.02	59.60	60.14	54.80	60.82	62.04
内蒙古	55.42	58.76	58.90	58.25	56.59	58.16
辽宁省	55.87	57.74	56.68	60.97	56.98	58.77
吉林省	56.07	56.18	57.21	58.02	55.96	56.91
黑龙江省	53.89	55.71	55.22	57.05	55.53	57.41
上海市	56.75	57.46	57.76	60.19	56.86	60.03
江苏省	54.53	55.49	55.29	61.59	56.47	56.27
浙江省	54.37	55.88	56.45	54.23	56.45	57.05
安徽省	55.90	57.19	56.97	56.27	57.52	58.80
福建省	55.71	55.60	56.41	57.31	57.96	58.20
江西省	58.74	58.33	59.11	58.17	59.24	60.37
山东省	55.96	56.74	56.90	56.82	57.81	58.59
河南省	56.45	58.77	57.41	55.49	59.33	59.27
湖北省	58.20	58.68	58.70	57.85	59.46	59.18
湖南省	57.57	58.51	58.24	56.50	58.72	58.75
广东省	55.48	56.39	56.95	56.13	58.10	57.55
广 西	53.16	56.76	55.89	56.46	59.32	57.45
海南省	53.58	56.34	55.97	58.25	58.10	58.79
重庆市	59.50	59.66	59.10	58.09	60.24	62.49
四川省	56.22	57.05	58.08	59.03	58.88	59.03
贵州省	54.30	55.59	56.94	58.24	58.41	58.24
云南省	59.09	60.13	60.95	58.90	60.51	63.40
西 藏	57.29	55.25	56.27	56.01	52.78	55.80
陕西省	55.39	56.71	57.27	56.01	58.42	60.07
甘肃省	61.39	59.42	57.26	55.76	58.43	58.36
青海省	55.05	57.01	57.99	57.24	58.66	61.01
宁 夏	56.96	60.59	57.41	57.15	59.27	59.52
新 疆	60.22	60.32	61.51	57.01	60.95	62.74
合 计	56.17	57.17	57.35	57.38	57.99	58.54

资料来源:南开大学公司治理数据库。

第五节 中国上市公司监事会治理 100 佳评价

一、中国上市公司监事会治理 100 佳比较分析

如表 6.11 所示,监事会治理 100 佳上市公司监事会治理指数平均值为 72.17,监事会治理运行状况指数、规模结构指数、胜任能力指数的平均值依次为 76.73、74.40 和 66.03;100 佳上市公司的监事会治理水平更为集中,监事会治理水平的标准差为 1.49,最小值为 70.56,最大值为 77.41,极差为 6.85。

表 6.11 中国上市公司监事会治理 100 佳描述性统计

项目	样本	平均值	中位数	标准差	极差	最小值	最大值
监事会治理指数	100 佳	72.17	71.71	1.49	6.85	70.56	77.41
	样本总体	58.54	57.23	6.80	47.17	30.24	77.41
运行状况	100 佳	76.73	78.40	3.70	9.80	68.60	78.40
	样本总体	70.51	68.60	12.25	78.40	0.00	78.40
规模结构	100 佳	74.40	70.00	4.99	10.00	70.00	80.00
	样本总体	49.93	40.00	13.67	40.00	40.00	80.00
胜任能力	100 佳	66.03	66.18	4.01	20.95	54.80	75.75
	样本总体	56.90	56.80	5.90	31.95	43.80	75.75

资料来源:南开大学公司治理数据库。

二、中国上市公司监事会治理 100 佳公司行业分布

表 6.12 关于上市公司监事会治理 100 佳行业分布表明,从绝对数角度,入选监事会治理 100 佳上市公司最多的行业是制造业,有 50 家;从相对数角度,金融、保险业有 10 家入选,占本行业比例为 22.73%,比例最高;制造业次之,占比 21.89%;再次是电力、煤气及水的生产和供应业,占比为 11.39%;农、林、牧、渔业,木材、家具业,造纸、印刷业,其他制造业和社会服务业没有公司进入 100 佳。监事会治理较好的上市公司存在行业差异。

表 6.12 中国上市公司监事会治理 100 佳公司行业分布

行业	样本总体		100 佳		
	数目	比例(%)	数目	比例(%)	占本行业比例(%)
农、林、牧、渔业	47	1.81	—	—	—
采掘业	67	2.59	4	4.00	5.97
制造业	1 554	60.00	50	50.00	21.89
其中　食品、饮料	102	3.94	2	2.00	1.96
纺织、服装、皮毛	76	2.93	1	1.00	1.32
木材、家具	11	0.42	—	—	—
造纸、印刷	45	1.74	—	—	—
石油、化学、塑胶、塑料	260	10.04	11	11.00	4.23
电子	154	5.95	3	3.00	1.95
金属、非金属	200	7.72	14	14.00	7.00
机械、设备、仪表	522	20.15	15	15.00	2.87
医药、生物制品	156	6.02	4	4.00	2.56
其他制造业	28	1.08	—	—	—
电力、煤气及水的生产和供应业	79	3.05	9	9.00	11.39
建筑业	58	2.24	3	3.00	5.17
交通运输、仓储业	77	2.97	4	4.00	5.19
信息技术业	220	8.49	5	5.00	2.27
批发和零售贸易业	134	5.17	6	6.00	4.48
金融、保险业	44	1.70	10	10.00	22.73
房地产业	122	4.71	5	5.00	4.10
社会服务业	91	3.51	—	—	—
传播与文化产业	43	1.66	1	1.00	2.33
综合类	54	2.08	3	3.00	5.56
合　　计	2 590	100.00	100	100.00	3.86

资料来源：南开大学公司治理数据库。

三、中国上市公司监事会治理 100 佳公司控股股东性质分布

表 6.13 显示，较高比例的监事会治理 100 佳上市公司控股股东性质为国有控股和民营控股，所占比例分别为 85.00% 和 12.00%，分别占国有控股上市公司的 8.22% 和民营控股上市公司的 0.82%。

表 6.13　中国上市公司监事会治理 100 佳公司控股股东分布

控股股东性质	样本总体		100 佳		
	数目	比例（%）	数目	比例（%）	占本组比例（%）
国有控股	1 034	39.92	85	85.00	8.22
集体控股	21	0.81	—	—	—
民营控股	1 471	56.80	12	12.00	0.82
社会团体控股	6	0.23	—	—	—
外资控股	37	1.43	3	3.00	8.11
职工持股会控股	9	0.35	—	—	—
其他类型	12	0.46	—	—	—
合　　计	2 590	100.00	100	100.00	3.86

资料来源：南开大学公司治理数据库。

四、中国上市公司监事会治理 100 佳公司地区分布

在入选监事会治理 100 佳上市公司中，占本地区样本总数比例位居前三位的是江西省、内蒙古和陕西省，依次为 12.50%、12.00% 和 11.90%；其次是广西、北京市和新疆，分别为 9.38%、7.66% 和 7.50%。而吉林省、海南省、贵州省、西藏、青海省和宁夏没有公司进入 100 佳。见表 6.14。

表 6.14　中国上市公司监事会治理 100 佳公司地区分布

地　区	样本总体		100 佳		
	数目	比例（%）	数目	比例（%）	占地区比例（%）
北京市	235	9.07	18	18.00	7.66
天津市	42	1.62	3	3.00	7.14
河北省	49	1.89	2	2.00	4.08
山西省	35	1.35	2	2.00	5.71
内蒙古	25	0.97	3	3.00	12.00
辽宁省	70	2.70	2	2.00	2.86
吉林省	40	1.54	—	—	—
黑龙江省	32	1.24	1	1.00	3.13
上海市	201	7.76	8	8.00	3.98
江苏省	253	9.77	6	6.00	2.37
浙江省	265	10.23	3	3.00	1.13

续表

地 区	样本总体		100佳		
	数目	比例(%)	数目	比例(%)	占本地区比例(%)
安徽省	80	3.09	5	5.00	6.25
福建省	91	3.51	1	1.00	1.10
江西省	32	1.24	4	4.00	12.50
山东省	152	5.87	6	6.00	3.95
河南省	67	2.59	1	1.00	1.49
湖北省	83	3.20	5	5.00	6.02
湖南省	75	2.90	1	1.00	1.33
广东省	386	14.90	9	9.00	2.33
广 西	32	1.24	3	3.00	9.38
海南省	27	1.04	—	—	—
重庆市	39	1.51	1	1.00	2.56
四川省	91	3.51	5	5.00	5.49
贵州省	20	0.77	—	—	—
云南省	29	1.12	2	2.00	6.90
西 藏	10	0.39	—	—	—
陕西省	42	1.62	5	5.00	11.90
甘肃省	25	0.97	1	1.00	4.00
青海省	10	0.39	—	—	—
宁 夏	12	0.46	—	—	—
新 疆	40	1.54	3	3.00	7.50
合 计	2 590	100.00	100	100.00	3.86

资料来源：南开大学公司治理数据库。

主 要 结 论

第一，2015年中国上市公司样本量为2 590家，监事会治理指数的平均值为58.54，标准差为6.80，监事会治理指数基本服从正态分布，在公司治理的六个维度中仍然处于较低位置。

第二，从2010—2015年连续六年监事会治理指数的发展趋势看，呈现逐年上升的趋势；三个分指数中，监事会运行状况指数六年间都呈现出上升趋势；监事会规模结构指数在2010—2013年有所下降，在2014年有所回升后，2015年再度下滑；监事会胜任能力指数自 2010 年起,至 2015 年有较大提高。

第三,中国上市公司的监事会治理水平,因公司行业、股权性质和地区不同而呈现一定的差异。

第四,从行业来看,金融、保险业,电力、煤气及水的生产和供应业,交通运输、仓储业,采掘业,批发和零售贸易业,监事会治理水平较高;而社会服务业,其他制造业,纺织、服装、皮毛业,木材、家具业等行业治理水平有待提高。

第五,从股权性质来看,2015 年国有控股上市公司监事会治理平均水平与往年类似,明显高于民营控股上市公司,从分指数看导致国有控股上市公司监事会治理指数高于其他上市公司的原因是国有控股上市公司的三项分指数比较高且较为均衡,说明国有控股的中国上市公司监事会治理的各方面相对比较完善。

第六,从地区来看,2015 年各地区上市公司监事会治理水平分布不平衡,云南省、新疆、重庆市、山西省等地区的监事会治理状况总体相对较好;而西藏、黑龙江省、吉林省等地区的监事会治理状况一般。

第七,中国上市公司监事会治理 100 佳监事会治理水平显著高于全部样本。从 100 佳行业分布来看,制造业绝对数最多,但金融、保险业的行业内相对占比最高。同往年,中国上市公司监事会治理 100 佳上市公司中国有控股上市公司所占比例高于民营控股上市公司,但国有控股上市公司的监事会治理 100 佳上市公司占本组比例低于民营控股上市公司。从地区来看,北京市和广东省的绝对数量较多,江西省、内蒙古和陕西省等地区 100 佳占比较高。

第七章　中国上市公司经理层治理评价

第一节　中国上市公司经理层治理总体分析

一、2015 年中国上市公司经理层治理状况总体描述

2015 年样本上市公司的经理层治理指数最高值为 78.06,最低值为 41.21,平均值为 57.80,标准差为 6.39。从经理层评价的三个主因素层面来看,样本公司经理层任免制度指数平均值为 61.10,样本标准差为 4.76;执行保障指数的平均值为 63.75,样本标准差 9.66,极差最大,为 60.00;激励约束指数平均值为 49.65,样本离散程度最大,标准差为 15.81。相比较上一年度,上市公司样本增加了 123 家,经理层治理指数上升了 0.68,其中激励约束指数较 2014 年上升 2.07,任免制度指数和执行保障指数平均值略有下降,比 2014 年分别相差 0.19 和 0.01。样本公司经理层总体治理状况呈现平稳趋势。

表 7.1　中国上市公司经理层治理总体状况描述性统计

项　　目	平均值	中位数	标准差	极　差	最小值	最大值
经理层治理指数	57.80	57.68	6.39	36.85	41.21	78.06
任免制度	61.10	62.22	4.76	33.65	38.57	72.22
执行保障	63.75	63.33	9.66	60.00	38.57	93.33
激励约束	49.65	47.14	15.81	57.14	25.71	82.86

资料来源:南开大学公司治理数据库。

二、2010—2015 年中国上市公司经理层治理比较

图 7.1 和表 7.2 列明了 2010—2015 年连续六年中国上市公司经理层治理状况与趋势特征。

从 2010—2015 年连续六年经理层治理指数的发展趋势显示,样本公司经理层治理指数平均值分别为 57.80(2015 年)、57.12(2014 年)、57.21(2013 年)、57.27(2012 年)、57.81(2011 年)、57.21(2010 年)。六年中经理层治理指数 2014 年为最低,值为 57.12,

近六年指数较平稳。任免制度指数和执行保障指数近三年呈现平稳变化趋势。激励约束指数近六年上升幅度较大,在2011年出现最低点,总体呈现上升趋势,2015年达到49.65。

表7.2 中国上市公司经理层治理指数描述性统计六年比较

项　　目	2010	2011	2012	2013	2014	2015
经理层治理指数	57.21	57.81	57.27	57.21	57.12	57.80
任免制度	62.90	65.40	61.84	61.44	61.29	61.10
执行保障	64.60	65.01	64.50	63.33	63.76	63.75
激励约束	45.64	44.65	46.85	48.07	47.58	49.65

资料来源:南开大学公司治理数据库。

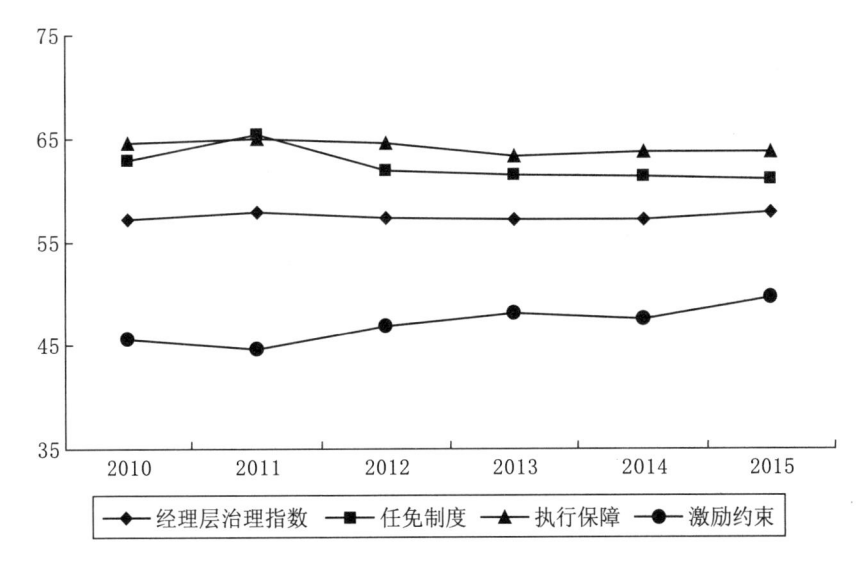

资料来源:南开大学公司治理数据库。

图7.1 中国上市公司经理层治理指数平均值六年折线图比较

第二节　中国上市公司经理层治理分行业评价

一、2015年中国上市公司经理层治理分行业总体描述

表7.3显示了2015年度样本公司在经理层治理评价总指数行业分布情况。样本公司的平均值为57.80,信息技术业的经理层治理状况高于样本公司的平均水平,指数均值为61.56。此外,虽然制造业总体的经理层治理状况与样本公司的平均水平持平,

表 7.3 中国上市公司经理层治理指数分行业描述性统计

行业		数目	比例(%)	平均值	中位数	标准差	极差	最小值	最大值
农、林、牧、渔业		47	1.81	56.78	56.11	5.88	25.61	43.40	69.01
采掘业		67	2.59	55.03	53.68	5.63	26.59	43.18	69.77
制造业		1 554	60.00	57.69	58.21	6.21	36.85	41.21	78.06
其中	食品、饮料	102	3.94	57.37	56.10	6.73	33.53	41.21	74.74
	纺织、服装、皮毛	76	2.93	56.07	56.34	6.31	24.16	43.91	68.07
	木材、家具	11	0.42	58.05	59.58	4.23	12.86	51.34	64.20
	造纸、印刷	45	1.74	57.19	58.04	7.14	30.49	42.37	72.86
	石油、化学、塑胶、塑料	260	10.04	56.57	56.47	6.77	28.04	43.34	71.38
	电子	154	5.95	59.06	59.77	6.43	28.76	44.29	73.05
	金属、非金属	200	7.72	57.51	57.70	6.10	28.23	43.65	71.88
	机械、设备、仪表	522	20.15	58.70	59.05	6.10	28.57	43.32	71.89
	医药、生物制品	156	6.02	58.74	58.62	6.23	33.38	44.68	78.06
	其他制造业	28	1.08	57.61	56.26	6.08	22.33	48.08	70.41
电力、煤气及水的生产和供应业		79	3.05	55.09	55.21	5.02	25.55	44.94	70.49
建筑业		58	2.24	57.62	56.77	6.91	24.59	46.79	71.38
交通运输、仓储业		77	2.97	56.01	55.96	5.58	24.18	45.59	69.77
信息技术业		220	8.49	61.56	62.68	5.97	29.59	44.13	73.72
批发和零售贸易业		134	5.17	57.08	56.19	5.99	28.93	44.94	73.87
金融、保险业		44	1.70	56.41	55.01	6.12	28.27	46.63	74.90
房地产业		122	4.71	56.80	55.66	6.06	25.68	46.21	71.89
社会服务业		91	3.51	57.77	57.43	6.64	28.51	44.82	73.33
传播与文化产业		43	1.66	56.91	55.39	6.34	25.34	44.43	69.77
综合类		54	2.08	54.98	53.91	5.89	24.59	44.14	68.73
合计		2 590	100.00	57.80	57.68	6.39	36.85	41.21	78.06

资料来源:南开大学公司治理数据库。

为 57.69,但是其中的电子,医药、生物制品,机械、设备、仪表以及木材、家具却分别达到了 59.06、58.74、58.70 和 58.05 的较高水平。电力、煤气及水的生产和供应业,采掘业和综合类的经理层平均治理水平列于样本公司平均治理指数的最后三位,且均低于 56。其中制造业中其他制造业,金属和非金属,食品、饮料,造纸、印刷,石油、化学、塑胶、塑料和纺织、服装、皮毛,均低于全行业平均水平。在全部上市公司样本中,经理层治理状况最佳的上市公司分别出现在金融、保险业,批发和零售贸易业,信息技术业,这些行业样本公司的经理层治理指数最大值分别达到 74.90、73.87 和 73.72。经理层治理评价指数平均值最高的大类行业为信息技术业,均值为61.56;而经理层治理评价指数平均值最低的行业则为综合类,均值为54.98,相差6.58,这说明各行业上市公司之间的经理层治理状况差距加大。

表7.4显示了样本公司在经理层治理评价三个维度分指数行业分布情况。

表7.4 中国上市公司经理层治理分指数分行业描述性统计

行业	数目	比例（%）	经理层治理指数	任免制度	执行保障	激励约束
农、林、牧、渔业	47	1.81	56.78	61.47	63.69	46.53
采掘业	67	2.59	55.03	60.08	64.92	41.92
制造业	1 554	60.00	57.04	61.33	61.89	50.73
其中 食品、饮料	102	3.94	57.37	60.80	64.81	47.84
纺织、服装、皮毛	76	2.93	56.07	61.36	60.04	47.78
木材、家具	11	0.42	58.05	61.72	57.58	55.06
造纸、印刷	45	1.74	57.19	62.27	59.54	50.48
石油、化学、塑胶、塑料	260	10.04	56.57	60.84	60.84	48.98
电子	154	5.95	59.06	61.37	62.33	54.14
金属、非金属	200	7.72	57.51	61.72	63.20	48.76
机械、设备、仪表	522	20.15	58.70	61.18	63.62	52.21
医药、生物制品	156	6.02	58.74	61.06	64.50	51.68
其他制造业	28	1.08	57.61	60.95	62.46	50.36
电力、煤气及水的生产和供应业	79	3.05	55.09	62.03	65.77	39.55
建筑业	58	2.24	57.62	60.43	61.17	52.00
交通运输、仓储业	77	2.97	56.01	62.01	65.81	42.10
信息技术业	220	8.49	61.56	60.65	66.16	58.46
批发和零售贸易业	134	5.17	57.08	61.08	63.99	47.47
金融、保险业	44	1.70	56.41	59.97	69.01	42.34
房地产业	122	4.71	56.80	61.12	66.92	44.17
社会服务业	91	3.51	57.77	60.29	64.65	49.58
传播与文化业	43	1.66	56.91	60.97	65.09	46.18
综合类	54	2.08	54.98	61.14	62.63	42.75
合计	2 590	100.00	57.80	61.10	63.75	49.65

资料来源:南开大学公司治理数据库。

任免制度指数平均值为61.10,排在前三位的行业是电力、煤气及水的生产和供应业,交通运输、仓储业以及农、林、牧、渔业,任免指数均值分别为62.03、62.01和61.47,

而综合类,房地产业,制造业中的造纸、印刷,木材、家具,金属、非金属,电子,纺织、服装、皮毛,机械、设备、仪表等也处于平均水平以上。任免制度指数最低的三个行业依次为社会服务业,采掘业和金融、保险业,指数均值分别仅为 60.29、60.08 和 59.97,这些相关行业无论从高管行政任职、高管变更等方面均有较大改进空间。

样本上市公司在执行保障维度方面表现较好的行业依次是金融、保险业,房地产业,信息技术业,交通运输、仓储业,电力、煤气及水的生产和供应业,传播与文化业,采掘业,社会服务业,批发和零售贸易业,以及制造业中的食品、饮料,医药、生物制品等行业,执行保障指数平均值都高于样本总体平均水平 63.75。而建筑业,综合类,农、林、牧、渔业以及制造业中机械、设备、仪表,金属、非金属,其他制造业,电子,石油、化学、塑胶、塑料,纺织、服装、皮毛,造纸、印刷,木材、家具等均低于样本平均水平,这些相关行业在执行保障维度上还有较大的改善空间。

激励约束指数平均值排名前三位的行业为信息技术业、建筑业、社会服务业,行业指数均值分别为 58.46、52.00 和 49.58,激励约束指数的平均水平为 49.65,其他一些高于平均水平的还有制造业中的木材、家具,电子,机械、设备、仪表,医药、生物制品,造纸、印刷以及其他制造业等,分别是 55.06、54.14、52.21、51.68、50.48 和 50.36。激励约束指数最高值出现在信息技术业,达到 58.46。

二、2010—2015 年中国上市公司经理层治理分行业比较

表 7.5 显示样本公司经理层治理评价自 2010—2015 年的行业分布及发展趋势情况。2011—2014 年间,经理层治理状况最好的三个行业为信息技术业,金融、保险业和社会服务业,而经理层治理指数较低的行业为电力、煤气及水的生产和供应业。六年中,所有行业上市公司经理层治理指数平均水平都是在 2010 年之后平稳提升,2011 年度达到最高值 57.81,近三年呈现稳定趋势,2015 年值为 57.80。电力、煤气及水的生产和供应业,房地产业两个行业样本公司经理层治理评价水平前几年呈现下降趋势后,2014 年均有所提升,2015 年又略有下降。

表 7.5 中国上市公司经理层治理指数分行业描述性统计六年比较

行　　业	2010	2011	2012	2013	2014	2015
农、林、牧、渔业	55.06	56.61	55.78	55.88	55.77	56.68
采矿业	56.59	55.15	57.26	55.34	55.96	54.87
制造业	57.07	57.94	57.08	57.21	57.04	58.17
电力、煤气及水的生产和供应业	57.03	56.18	56.17	55.01	55.26	54.82

续表

行　　业	2010	2011	2012	2013	2014	2015
建筑业	57.08	57.45	56.70	57.72	58.40	57.30
交通运输、仓储业	57.00	56.47	55.50	55.51	56.32	55.86
信息技术业	59.45	59.91	59.54	60.88	59.20	61.93
批发和零售贸易业	57.56	58.06	58.08	55.72	57.17	56.75
金融、保险业	60.33	58.91	58.93	57.54	58.96	56.59
房地产业	56.67	57.07	56.64	56.00	56.86	56.95
社会服务业	57.08	57.74	58.19	58.01	57.06	57.77
传播与文化产业	57.33	57.14	56.64	55.41	55.99	46.18
综合类	56.96	57.28	57.35	55.58	56.24	53.43
合　　计	57.21	57.81	57.27	57.21	57.12	57.80

资料来源:南开大学公司治理数据库。

第三节　中国上市公司经理层治理分控股股东性质评价

一、2015年中国上市公司经理层治理分控股股东性质总体描述

表7.6给出了按控股股东性质分类的2015年评价中各组样本公司的经理层治理指数统计指标。除了其他类型,控股股东性质为民营控股的上市公司经理层治理指数

表7.6　中国上市公司经理层治理指数分控股股东性质描述性统计

控股股东性质	数目	比例(%)	平均值	中位数	标准差	极差	最小值	最大值
国有控股	1 034	39.92	56.22	55.39	5.89	32.53	42.37	74.90
集体控股	21	0.81	55.94	55.68	4.38	15.93	49.29	65.22
民营控股	1 471	56.80	58.97	59.70	6.47	36.85	41.21	78.06
社会团体控股	6	0.23	54.05	53.44	3.53	8.72	49.66	58.38
外资控股	37	1.43	56.48	55.04	7.13	25.30	43.65	68.95
职工持股会控股	9	0.35	54.74	52.66	5.71	13.55	48.41	61.96
其他类型	12	0.46	60.91	62.27	7.41	21.71	50.18	71.89
合　　计	2 590	100.00	57.80	57.68	6.39	36.85	41.21	78.06

资料来源:南开大学公司治理数据库。

最高,为58.97。其次是外资控股的上市公司,其经理层治理指数为56.48。最低的为社会团体控股的上市公司,其经理层治理指数为54.05。其他类型控股、国有控股和职工持股会控股的上市公司的经理层治理指数分别为60.91、56.22和54.74。

表7.7给出了按控股股东性质分类的2015年评价中各组样本公司的经理层治理三个维度分指数统计指标。其中,控股股东性质为民营控股和其他类型的上市公司经理层治理激励约束指数较高,分别为54.91和56.07。国有控股和其他类型的上市公司,其经理层治理执行保障指数较高,分别为66.36和65.56。集体控股和社会团体控股的上市公司经理层治理任免制度指数最高,为62.22。而上市公司经理层治理任免制度、执行保障和激励约束三个分维度指数均值的最低值分别出现在民营控股、民营控股和社会团体控股的上市公司样本中,分别为60.60、61.95和37.38。

表7.7 中国上市公司经理层治理分指数分控股股东性质描述性统计

控股股东性质	数目	比例(%)	经理层治理指数	任免制度	执行保障	激励约束
国有控股	1 034	39.92	56.22	61.76	66.36	42.45
集体控股	21	0.81	55.94	62.22	62.94	44.15
民营控股	1 471	56.80	58.97	60.60	61.95	54.91
社会团体控股	6	0.23	54.05	62.22	64.72	37.38
外资控股	37	1.43	56.48	61.71	61.96	46.95
职工持股会控股	9	0.35	54.74	61.37	63.15	41.43
其他类型	12	0.46	60.91	61.85	65.56	56.07
合　计	2 590	100.00	57.80	61.10	63.75	49.65

资料来源:南开大学公司治理数据库。

二、2010—2015年中国上市公司经理层治理分控股股东性质比较

见表7.8,2010—2015年,国有控股上市公司样本经理层治理均值分别为57.07、57.12、56.76、55.82、56.09和56.23,民营控股上市公司经理层治理均值分别为57.30、58.34、57.53、58.26、57.92和58.97。民营控股上市公司从最初治理水平落后于国有控股公司,经过六年中国资本市场环境的规范管理,在治理质量上已不存在差异。2010年,民营控股上市公司激励约束指数开始高于国有控股上市公司,2014年高出8.88,2015年高出12.46,民营控股上市公司在激励约束指数上有了较大的提高,且呈现逐步提高的态势。民营控股上市公司和国有控股上市公司近三年在任免制度指数方面发展趋势较平稳。国有控股上市公司执行保障指数发展呈平稳趋势,民营控股上市公司的

执行保障制度较国有控股上市公司相比有很大的上升空间。综上所述,民营控股上市公司在经理层治理总体状况和激励约束方面超过国有控股公司,任免制度方面差别不显著,民营控股上市公司执行保障制度较国有控股上市公司还需要进一步加强。

表 7.8　中国国有和民营控股上市公司经理层治理指数描述性统计六年比较

年　份	控股股东性质	经理层治理指数	任免制度	执行保障	激励约束
2010	国有	57.07	63.15	65.34	44.37
	民营	57.30	62.37	63.34	47.45
2011	国有	57.12	65.76	66.69	40.95
	民营	58.34	64.93	63.44	47.90
2012	国有	56.76	62.10	67.47	42.67
	民营	57.53	61.72	62.23	49.63
2013	国有	55.82	61.65	65.37	42.28
	民营	58.26	61.22	61.69	52.59
2014	国有	56.09	61.02	66.57	42.58
	民营	57.92	61.49	61.62	51.46
2015	国有	56.23	61.76	66.36	42.45
	民营	58.97	60.60	61.95	54.91

资料来源:南开大学公司治理数据库。

第四节　中国上市公司经理层治理分地区评价

一、2015 年中国上市公司经理层治理分地区总体描述

表 7.9 显示,经理层治理指数各地区有一定差异,平均值最高的北京市和最低的青海省指数相差 8.31,治理指数均值排名前十名的地区依次为北京市、广东省、江西省、浙江省、湖南省、上海市、河南省、江苏省、安徽省和辽宁省。各地区经理层治理指数平均值分别为 59.77、59.36、59.17、58.74、58.28、58.26、58.17、58.04、57.95 和 57.61,前九名地区的上市公司经理层治理指数高于上市公司总体样本指数均值 57.80。2015 年指数最低的五个地区分别是青海省、山西省、宁夏、西藏和新疆,经理层治理指数平均值分别为 51.46、53.54、54.26、54.37 和 54.55。

表 7.9 中国上市公司经理层治理指数分地区描述性统计

地区	数目	比例(%)	平均值	中位数	标准差	极差	最小值	最大值
北京市	235	9.07	59.77	60.19	6.37	29.14	45.60	74.74
天津市	42	1.62	56.37	55.75	5.98	29.06	44.82	73.89
河北省	49	1.89	56.83	55.79	7.01	26.80	43.61	70.41
山西省	35	1.35	53.54	52.88	5.35	24.90	44.00	68.89
内蒙古	25	0.97	55.58	55.96	6.58	26.21	43.91	70.13
辽宁省	70	2.70	57.61	56.14	6.61	25.04	45.81	70.86
吉林省	40	1.54	56.48	55.99	6.64	25.16	43.57	68.73
黑龙江省	32	1.24	55.57	55.70	5.51	20.72	46.76	67.48
上海市	201	7.76	58.26	58.04	6.42	31.73	43.18	74.90
江苏省	253	9.77	58.04	58.70	6.17	28.55	43.34	71.89
浙江省	265	10.23	58.74	59.40	6.01	27.55	43.32	70.87
安徽省	80	3.09	57.95	58.17	6.03	24.28	45.48	69.76
福建省	91	3.51	57.09	56.50	6.01	26.30	43.83	70.13
江西省	32	1.24	59.17	59.19	6.18	23.49	48.92	72.41
山东省	152	5.87	56.81	55.97	6.16	31.22	41.21	72.42
河南省	67	2.59	58.17	57.53	5.59	24.90	44.57	69.47
湖北省	83	3.20	56.80	56.39	6.15	27.39	44.29	71.67
湖南省	75	2.90	58.28	58.45	6.88	28.76	44.57	73.33
广东省	386	14.90	59.36	59.85	6.41	29.20	43.65	72.86
广西	32	1.24	56.23	54.00	6.80	21.71	46.13	67.84
海南省	27	1.04	55.18	54.05	5.36	19.02	45.16	64.19
重庆市	39	1.51	57.29	55.96	5.90	21.76	49.04	70.80
四川省	91	3.51	56.06	54.94	6.56	26.72	44.29	71.01
贵州省	20	0.77	56.02	56.02	6.15	20.74	45.37	66.10
云南省	29	1.12	55.26	52.96	7.77	34.66	43.40	78.06
西藏	10	0.39	54.37	53.14	6.44	19.20	47.47	66.67
陕西省	42	1.62	55.00	54.05	5.43	23.05	44.80	67.84
甘肃省	25	0.97	55.86	54.36	5.26	18.94	47.96	66.89
青海省	10	0.39	51.46	51.15	4.19	13.65	43.91	57.56
宁夏	12	0.46	54.26	52.81	8.54	25.85	42.37	68.23
新疆	40	1.54	54.55	53.69	4.38	20.12	45.74	65.86
合计	2 590	100.00	57.80	57.68	6.39	36.85	41.21	78.06

资料来源:南开大学公司治理数据库。

二、2010—2015 年中国上市公司经理层治理分地区比较

表 7.10 反映了各省市经理层治理指数均值自 2010 年至 2015 年的变化趋势。2010—2015 年六年间,经理层治理状况连续年度较好的地区是广东省、北京市、浙江省、上海市和河南省,这些地区连续年度的经理层治理趋势水平高于全部样本公司六年间的趋势平均水平。北京市、河北省、辽宁省、吉林省等地区的上市公司治理状况 2015 年较 2014 年有较大改善。青海省、新疆、黑龙江省近三年综合排名在全部地区样本的后列,经理层治理状况需要进一步改善。从近三年变化趋势来看,山西省、天津市、内蒙古、陕西省的经理层治理水平有下降趋势。

表 7.10 中国上市公司经理层治理指数分地区描述性统计六年比较

地 区	2010	2011	2012	2013	2014	2015
北京市	57.94	59.09	59.32	56.56	58.93	59.77
天津市	56.84	56.62	58.10	55.72	56.90	56.37
河北省	54.87	57.58	56.24	56.04	55.63	56.83
山西省	55.94	55.87	55.16	55.46	54.22	53.54
内蒙古	57.35	56.71	56.13	56.08	56.42	55.58
辽宁省	58.16	58.39	56.25	56.87	56.51	57.61
吉林省	55.90	56.32	56.65	55.37	56.40	56.48
黑龙江省	55.52	54.64	54.81	54.75	54.83	55.57
上海市	57.76	56.87	59.17	57.76	57.50	58.26
江苏省	56.68	57.29	57.62	56.98	57.83	58.04
浙江省	59.56	58.96	58.37	58.30	58.20	58.74
安徽省	56.48	57.09	58.10	56.59	56.31	57.95
福建省	57.39	58.26	57.60	57.12	56.72	57.09
江西省	56.93	56.80	54.85	56.63	56.66	59.17
山东省	56.89	56.51	56.18	57.03	56.52	56.81
河南省	57.96	57.87	57.14	57.99	57.92	58.17
湖北省	56.86	58.41	57.34	56.95	55.68	56.80
湖南省	56.20	57.75	56.39	57.01	57.25	58.28
广东省	59.23	60.13	57.23	58.37	58.40	59.36
广 西	54.77	57.12	55.09	55.48	55.86	56.23
海南省	55.79	57.32	57.14	55.12	53.77	55.18
重庆市	54.63	56.55	56.22	55.89	56.21	57.29
四川省	56.66	56.99	55.75	56.07	54.77	56.06

续表

地 区	2010	2011	2012	2013	2014	2015
贵州省	58.20	56.48	55.58	55.75	54.99	56.02
云南省	55.42	56.88	55.22	55.35	55.81	55.26
西 藏	54.53	51.43	56.03	54.73	54.33	54.37
陕西省	54.25	56.24	55.08	54.97	56.89	55.00
甘肃省	53.77	55.58	55.38	54.79	54.01	55.86
青海省	51.91	54.30	54.14	52.66	52.16	51.46
宁 夏	54.71	59.43	57.00	54.58	54.67	54.26
新 疆	55.72	55.56	56.05	54.32	53.62	54.55
合 计	57.21	57.81	57.27	57.21	57.12	57.80

资料来源：南开大学公司治理数据库。

第五节 中国上市公司经理层治理 100 佳评价

一、中国上市公司经理层治理 100 佳比较分析

表 7.11 是样本公司和 100 佳公司经理层治理指数以及各分项指标的描述统计结果，经理层治理 100 佳上市公司经理层治理指数平均值为 70.61，任免制度、执行保障、激励约束指数的均值依次为 63.91、76.15 和 72.06。100 佳公司各项指标的平均水平显著高于全体样本。

表 7.11 上市公司经理层治理指数 100 佳描述性统计

项 目	样 本	平均值	中位数	标准差	极 差	最小值	最大值
经理层治理指数	100 佳	70.61	70.13	1.65	9.25	68.81	78.06
	样本总体	57.80	57.68	6.39	36.85	41.21	78.06
任免制度	100 佳	63.91	63.33	3.78	18.89	53.33	72.22
	样本总体	61.10	62.22	4.76	33.65	38.57	72.22
执行保障	100 佳	76.15	75.00	6.29	33.33	60.00	93.33
	样本总体	63.75	63.33	9.66	60.00	38.57	93.33
激励约束	100 佳	72.06	71.43	6.14	35.72	47.14	82.86
	样本总体	49.65	47.14	15.81	57.14	25.71	82.86

资料来源：南开大学公司治理数据库。

二、中国上市公司经理层治理100佳公司行业分布

表7.12显示,经理层治理100佳上市公司的行业分布有较大的差异。制造业中有3.80%,即59家上市公司进入100佳,数量比2014年少1家。紧跟其后的是信息技术业,有18家。社会服务业有5家。建筑业,批发和零售贸易业均有4家公司入选经理

表7.12 中国上市公司经理层治理100佳公司行业分布

行业		样本总体		100佳		
		数目	比例(%)	数目	比例(%)	占本行业比例(%)
农、林、牧、渔业		47	1.81	1	1.00	2.13
采掘业		67	2.59	1	1.00	1.49
制造业		1 554	60.00	59	59.00	3.80
其中	食品、饮料	102	3.94	5	5.00	4.90
	纺织、服装、皮毛	76	2.93	—	—	—
	木材、家具	11	0.42	—	—	—
	造纸、印刷	45	1.74	3	3.00	6.67
	石油、化学、塑胶、塑料	260	10.04	9	9.00	3.46
	电子	154	5.95	7	7.00	4.55
	金属、非金属	200	7.72	6	6.00	3.00
	机械、设备、仪表	522	20.15	20	20.00	3.83
	医药、生物制品	156	6.02	8	8.00	5.13
	其他制造业	28	1.08	1	1.00	3.57
电力、煤气及水的生产和供应业		79	3.05	1	1.00	1.27
建筑业		58	2.24	4	4.00	6.90
交通运输、仓储业		77	2.97	1	1.00	1.30
信息技术业		220	8.49	18	18.00	8.18
批发和零售贸易业		134	5.17	4	4.00	2.99
金融、保险业		44	1.70	3	3.00	6.82
房地产业		122	4.71	2	2.00	1.64
社会服务业		91	3.51	5	5.00	5.49
传播与文化产业		43	1.66	1	1.00	2.33
综合类		54	2.08	—	—	—
合计		2 590	100.00	100	100.00	3.86

资料来源:南开大学公司治理数据库。

层治理 100 佳。金融、保险业有 3 家入选,房地产业中有 2 家公司入选。另外,100 佳中,农、林、牧、渔业,采矿业,电力、煤气及水的生产和供应业,交通运输、仓储业和传播与文化产业都有 1 家公司入选。

信息技术业有 8.18% 的上市公司进入了全部样本公司的 100 佳行列,是入选 100 佳上市公司占本行业百分比最高的行业,排在其后的是建筑业,达到 6.90%。金融、保险业,社会服务业进入总样本经理层治理 100 佳的公司均超过各行业样本公司总数 3%,分别是 6.82% 和 5.49%。

三、中国上市公司经理层治理 100 佳公司控股股东性质分布

表 7.13 显示,经理层治理 100 佳上市公司中控股股东性质为民营控股和国有控股的上市公司比例较高,其所占比例分别为 68.00% 和 28.00%,与 2014 年的数据相比,国有控股上市公司中进入 100 佳的公司减少了 3 家,而民营控股的 100 佳上市公司减少了 1 家。外资控股上市公司进入 100 佳的比例为 2.00%,其他类型控股的上市公司有 2 家进入 100 佳。

表 7.13　中国上市公司经理层治理 100 佳公司控股股东性质分布

控股股东性质	样本总体		100 佳		
	数目	比例(%)	数目	比例(%)	占本组比例(%)
国有控股	1 034	39.92	28	28.00	2.71
集体控股	21	0.81	—	—	—
民营控股	1 471	56.80	68	68.00	4.62
社会团体控股	6	0.23	—	—	—
外资控股	37	1.43	2	2.00	5.41
职工控股会控股	9	0.35	—	—	—
其他类型	12	0.46	2	2.00	16.67
合　计	2 590	100.00	100	100.00	3.86

资料来源:南开大学公司治理数据库。

四、中国上市公司经理层治理 100 佳公司地区分布

表 7.14 表明,广东省样本公司中入选经理层治理 100 佳的公司数量最多,有 26 家公司入选。其次是北京市,有 17 家上市公司入选经理层治理 100 佳。上海市、浙江省、江苏省、湖南省在 100 佳公司中所占的数目依次为 10、10、7、5。河南省和安徽省均有

表 7.14 中国上市公司经理层治理 100 佳公司地区分布

地 区	样本总体		100 佳		
	数目	比例(%)	数目	比例(%)	占本地区比例(%)
北京市	235	9.07	17	17.00	7.80
天津市	42	1.62	2	2.00	5.26
河北省	49	1.89	1	1.00	2.13
山西省	35	1.35	1	1.00	2.86
内蒙古	25	0.97	1	1.00	4.17
辽宁省	70	2.70	2	2.00	3.03
吉林省	40	1.54	—	—	—
黑龙江省	32	1.24	—	—	—
上海市	201	7.76	10	10.00	5.13
江苏省	253	9.77	7	7.00	3.02
浙江省	265	10.23	10	10.00	4.07
安徽省	80	3.09	3	3.00	3.90
福建省	91	3.51	2	2.00	2.30
江西省	32	1.24	2	2.00	6.25
山东省	152	5.87	2	2.00	1.33
河南省	67	2.59	3	3.00	4.55
湖北省	83	3.20	1	1.00	1.20
湖南省	75	2.90	5	5.00	6.94
广东省	386	14.90	26	26.00	7.14
广 西	32	1.24	—	—	—
海南省	27	1.04	—	—	—
重庆市	39	1.51	2	2.00	5.56
四川省	91	3.51	2	2.00	2.22
贵州省	20	0.77	—	—	—
云南省	29	1.12	1	1.00	3.57
西 藏	10	0.39	—	—	—
陕西省	42	1.62	—	—	—
甘肃省	25	0.97	—	—	—
青海省	10	0.39	—	—	—
宁 夏	12	0.46	—	—	—
新 疆	40	1.54	—	—	—
合 计	2 590	100.00	100	100.00	3.86

资料来源:南开大学公司治理数据库。

3家入选100佳。天津市、辽宁省、福建省、江西省、山东省、重庆市、四川省有2家公司入选100佳。河北省、山西省、内蒙古、湖南省和云南省均有1家上市公司入选经理层治理100佳。

主 要 结 论

第一,2015年样本上市公司的经理层治理指数最高值为78.06,最低值为41.21,平均值为57.80,标准差为6.39。从经理层评价的三个主因素层面来看,样本公司经理层任免制度指数平均值为61.10,样本标准差为4.76;执行保障指数的平均值为63.75,样本标准差9.66,极差最大,为60.00;激励约束机制指数平均值为49.65,样本离散程度最大,标准差为15.81。相比较上一年度,上市公司样本增加了123家,经理层治理指数上升了0.68,其中激励约束指数较2014年上升2.07,任免制度指数和执行保障指数平均值略有下降,比2014年分别相差0.19和0.01。样本公司经理层总体治理状况呈现平稳趋势。

第二,从经理层评价的三个主因素层来看,2015年经理层薪酬激励呈上升趋势,激励约束指数平均值49.65比2014年的47.68上升2.07。2015年执行保障分指数63.75与2014年的63.76基本持平,任免制度指数61.10稍低于2014年的61.29。从上市公司三个板块分析经理层治理状况变化看,上市公司经理层激励水平创业板和中小板大幅上升,主板持平,治理状况反映宏观经济速度和增长方式变化,呈现互联网金融和创业环境宽松的经济环境。

第三,2010—2015年连续六年经理层治理指数的发展趋势显示,样本公司经理层治理指数平均值分别为57.80(2015年)、57.12(2014年)、57.21(2013年)、57.27(2012年)、57.81(2011年)、57.21(2010年)。六年中经理层治理指数2014年为最低,值为57.12,近六年指数较平稳。任免制度指数和执行保障指数近三年呈现平稳变化趋势。激励约束指数近六年上升幅度较大,在2011年出现最低点,总体呈现上升趋势,2015年达到49.65。

第四,样本公司的平均值为57.80,信息技术业的经理层治理状况高于样本公司的平均水平,指数均值分别为61.56。此外,虽然制造业总体的经理层治理状况与样本公司的平均水平持平,为57.80,但是其中的电子,医药、生物制品,机械、设备、仪表以及木材、家具却分别达到59.06、58.74、58.70和58.05的较高水平。电力、煤气及水的生产和供应业,采掘业和综合类的经理层平均治理水平处于样本公司平均治理指数的最后三位,且均低于56。其中制造业中其他制造业,金属和非金属,食品、饮料,造纸、印刷,石油、化学、塑胶、塑料,以及纺织、服装、皮毛,低于全行业平均水平。在全部上市公司样本中,经理层治理状况最佳的上市公司分别出现在金融、保险业,批发和零售贸易业,以及信息技术业,这些行业样本公司的经理层治理指数最大值分别达到74.90、73.87和73.72。经理层治理评价指数平均值最高的大类行业为信息技术业,均值为61.56;而经理层治理评价指数平均值最低的行业则为综合类,均值为54.98,相差6.58,这说明各行业上市公司之间的经理层治理状况差距加大。

第五,任免制度指数平均值为61.10,排在前三位的行业是电力、煤气及水的生产和供应业,交通运输、仓储业以及农、林、牧、渔业,任免指数均值分别为62.03、62.01和61.47,而综合类,房地产业,制造业中的造纸、印刷,木材、家具,金属、非金属,电子,纺织、服装、皮毛,机械、设备、仪表等也处于平均水平以上。任免制度指数最低的三个行业依次为社会服务业、采掘业和金融、保险业,指数均值分别仅为60.29、60.08和59.97,这些相关行业从高管行政任职、高管变更等方面均有较大改进空间。

样本上市公司在执行保障维度方面表现较好的行业依次是金融、保险业,房地产业,信息技术业,交通运输、仓储业,电力、煤气及水的生产和供应业,传播与文化产业,采掘业,社会服务业,批发和零售贸易业,以及制造业中的食品、饮料,医药、生物制品等行业,执行保障指数平均值都高于样本总体平均水平63.75。而建筑业,综合类,农、林、牧、渔业,以及制造业中机械、设备、仪表,金属、非金属,其他制造业,电子,石油、化学、塑胶、塑料,纺织、服装、皮毛,造纸、印刷,木材、家具等均低于样本平均水平,这些相关行业在执行保障维度上还有较大的改善空间。

激励约束指数平均值排名前三位的行业为信息技术业、建筑业、社会服务业,行业指数均值分别为58.46、52.00和49.58,激励约束指数的平均水平为49.65,其他一些高于平均水平的还有制造业中的木材、家具,电子,机械、设备、仪表,医药、生物制品,造纸、印刷以及其他制造业等,分别是55.06、54.14、52.21、51.68、50.48和50.36。激励约束指数最高值出现在信息技术业,达到58.46。

第六,2010—2015年,国有控股上市公司样本经理层治理均值分别为57.07、57.12、56.76、55.82、56.09和56.23,民营控股上市公司经理层治理均值分别为57.30、58.34、57.53、58.26、57.92和58.97。民营控股上市公司最初治理水平落后于国有控股上市公司,经过六年中国资本市场环境的规范管理,在治理质量上已不存在差异。2010年,民营控股上市公司激励约束指数开始高于国有控股上市公司,2014年高出8.88,2015年高出12.46,民营控股上市公司在激励约束指数上有了较大的提高,且呈现逐步提高的态势。民营控股上市公司和国有控股上市公司在任免制度指数方面近三年发展趋势较平稳。国有控股上市公司执行保障指数发展呈平稳趋势,民营控股上市公司的执行保障制度较国有控股上市公司相比有很大的上升空间。综上所述,民营控股上市公司在经理层治理总体状况和激励约束机制方面超过国有控股上市公司,任免制度方面差别不显著,民营控股上市公司执行保障制度较国有控股上市公司还需要进一步加强。

第七,按控股股东性质分析,除了其他类型,控股股东性质为民营控股的上市公司经理层治理指数最高,为58.97。其次是外资控股的上市公司,其经理层治理指数为56.48。最低的为社会团体控股的上市公司,其经理层治理指数为54.05。其他类型控股、国有控股和职工持股会控股的上市公司的经理层治理指数分别为60.91、56.22和54.74。

第八,经理层治理指数各地区有一定差异,平均值最高的北京市和最低的青海省指数相差8.31,治理指数均值排名前十名的地区依次为北京市、广东省、江西省、浙江省、湖南省、上海市、河南省、江苏省、安徽省和辽宁省。各地区经理层治理指数平均值分别为59.77、59.36、59.17、58.74、58.28、58.26、58.17、58.04、57.95和57.61,前九名地区的上市公司经理层治理指数高于上市公司总体样本指数均值57.80。2015年指数最低的五个地区分别是青海省、山西省、宁夏、西藏和新疆,经理层治理指数平均值分别为51.46、53.54、54.26、54.37和54.55。

2010—2015年六年间,经理层治理状况连续年度较好的是广东省、北京市、浙江省、上海市和河南省,这些地区连续年度的经理层治理趋势水平高于全部样本公司六年间的趋势平均水平。北京市、河北省、辽宁省、吉林省等地区的上市公司治理状况2015年较2014年有较大改善。青海省、新疆、黑龙江省近三年综合排名在全部地区样本的后列,经理层治理状况需要进一步改善。从近三年变化趋势来看山西省、天津市、内蒙古、陕西省的经理层治理水平有下降趋势。

第九,经理层治理100佳上市公司经理层治理指数平均值为70.61,任免制度、执行保障机制、激励约束指数的均值依次为63.91、76.15和72.06。100佳公司各项指标的平均水平显著高于全体样本。

经理层治理100佳上市公司的行业分布有较大的差异。制造业中有3.80%,即59家上市公司进入100百佳,数量比2014年少1家。紧跟其后的是信息技术业,有18家。社会服务业有5家。建筑业、批发和零售贸易业均有4家公司入选经理层治理100佳。金融、保险业有3家入选,房地产业中有2家公司入选。另外,100佳中,农、林、牧、渔业,采矿业,电力、煤气及水的生产和供应业,交通运输、仓储业和传播与文化产业都有1家公司入选。

信息技术业有8.18%的上市公司进入了全部样本公司的100佳行列,是入选的100佳上市公司占本行业百分比最高的行业,排在其后的是建筑业,达到6.90%。金融、保险业,社会服务业进入总样本经理层治理100佳的公司均超过各行业样本公司总数3%,分别是6.82%和5.49%。经理层治理100佳上市公司中控股股东性质为民营控股和国有控股的上市公司比例较高,其所占比例分别为68.00%和28.00%,与2014年的数据相比,国有控股上市公司中进入100佳的公司减少了3家,而民营控股的100佳上市公司减少了1家。外资控股上市公司进入100佳公司的比例为2.00%,其他类型控股的上市公司有2家进入100佳。广东省样本公司中入选经理层治理百佳的公司数量最多,有26家。其次是北京市,有17家上市公司入选经理层治理100佳。上海市、浙江省、江苏省、湖南省在100佳公司中所占的数目依次为10、10、7和5家。河南省和安徽省均有3家入选100佳。天津市、辽宁省、福建省、江西省、山东省、重庆市、四川省有2家公司入选100佳。河北省、山西省、内蒙古、湖南省和云南省均有1家上市公司入选经理层治理100佳。

第八章 中国上市公司信息披露评价

第一节 中国上市公司信息披露总体分析

一、2015 年中国上市公司信息披露总体描述

2015 年中国上市公司样本量为 2 590 家,信息披露指数的平均值为 64.27,标准差为 8.43,信息披露指数服从正态分布。从标准差来看,信息披露总体水平较为集中,上市公司之间的信息披露差距较小,但极差为 48.02,信息披露最好和最差的公司仍存在较大差距。

表 8.1 中国上市公司信息披露总体状况描述性统计

项 目	平均值	中位数	标准差	极 差	最小值	最大值
信息披露指数	64.27	64.18	8.43	48.02	36.81	84.82
可靠性	64.03	61.42	13.37	52.36	37.57	89.93
相关性	63.54	64.52	11.65	49.28	36.04	85.32
及时性	66.78	66.74	5.72	63.21	30.70	87.93

资料来源:南开大学公司治理数据库。

从信息披露的三个主要因素来看,中国上市公司信息披露的可靠性、相关性和及时性的平均值依次为 64.03、63.54、66.78,信息披露的及时性表现最好,各指标之间的差异不大;从标准差来看,可靠性分散程度最大,上市公司信息披露的可靠程度存在较大差异;从极差来看,信息披露最好和最差的公司在可靠性、相关性和及时性方面都存在非常大的差距。

二、2010—2015 年中国上市公司信息披露比较

从 2010—2015 年连续六年信息披露指数的发展趋势看(见表 8.2,图 8.1),经过 2010 年到 2011 年的小幅下降后,2011 年到 2015 年整体呈现出上升的趋势。前五年

信息披露指数集中在63.2上下,波动幅度很小;2015年信息披露指数有较大幅度的提升,平均值达到64.27,高于前面各年,较2014年提高了0.98。从信息披露的具体指数来看,六年内可靠性指数与信息披露指数趋势相似,2010年到2011年下降后,2011年到2015年整体呈现上升趋势,尤其是2014年和2015年分别有1.17和0.73的提升。2010—2015年连续六年,相关性和及时性两个指数都呈现出整体上升的趋势,两个指标在前五年变化幅度较小,2015年相关性提高了1.37,及时性提高了0.86。

表8.2 中国上市公司信息披露指数描述性统计六年比较

项　　目	2010	2011	2012	2013	2014	2015
信息披露指数	63.43	63.02	63.14	63.18	63.29	64.27
可靠性	63.53	61.99	62.09	62.11	63.28	64.03
相关性	61.68	61.84	61.84	61.94	62.17	63.54
及时性	65.05	65.58	65.84	65.83	65.92	66.78

资料来源:南开大学公司治理数据库。

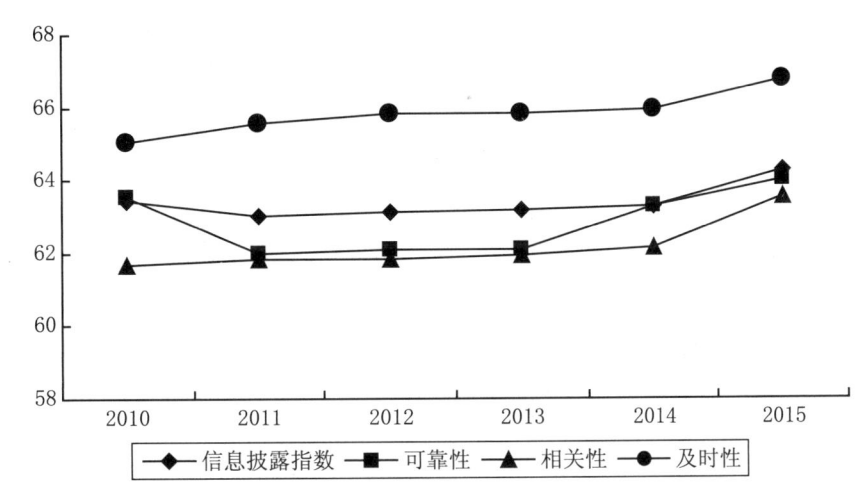

资料来源:南开大学公司治理数据库。

图8.1 中国上市公司信息披露指数平均值六年折线图比较

从信息披露指数的横向比较来看,上市公司在信息披露方面及时性做得最好,2010—2015连续六年都是及时性指数最大,可靠性次之,相关性最低。

由此也可以看出,2015年信息披露指数的提高是可靠性、相关性和及时性指数三者共同提升作用的结果,其中上市公司信息披露相关性指数提高的作用最大。

第二节 中国上市公司信息披露分行业评价

一、2015年中国上市公司信息披露分行业总体描述

从行业分布状况可以看出,各行业信息披露指数存在差异,但并不十分明显。其中平均值居于前三位的分别为机械、设备、仪表,电子和金融、保险业;平均值最低的三个行业分别是房地产业,农、林、牧、渔业,电力、煤气及水的生产和供应业。见表8.3。

表8.3 中国上市公司信息披露指数分行业描述性统计

行业		数目	比例(%)	平均值	中位数	标准差	极差	最小值	最大值
农、林、牧、渔业		47	1.81	61.30	62.25	8.53	39.39	41.06	80.45
采掘业		67	2.59	63.76	63.72	8.09	34.86	47.26	82.12
制造业		1 554	60.00	65.01	64.75	8.35	43.79	41.03	84.82
其中	食品、饮料	102	3.94	64.49	63.52	8.63	38.77	44.19	82.96
	纺织、服装、皮毛	76	2.93	61.97	61.86	7.60	34.76	43.33	78.09
	木材、家具	11	0.42	63.79	65.55	7.17	26.72	50.35	77.07
	造纸、印刷	45	1.74	63.30	64.14	8.13	38.46	42.21	80.67
	石油、化学、塑胶、塑料	260	10.04	63.92	63.95	8.10	38.93	43.45	82.38
	电子	154	5.95	66.36	65.10	8.28	42.62	42.20	84.82
	金属、非金属	200	7.72	63.67	63.84	7.84	40.36	43.63	83.99
	机械、设备、仪表	522	20.15	66.49	66.11	8.50	43.27	41.03	84.30
	医药、生物制品	156	6.02	64.78	65.35	8.30	41.18	42.46	83.64
	其他制造业	28	1.08	64.57	64.20	8.39	31.23	48.56	79.79
电力、煤气及水的生产和供应业		79	3.05	61.26	60.89	6.64	33.89	44.48	78.37
建筑业		58	2.24	65.25	65.18	8.02	41.92	39.77	81.69
交通运输、仓储业		77	2.97	63.66	63.47	8.17	35.87	46.51	82.38
金融、保险业		44	1.70	65.58	65.28	6.05	27.03	51.84	78.87
信息技术业		220	8.49	64.19	64.32	8.87	42.30	41.90	84.20
批发和零售贸易业		134	5.17	62.97	62.93	9.65	47.09	36.81	83.90
房地产业		122	4.71	60.72	60.35	8.25	40.88	41.34	82.22
社会服务业		91	3.51	64.78	64.58	8.54	36.26	43.56	79.82
传播与文化产业		43	1.66	61.60	62.86	6.77	29.81	46.15	75.96
综合类		54	2.08	61.98	61.77	8.03	36.26	42.41	78.67
合计		2 590	100.00	64.27	64.18	8.43	48.01	36.81	84.82

资料来源:南开大学公司治理数据库。

从分指数看(见表8.4),机械、设备、仪表,电子和金融、保险业居于前列的主要因素是三个行业的信息披露可靠性指数均远高于平均值。可靠性指数整体平均值为64.03,三个行业分别为66.91、66.61、67.62。同时,机械、设备、仪表和电子两个行业还得益于相关性指数的影响,分别为65.83、65.74,高于整体平均值63.54。金融、保险业的及时性指数为68.20,高于整体平均值66.78。

表8.4 中国上市公司信息披露分指数分行业描述性统计

行业	数目	比例(%)	信息披露指数	可靠性	相关性	及时性
农、林、牧、渔业	47	1.81	61.30	60.44	61.71	63.19
采掘业	67	2.59	63.76	64.45	61.36	67.08
制造业	1 554	60.00	65.01	64.79	64.56	66.83
其中 食品、饮料	102	3.94	64.49	64.89	62.75	67.21
纺织、服装、皮毛	76	2.93	61.97	61.78	60.32	66.46
木材、家具	11	0.42	63.79	61.03	66.23	67.32
造纸、印刷	45	1.74	63.30	62.61	62.78	66.83
石油、化学、塑胶、塑料	260	10.04	63.92	62.15	65.06	67.12
电子	154	5.95	66.36	66.61	65.74	67.00
金属、非金属	200	7.72	63.67	62.56	63.78	67.09
机械、设备、仪表	522	20.15	66.49	66.91	65.83	66.68
医药、生物制品	156	6.02	64.78	65.65	62.84	66.38
其他制造业	28	1.08	64.57	63.65	65.31	65.87
电力、煤气及水的生产和供应业	79	3.05	61.26	61.17	59.05	66.72
建筑业	58	2.24	65.25	64.06	66.09	67.24
交通运输、仓储业	77	2.97	63.66	65.56	59.40	67.28
金融、保险业	44	1.70	65.58	67.62	61.54	68.20
信息技术业	220	8.49	64.19	62.85	64.78	67.27
批发和零售贸易业	134	5.17	62.97	63.87	60.34	66.08
房地产业	122	4.71	60.72	59.88	59.39	66.66
社会服务业	91	3.51	64.78	63.02	66.16	67.42
传播与文化产业	43	1.66	61.60	60.58	61.30	65.68
综合类	54	2.08	61.98	62.81	59.22	65.66
合计	2 590	100.00	64.27	64.03	63.54	66.78

资料来源:南开大学公司治理数据库。

导致房地产业,农、林、牧、渔业,电力、煤气及水的生产和供应业分值较低的原因是这三个行业的信息披露可靠性、相关性与及时性指数均低于均值,可靠性分别为 59.88、60.44、61.17(整体 64.03),相关性分别为 59.39、61.71、59.05(整体 63.54),及时性分别为 66.66、63.19、66.72(整体 66.78)。可以看出,三个行业信息披露指数的可靠性和相关性指数与平均水平差距较大。

二、2010—2015 年中国上市公司信息披露分行业比较

从表 8.5 的统计数据可以看出,2010—2015 年六年间各行业的信息披露指数平均水平时而提高时而下降,各年度间波动较大。与 2014 年信息披露指数平均水平相比,2015 年除采掘业,电力、煤气及水的生产和供应业以及交通运输、仓储业有所降低外,其他行业均有所提高。其中建筑业增幅最大,信息技术业,农、林、牧、渔业次之。与 2010 年的信息披露水平相比,除农、林、牧、渔业,制造业,金融、保险业和信息技术业有所提高外,其他行业均下降。由此可见,六年间各行业信息披露水平差异较大。

表 8.5 中国上市公司信息披露指数分行业描述性统计六年比较

行　业	2010	2011	2012	2013	2014	2015
农、林、牧、渔业	58.85	59.62	62.06	61.38	58.76	61.30
采掘业	64.86	61.66	65.49	63.36	64.89	63.76
制造业	63.52	63.91	63.47	63.47	64.18	65.01
电力、煤气及水的生产和供应业	65.75	64.89	63.33	65.69	62.73	61.26
建筑业	65.96	65.79	64.60	65.12	61.56	65.25
交通运输、仓储业	66.14	60.00	63.23	62.49	64.67	63.66
金融、保险业	64.80	65.24	65.37	57.20	65.22	65.58
信息技术业	62.12	64.31	64.68	62.67	61.18	64.19
批发和零售贸易业	60.56	60.27	61.59	61.67	62.56	62.97
房地产业	62.47	57.87	56.94	62.05	59.80	60.72
社会服务业	65.02	62.69	63.37	62.72	62.92	64.78
传播与文化产业	65.10	65.12	62.18	60.26	60.66	61.60
综合类	62.87	58.36	60.42	60.57	59.18	61.98
合　计	63.43	63.02	63.14	63.18	63.29	64.27

资料来源:南开大学公司治理数据库。

第三节 中国上市公司信息披露分控股股东性质评价

一、2015年中国上市公司信息披露分控股股东性质总体描述

控股股东性质为国有控股的上市公司信息披露指数为63.57、集体控股为66.36、民营控股为64.75、社会团体控股为62.33、外资控股为63.87、职工持股为59.91、其他类型为67.17。国有和民营控股上市公司所占比例最高，占总体的96%以上，民营控股上市公司信息披露水平高于国有控股上市公司信息披露水平。见表8.6。

表8.6 中国上市公司信息披露指数分控股股东性质描述性统计

控股股东性质	数目	比例(%)	平均值	中位数	标准差	极差	最小值	最大值
国有控股	1 034	39.92	63.57	63.20	8.12	43.76	41.06	84.82
集体控股	21	0.81	66.36	65.66	8.57	30.29	49.19	79.48
民营控股	1 471	56.80	64.75	64.91	8.57	47.78	36.81	84.59
社会团体控股	6	0.23	62.33	63.58	5.96	17.63	51.42	69.05
外资控股	37	1.43	63.87	61.79	9.70	33.36	48.15	81.51
职工持股会控股	9	0.35	59.91	55.82	9.34	26.29	47.54	73.83
其他类型	12	0.46	67.17	65.35	8.67	23.85	56.30	80.15
合　　计	2 590	100.00	64.27	64.18	8.43	48.01	36.81	84.82

资料来源：南开大学公司治理数据库。

从分指数看，导致其他类型及集体控股上市公司信息披露水平较高的原因为分指数可靠性和相关性比较高；民营控股上市公司信息披露治理指数高于国有控股公司的原因是民营控股上市公司的相关性分指数有较大提高。详细情况见表8.7。

表8.7 中国上市公司信息披露分指数分控股股东性质描述性统计

控股股东性质	信息披露指数	可靠性	相关性	及时性
国有控股	63.57	64.00	61.39	67.22
集体控股	66.36	66.61	66.66	64.86
民营控股	64.75	63.99	65.09	66.50
社会团体控股	62.33	64.43	57.08	67.60

续表

控股股东性质	信息披露指数	可靠性	相关性	及时性
外资控股	63.87	64.25	62.07	66.80
职工持股会控股	59.91	63.07	52.50	66.62
其他类型	67.17	66.81	68.02	66.37
合　　计	64.27	64.03	63.54	66.78

资料来源：南开大学公司治理数据库。

二、2010—2015年中国上市公司信息披露分控股股东性质比较

见表8.8，国有控股上市公司六年内信息披露指数比较稳定，不同年份之间相对波动比较小，平均值在63.5上下。民营控股上市公司前五年信息披露指数在62.5上下波动，但2015年有较大幅度提高。横向比较来看，2010年、2011年、2013年、2014年，国有控股上市公司的信息披露水平高于民营控股上市公司的信息披露水平，而2012年与2015年，民营控股上市公司信息披露水平高于国有控股上市公司。

表8.8　中国国有和民营控股公司信息披露指数描述性统计六年比较

年　份	控股股东性质	信息披露指数	可靠性	相关性	及时性
2010	国有	63.89	64.27	61.99	65.27
	民营	62.49	62.10	61.07	64.44
2011	国有	63.01	63.22	61.12	64.61
	民营	62.84	60.71	62.33	66.19
2012	国有	62.66	62.42	61.28	64.35
	民营	63.16	61.84	61.75	66.32
2013	国有	63.90	62.48	63.06	66.63
	民营	62.67	61.85	61.14	65.31
2014	国有	63.43	63.56	62.26	65.73
	民营	63.03	62.85	62.01	66.00
2015	国有	63.57	64.00	61.39	67.22
	民营	64.75	63.99	65.09	66.50

资料来源：南开大学公司治理数据库。

第四节　中国上市公司信息披露分地区评价

一、2015年中国上市公司信息披露分地区总体描述

上市公司信息披露指数排在前三名的地区是浙江省(65.93)、福建省(65.85)、北京市(65.78);信息披露指数排名后三位的地区是山西省(60.04)、黑龙江(60.65)、广西(61.13),各地区上市公司信息披露水平分布不平衡,但差距并不大。见表8.9。

表8.9　中国上市公司信息披露指数分地区描述性统计

地区	数目	比例(%)	平均值	中位数	标准差	极差	最小值	最大值
北京市	235	9.07	65.78	65.55	7.54	38.78	44.99	83.77
天津市	42	1.62	62.41	62.81	10.02	37.62	43.42	81.04
河北省	49	1.89	63.34	63.38	6.68	35.60	44.45	80.05
山西省	35	1.35	60.04	61.13	8.47	37.79	36.81	74.60
内蒙古	25	0.97	62.21	62.87	6.44	27.64	47.59	75.23
辽宁省	70	2.70	62.90	63.45	8.94	40.53	42.20	82.73
吉林省	40	1.54	64.49	64.18	9.76	40.74	38.07	78.81
黑龙江省	32	1.24	60.65	61.46	7.29	31.78	46.59	78.37
上海市	201	7.76	64.06	63.82	8.23	40.17	41.34	81.51
江苏省	253	9.77	65.23	64.32	8.66	42.06	42.24	84.30
浙江省	265	10.23	65.93	65.28	8.58	41.85	42.74	84.59
安徽省	80	3.09	64.20	64.78	8.01	36.60	47.39	83.99
福建省	91	3.51	65.85	64.97	7.93	39.40	43.56	82.96
江西省	32	1.24	64.38	63.69	7.84	30.41	48.05	78.46
山东省	152	5.87	63.54	63.79	8.05	39.76	42.21	81.97
河南省	67	2.59	62.33	62.36	8.60	39.89	42.93	82.82
湖北省	83	3.20	63.11	63.52	8.82	38.76	43.33	82.09
湖南省	75	2.90	63.34	64.34	8.71	39.94	42.21	82.15
广东省	386	14.90	65.33	65.52	8.42	43.79	41.03	84.82
广西	32	1.24	61.13	60.17	8.16	33.41	44.19	77.60
海南省	27	1.04	62.04	62.53	8.04	28.42	48.01	76.43
重庆市	39	1.51	62.83	62.45	9.69	40.85	41.90	82.75
四川省	91	3.51	63.03	62.63	8.65	39.46	41.85	81.31
贵州省	20	0.77	62.29	62.70	8.29	32.73	46.28	79.01

续表

地 区	数目	比例(%)	平均值	中位数	标准差	极差	最小值	最大值
云南省	29	1.12	64.47	64.85	7.37	28.49	49.74	78.23
西 藏	10	0.39	62.75	61.93	10.02	32.18	48.32	80.50
陕西省	42	1.62	62.33	62.09	7.40	32.35	45.33	77.68
甘肃省	25	0.97	62.67	61.16	7.46	24.74	50.68	75.42
青海省	10	0.39	63.05	65.18	12.54	39.86	42.46	82.32
宁 夏	12	0.46	62.56	63.19	5.02	16.04	54.12	70.16
新 疆	40	1.54	62.11	61.36	8.95	41.32	39.77	81.09
合 计	2 590	100.00	64.27	64.18	8.43	48.01	36.81	84.82

资料来源：南开大学公司治理数据库。

二、2010—2015 年中国上市公司信息披露分地区比较

从表 8.10 中国分地区信息披露指数平均值的六年比较中可以看出，浙江省、安徽省、北京市、广东省和福建省信息披露质量较高，分别都有三个年份位列地区前五名。这五个地区位居地区前五名具体年度分布为：浙江省在 2012 年、2014 年和 2015 年，安徽省在 2011 年、2012 年和 2014 年，北京市在 2011 年、2012 年和 2015 年，广东省为 2010 年、2011 年和 2015 年，福建省在 2010 年、2012 年和 2015 年。并且，浙江省和安徽省的信息披露质量连续六年都在地区排名前十位内。

表 8.10　中国上市公司信息披露指数分地区描述性统计六年比较

地 区	2010	2011	2012	2013	2014	2015
北京市	64.34	65.01	64.39	63.32	62.29	65.78
天津市	62.92	61.79	63.12	64.89	59.92	62.41
河北省	61.31	63.80	61.88	64.77	62.19	63.34
山西省	59.49	59.93	60.03	61.34	62.77	60.04
内蒙古	57.29	56.49	57.10	62.39	61.41	62.21
辽宁省	64.53	59.93	61.59	64.48	61.42	62.90
吉林省	62.59	57.40	59.78	61.11	57.44	64.49
黑龙江省	58.14	58.96	60.56	58.79	60.10	60.65
上海市	61.13	63.71	61.42	61.59	63.89	64.06
江苏省	62.50	62.85	62.22	64.25	64.98	65.23
浙江省	64.95	64.12	65.40	64.07	64.95	65.93
安徽省	64.45	65.03	65.02	63.82	66.49	64.20
福建省	66.09	63.73	66.64	63.16	64.11	65.85

续表

地 区	2010	2011	2012	2013	2014	2015
江西省	65.00	62.81	62.16	64.66	62.11	64.38
山东省	63.45	62.59	63.23	62.57	64.00	63.54
河南省	64.41	63.33	63.28	63.74	63.12	62.33
湖北省	65.20	62.16	62.26	61.61	61.91	63.11
湖南省	62.21	62.21	62.24	63.46	62.79	63.34
广东省	66.27	64.23	64.47	63.90	62.82	65.33
广 西	64.25	65.33	59.93	60.64	60.77	61.13
海南省	60.13	57.41	64.03	59.20	61.05	62.04
重庆市	61.86	59.13	59.08	64.25	62.08	62.83
四川省	63.38	62.87	63.93	62.99	62.83	63.03
贵州省	65.97	63.63	61.55	65.29	64.70	62.29
云南省	63.80	66.17	64.31	63.17	63.12	64.47
西 藏	58.35	57.09	59.46	59.81	66.75	62.75
陕西省	62.53	64.38	64.15	62.06	64.92	62.33
甘肃省	60.75	59.60	60.01	61.16	62.37	62.67
青海省	58.42	62.90	60.10	61.48	64.56	63.05
宁 夏	59.23	61.48	59.66	62.30	59.42	62.56
新 疆	61.48	59.77	61.06	62.32	65.27	62.11
合 计	63.43	63.02	63.14	63.18	63.29	64.27

资料来源:南开大学公司治理数据库。

而黑龙江省的信息披露水平最差,六年中有五年排名在倒数五名之内。西藏、内蒙古、广西、吉林省、海南省的信息披露质量也较差,在六年中有四年排名都在地区排名的倒数五名之内。其中,内蒙古2010—2012年连续三年为最后一名。2015年,山西省第二次落入倒数五名并且垫底。

第五节 中国上市公司信息披露100佳评价

一、中国上市公司信息披露100佳比较分析

如表8.11所示,信息披露100佳上市公司信息披露评价指数平均值为81.38,高出全部样本均值17.11。信息披露可靠性、相关性、及时性的平均值依次为86.32、79.40、69.52,其中可靠性披露指标最好,分别高出全部样本22.29、15.86、2.74。100佳上市公

司的信息披露水平相比总体样本来说更为集中,总体样本信息披露水平的标准差为 8.43,极差为 48.01,100 佳上市公司信息披露水平的标准差为 1.33,极差为 5.23。

表 8.11 中国上市公司信息披露 100 佳描述性统计

项目	样本	平均值	中位数	标准差	极差	最小值	最大值
信息披露	100 佳	81.38	81.11	1.33	5.23	79.59	84.82
	样本总体	64.27	64.18	8.43	48.01	36.81	84.82
可靠性	100 佳	86.32	86.68	1.76	9.60	78.92	88.53
	样本总体	64.03	61.42	13.37	52.36	37.57	89.93
相关性	100 佳	79.40	79.23	3.88	14.83	70.49	85.32
	样本总体	63.54	64.52	11.65	49.28	36.04	85.32
及时性	100 佳	69.52	67.83	5.02	24.18	63.76	87.93
	样本总体	66.78	66.74	5.72	63.21	30.7	87.93

资料来源:南开大学公司治理数据库。

二、中国上市公司信息披露 100 佳公司行业分布

表 8.12 关于上市公司信息披露 100 佳行业分布表明,信息披露最好的上市公司分布在各大行业中,但存在行业差异。信息披露 100 佳上市公司中有 76 家属于制造业,占制造业的 4.89%,其中机械、设备、仪表行业有 34 家;有 9 家属于信息技术业,占该行业的 4.09%。

表 8.12 中国上市公司信息披露 100 佳公司行业分布

行业	样本总体		100 佳		
	数目	比例(%)	数目	比例(%)	占本行业比例(%)
农、林、牧、渔业	47	1.81	1	1.00	2.13
采掘业	67	2.59	3	3.00	4.48
制造业	1 554	60	76	76.00	4.89
其中 食品、饮料	102	3.94	4	4.00	3.92
纺织、服装、皮毛	76	2.93	—	—	—
木材、家具	11	0.42	—	—	—
造纸、印刷	45	1.74	2	2.00	4.44
石油、化学、塑胶、塑料	260	10.04	12	12.00	4.62
电子	154	5.95	12	12.00	7.79
金属、非金属	200	7.72	5	5.00	2.50

续表

行业	样本总体		100佳		
	数目	比例(%)	数目	比例(%)	占本行业比例(%)
机械、设备、仪表	522	20.15	34	34.00	6.51
医药、生物制品	156	6.02	6	6.00	3.85
其他制造业	28	1.08	1	1.00	3.57
电力、煤气及水的生产和供应业	79	3.05	—	—	—
建筑业	58	2.24	2	2.00	3.45
交通运输、仓储业	77	2.97	2	2.00	2.60
金融、保险业	44	1.7	—	—	—
信息技术业	220	8.49	9	9.00	4.09
批发和零售贸易业	134	5.17	4	4.00	2.99
房地产业	122	4.71	2	2.00	1.64
社会服务业	91	3.51	1	1.00	1.10
传播与文化产业	43	1.66	—	—	—
综合类	54	2.08	—	—	—
合计	2 590	100.00	100	100.00	3.86

资料来源：南开大学公司治理数据库。

三、中国上市公司信息披露100佳公司控股股东性质分布

表8.13显示，信息披露100佳上市公司中，民营和国有控股股东性质的公司占大

表8.13 信息披露100佳公司控股股东分布

控股股东性质	样本总体		100佳		
	数目	比例(%)	数目	比例(%)	占本组比例(%)
国有控股	1 034	39.92	32	32.00	3.09
集体控股	21	0.81	—	—	—
民营控股	1 471	56.8	64	64.00	4.35
社会团体控股	6	0.23	—	—	—
外资控股	37	1.43	3	3.00	8.11
职工持股会控股	9	0.35	—	—	—
其他类型	12	0.46	1	1.00	8.33
合计	2 590	100.00	100	100.00	3.86

资料来源：南开大学公司治理数据库。

部分,民营控股的比例为 64.00%,国有控股占 32.00%,分别占民营控股企业的 4.35% 和国有控股企业的 3.09%。

四、中国上市公司信息披露 100 佳公司地区分布

在入选信息披露 100 佳上市公司中,来自广东省、浙江省、江苏省和北京市四个地区的上市公司占到 59%。其中,比例位居前两位的是广东省和浙江省,依次为 25.00%、15.00%;江苏省和北京市这两大省市分别有 12 家和 7 家上市公司进入 100 佳。与分地区分析信息披露质量表现较好为浙江省、安徽省、北京市、广东省和福建省结果一致。按地区分布见表 8.14。

表 8.14 信息披露 100 佳公司地区分布

地 区	样本总体		100 佳		
	数目	比例(%)	数目	比例(%)	占本地区比例(%)
北京市	235	9.07	7	7.00	2.98
天津市	42	1.62	1	1.00	2.38
河北省	49	1.89	1	1.00	2.04
山西省	35	1.35	—	—	—
内蒙古	25	0.97	—	—	—
辽宁省	70	2.70	2	2.00	2.86
吉林省	40	1.54	—	—	—
黑龙江省	32	1.24	—	—	—
上海市	201	7.76	5	5.00	2.49
江苏省	253	9.77	12	12.00	4.74
浙江省	265	10.23	15	15.00	5.66
安徽省	80	3.09	4	4.00	5.00
福建省	91	3.51	5	5.00	5.49
江西省	32	1.24	—	—	—
山东省	152	5.87	6	6.00	3.95
河南省	67	2.59	4	4.00	5.97
湖北省	83	3.20	2	2.00	2.41
湖南省	75	2.90	2	2.00	2.67
广东省	386	14.9	25	25.00	6.48
广 西	32	1.24	3	3.00	9.38
海南省	27	1.04	—	—	—
重庆市	39	1.51	—	—	—

续表

地区	样本总体		100佳		
	数目	比例(%)	数目	比例(%)	占本地区比例(%)
四川省	91	3.51	2	2.00	2.20
贵州省	20	0.77	—	—	—
云南省	29	1.12	—	—	—
西藏	10	0.39	1	1.00	10.00
陕西省	42	1.62	—	—	—
甘肃省	25	0.97	—	—	—
青海省	10	0.39	2	2.00	20.00
宁夏	12	0.46	—	—	—
新疆	40	1.54	1	1.00	2.50
合计	2 590	100.00	100	100.00	3.86

资料来源：南开大学公司治理数据库。

主 要 结 论

过去的六年里，世界经济风云变幻。在经济全球化背景之下，世界经济的变化会影响中国经济，并进一步导致中国上市公司的治理情况也随之发生一些改变。

第一，从信息披露指数的横向比较来看，上市公司在信息披露方面及时性做得最好，2010—2015年连续六年都是及时性指数最大，可靠性次之，相关性最低。

第二，2015年，信息披露指数值以及三个分指数都有较大提高，尤其是相关性指标，较2014年提高了1.37，对总体信息披露指数值的提高作用最大。

第三，上市公司的信息披露水平，因公司股权性质不同而呈现一定的差异。从股权性质来看，2015年民营控股上市公司信息披露平均水平高于国有控股上市公司。

第四，从地区来看，各地区上市公司信息披露水平分值相差不是很大。其中，浙江省、安徽省、北京市、广东省和福建省信息披露水平居前五位，而新疆、海南省、广西、黑龙江省等信息披露水平较低，山西省垫底。

第五，信息披露100佳上市公司民营控股上市公司所占比例最高，其次是国有控股上市公司。信息披露100佳上市公司行业、地区分布不平衡，从行业来看，制造业上市公司所占比例最高，从地区来看浙江省、广东省、江苏省和北京市的上市公司所占比例较高。

第九章 中国上市公司利益相关者治理评价

第一节 中国上市公司利益相关者治理总体分析

一、2015年中国上市公司利益相关者治理总体描述

2015年中国上市公司样本量为2590家,利益相关者治理指数的均值为62.51,标准差为10.98,利益相关者治理指数基本服从正态分布。从利益相关者治理指数的两个主要因素来看,样本公司利益相关者参与程度较低,平均值为50.79;利益相关者协调程度较高,平均值为76.84。

表9.1 中国利益相关者治理总体状况描述性统计

项目	平均值	中位数	标准差	极差	最小值	最大值
利益相关者治理指数	62.51	61.92	10.98	72.17	20.98	93.15
参与程度	50.79	49.10	16.99	76.30	17.70	94.00
协调程度	76.84	78.00	11.73	75.00	25.00	100.00

资料来源:南开大学公司治理数据库。

二、2010—2015年中国上市公司利益相关者治理比较

从2010—2015年连续六年的发展趋势看(见表9.2,图9.1),利益相关者治理指数平均值总体呈现上升的趋势,2013年有所下降,2014年开始企稳回升。这表明一方面利益相关者参与机制日益完善,虽仍有反复,但趋势向好。另一方面,上市公司越来越重视履行对利益相关者的社会责任,提高利益相关者协调程度。

从利益相关者治理的两个分指数来看,利益相关者参与程度也呈现逐年上升的态势,但2013年有所降低,2014年开始回升,2015年继续提高,这主要是由于上市公司健

全网络投票、代理投票等投票机制,加强中小股东参与公司治理程度,同时通过完善投资者关系管理制度,向机构投资者等利益相关者披露了更多的信息,提高了利益相关者参与程度。同时也反映了,这些机制虽然建立,但实施过程中仍存在不确定性,仍需继续在推动利益相关者参与方面加大力度。利益相关者协调程度六年来均值都在60以上,2015年达到76.84。这表明上市公司在合规经营的基础上,能够充分重视与顾客、供应商、政府、社区居民等利益相关者之间的关系,勇于承担社会责任,重视加强环境保护,与利益相关者的和谐程度较高。四年来的协调程度指数企稳,也说明企业在提升自身与利益相关者协调程度方面遇到瓶颈。

从内部差异程度变化来看,利益相关者治理指数的标准差六年均在10左右,说明上市公司在利益相关者治理方面存在着较大差异。

表9.2 中国上市公司利益相关者治理指数描述性统计六年比较

项 目	2010	2011	2012	2013	2014	2015
利益相关者治理指数	54.83	56.47	63.22	61.46	61.84	62.51
参与程度	45.59	47.68	52.03	48.72	49.27	50.79
协调程度	66.13	67.22	76.93	77.05	77.22	76.83

资料来源:南开大学公司治理数据库。

资料来源:南开大学公司治理数据库。

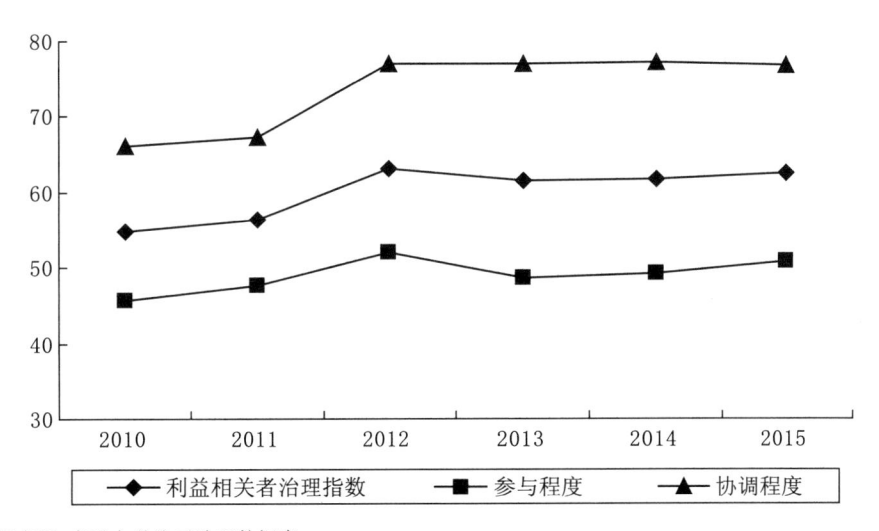

图9.1 中国上市公司利益相关者治理指数平均值六年折线图比较

第二节 中国上市公司利益相关者治理分行业评价

一、2015 年中国上市公司利益相关者治理分行业总体描述

从行业分布状况可以看出,各行业利益相关者治理指数存在差异。其中平均值最高的行业分别为金融、保险业,制造业和采掘业,平均值分别为 66.52、63.33、63.21;平均值最低的三个行业分别是电力、煤气及水的生产和供应业,房地产业以及批发和零售业,平均值分别为 60.18、59.61、58.33。见表 9.3。

表 9.3 中国上市公司利益相关者治理指数分行业描述性统计

行业		数目	比例(%)	平均值	中位数	标准差	极差	最小值	最大值
农、林、牧、渔业		47	1.81	61.62	61.34	11.10	51.47	35.39	86.85
采掘业		67	2.59	63.21	63.27	10.67	50.57	38.53	89.10
制造业		1 554	60.00	63.33	62.82	10.88	72.17	20.98	93.15
其中	食品、饮料	102	3.94	65.80	64.19	10.60	54.17	37.63	91.80
	纺织、服装、皮毛	76	2.93	60.95	60.35	10.42	52.82	36.28	89.10
	木材、家具	11	0.42	64.07	61.47	10.97	31.30	49.70	81.00
	造纸、印刷	45	1.74	63.02	64.17	10.94	39.02	45.27	84.29
	石油、化学、塑胶、塑料	260	10.04	62.87	62.27	11.20	58.29	31.71	90.00
	电子	154	5.95	62.98	62.28	11.20	52.19	36.27	88.46
	金属、非金属	200	7.72	63.72	63.65	10.84	51.92	38.53	90.45
	机械、设备、仪表	522	20.15	62.73	62.47	10.67	69.72	20.98	90.71
	医药、生物制品	156	6.02	65.47	65.98	10.56	53.79	39.36	93.15
	其他制造业	28	1.08	63.80	61.98	12.57	48.33	44.37	92.70
电力、煤气及水的生产和供应业		79	3.05	60.18	58.77	11.23	55.07	37.63	92.70
建筑业		58	2.24	62.18	60.75	9.53	39.53	43.92	83.46
交通运输、仓储业		77	2.97	62.74	61.20	10.66	46.52	43.93	90.45
信息技术业		220	8.49	61.93	60.79	10.83	57.32	32.68	90.00
批发和零售贸易业		134	5.17	58.33	57.35	11.18	51.93	37.17	89.10
金融、保险业		44	1.70	66.52	65.93	10.61	41.12	49.33	90.45
房地产业		122	4.71	59.61	59.01	11.06	59.71	27.28	86.99
社会服务业		91	3.51	61.45	62.37	11.70	56.42	34.93	91.35
传播与文化产业		43	1.66	61.44	60.38	9.95	44.03	39.81	83.84
综合类		54	2.08	60.90	59.41	11.75	54.43	32.42	86.85
合计		2 590	100.00	62.51	61.92	10.99	72.17	20.98	93.15

资料来源:南开大学公司治理数据库。

从利益相关者治理的两个分指数来看,参与程度平均值最高的三个行业是采掘业,金融、保险业和建筑业,其平均值分别为53.19、52.12、51.96,利益相关者参与程度平均值最低的行业是电力、煤气及水的生产和供应业,房地产业以及批发和零售业,平均值分别为48.62、47.28、46.66。利益相关者协调程度平均值最高的行业是金融、保险业,交通运输、仓储业和制造业,平均值分别为84.14、79.74、77.58,利益相关者协调程度平均值最低的行业是电力、煤气及水的生产和供应业,综合类以及批发和零售业,平均值分别为74.32、73.96、72.60。见表9.4。

表9.4 中国上市公司利益相关者治理分指数分行业描述性统计

行业		数目	比例（%）	利益相关者治理指数	参与程度	协调程度
农、林、牧、渔业		47	1.81	61.62	50.53	75.19
采掘业		67	2.59	63.21	53.19	75.46
制造业		1 554	60.00	63.33	51.69	77.58
其中	食品、饮料	102	3.94	65.80	55.22	78.75
	纺织、服装、皮毛	76	2.93	60.95	48.84	75.76
	木材、家具	11	0.42	64.07	52.75	77.91
	造纸、印刷	45	1.74	63.02	50.21	78.69
	石油、化学、塑胶、塑料	260	10.04	62.87	50.87	77.55
	电子	154	5.95	62.98	51.89	76.55
	金属、非金属	200	7.72	63.72	51.33	78.87
	机械、设备、仪表	522	20.15	62.73	51.14	76.90
	医药、生物制品	156	6.02	65.47	54.36	79.06
	其他制造业	28	1.08	63.80	52.65	77.43
电力、煤气及水的生产和供应业		79	3.05	60.18	48.62	74.32
建筑业		58	2.24	62.18	51.96	74.67
交通运输、仓储业		77	2.97	62.74	48.85	79.74
信息技术业		220	8.49	61.93	49.69	76.85
批发和零售贸易业		134	5.17	58.33	46.66	72.60
金融、保险业		44	1.70	66.52	52.12	84.14
房地产业		122	4.71	59.61	47.28	74.69
社会服务业		91	3.51	61.45	50.90	74.36
传播与文化产业		43	1.66	61.44	48.73	77.00
综合类		54	2.08	60.90	50.23	73.96
合计		2 590	100.00	62.51	50.79	76.84

资料来源:南开大学公司治理数据库。

二、2010—2015 年中国上市公司利益相关者治理分行业比较

从表 9.5 的统计数据可以看出,2015 年,农、林、牧、渔业,建筑业,信息技术业,批发和零售贸易业,社会服务业的利益相关者指数较 2014 年有所下降,其他行业均有所提升。六年来采掘业,制造业和交通运输、仓储业一直表现较好,并且连续六年利益相关者治理指数在 53 以上。而批发和零售贸易业、房地产业、综合类利益相关者治理指数六年来较低。

表 9.5　中国上市公司利益相关者治理指数分行业描述性统计六年比较

行　业	2010	2011	2012	2013	2014	2015
农、林、牧、渔业	51.51	57.13	62.29	63.53	63.56	61.62
采掘业	61.86	59.40	59.71	60.86	62.54	63.21
制造业	55.33	57.41	64.89	62.61	62.52	63.33
电力、煤气及水的生产和供应业	55.67	53.67	58.92	57.61	58.27	60.18
建筑业	54.41	57.07	62.80	63.15	64.47	62.18
交通运输、仓储业	59.80	58.57	60.85	60.34	62.34	62.74
信息技术业	53.88	56.60	65.99	63.57	62.11	61.93
批发和零售贸易业	49.11	50.62	59.16	55.83	59.04	58.33
金融、保险业	56.33	56.90	59.85	60.26	61.46	66.52
房地产业	52.01	52.08	56.04	55.18	57.67	59.61
社会服务业	54.28	56.82	62.01	61.52	62.12	61.45
传播与文化产业	57.59	58.54	61.18	59.94	60.19	61.44
综合类	52.66	52.33	56.60	56.10	59.92	60.90
合　计	54.83	56.47	63.23	61.46	61.84	62.51

资料来源:南开大学公司治理数据库。

第三节　中国上市公司利益相关者治理分控股股东性质评价

一、2015 年中国上市公司利益相关者治理分控股股东性质总体描述

利益相关者治理指数由高到低分别为外资控股、集体控股、社会团体控股、民营控股、国有控股和职工持股会控股上市公司,均值分别为 65.17、64.37、63.79、63.28、

61.28 和 55.87。民营控股上市公司的利益相关者治理平均水平好于国有控股上市公司。见表 9.6。

表 9.6 中国上市公司利益相关者治理指数分控股股东性质描述性统计

控股股东性质	数目	比例(%)	平均值	中位数	标准差	极差	最小值	最大值
国有控股	1 034	39.92	61.28	60.43	11.39	72.17	20.98	93.15
集体控股	21	0.81	64.37	61.34	9.62	34.58	48.68	83.26
民营控股	1 471	56.80	63.28	63.01	10.67	60.99	31.71	92.70
社会团体控股	6	0.23	63.79	63.33	8.84	22.36	51.44	73.80
外资控股	37	1.43	65.17	64.74	10.48	42.21	45.54	87.75
职工持股会控股	9	0.35	55.87	54.72	8.03	28.35	40.33	68.68
其他类型	12	0.46	67.65	70.49	10.17	32.13	48.68	80.81
合 计	2 590	100.00	62.51	61.92	10.99	72.17	20.98	93.15

资料来源:南开大学公司治理数据库。

从利益相关者治理两个分指数来看,利益相关者参与程度均值由高到低分别为外资控股、社会团体控股、民营控股、集体控股、国有控股和职工持股会控股上市公司;利益相关者协调程度均值由高到低分别为集体控股、外资控股、社会团体控股、民营控股、国有控股和职工持股会控股上市公司。民营控股上市公司在利益相关者参与程度和协调程度方面均高于国有控股上市公司。

表 9.7 中国上市公司利益相关者治理分指数分控股股东性质描述性统计

控股股东性质	数目	比例(%)	利益相关者治理指数	参与程度	协调程度
国有控股	1 034	39.92	61.28	48.97	76.34
集体控股	21	0.81	64.37	50.08	81.86
民营控股	1 471	56.80	63.28	52.01	77.05
社会团体控股	6	0.23	63.79	52.58	77.50
外资控股	37	1.43	65.17	54.03	78.78
职工持股会控股	9	0.35	55.87	41.22	73.78
其他类型	12	0.46	67.65	57.35	80.25
合 计	2 590	100.00	62.51	50.79	76.84

资料来源:南开大学公司治理数据库。

二、2010—2015年中国上市公司利益相关者治理分控股股东性质比较

表9.8列出了2010—2015年六年国有控股和民营控股上市公司的利益相关者治理指数,总体上看,2010—2015年间民营控股上市公司的利益相关者治理状况超过国有控股上市公司。从利益相关者治理两个分指数来看,参与程度趋势与利益相关者指数相同,而利益相关者协调程度,民营控股上市公司表现出超越国有控股上市公司的趋势。

表9.8　中国国有和民营控股公司利益相关者治理指数描述性统计六年比较

年　份	控股股东性质	利益相关者治理指数	参与程度	协调程度
2010	国有	54.75	44.91	66.79
	民营	54.76	46.66	64.66
2011	国有	55.37	45.66	67.26
	民营	57.37	49.39	67.12
2012	国有	59.84	46.13	76.62
	民营	66.00	56.92	77.11
2013	国有	58.49	44.14	76.05
	民营	63.75	52.26	77.79
2014	国有	59.99	45.80	77.34
	民营	63.17	51.86	77.05
2015	国有	61.28	48.97	76.34
	民营	63.28	52.01	77.05

资料来源:南开大学公司治理数据库。

第四节　中国上市公司利益相关者治理分地区评价

一、2015年中国上市公司利益相关者治理分地区总体描述

上市公司利益相关者治理指数排在前三名的地区是甘肃省(65.53)、云南省(65.18)和福建省(64.24);利益相关者治理指数排名后三位的地区是黑龙江省(59.40)、宁夏(57.93)和西藏(56.68)。见表9.9。

表 9.9　中国上市公司利益相关者治理指数分地区描述性统计

地区	数目	比例(%)	平均值	中位数	标准差	极差	最小值	最大值
北京市	235	9.07	63.20	63.91	10.23	69.02	20.98	90.00
天津市	42	1.62	61.76	59.68	10.96	39.58	47.53	87.11
河北省	49	1.89	61.24	59.60	10.91	41.90	43.74	85.64
山西省	35	1.35	60.68	57.23	12.57	46.15	39.80	85.95
内蒙古	25	0.97	61.74	58.77	8.66	37.47	43.93	81.40
辽宁省	70	2.70	62.13	61.40	11.33	47.68	42.12	89.81
吉林省	40	1.54	61.56	61.48	12.60	56.68	32.42	89.10
黑龙江省	32	1.24	59.40	58.77	9.95	38.63	39.36	77.99
上海市	201	7.76	60.16	59.08	10.52	56.87	36.27	93.15
江苏省	253	9.77	63.32	63.09	10.76	56.04	35.31	91.35
浙江省	265	10.23	63.34	61.92	10.76	53.15	37.56	90.71
安徽省	80	3.09	62.24	60.57	10.43	46.98	42.13	89.10
福建省	91	3.51	64.24	65.24	10.98	51.61	41.09	92.70
江西省	32	1.24	60.81	61.66	12.57	61.37	28.63	90.00
山东省	152	5.87	63.40	63.33	10.61	56.63	31.71	88.34
河南省	67	2.59	62.37	61.59	10.05	45.24	43.86	89.10
湖北省	83	3.20	61.45	60.31	11.39	55.96	35.39	91.35
湖南省	75	2.90	62.66	62.38	10.50	48.78	37.17	85.95
广东省	386	14.90	63.41	63.49	11.89	64.52	27.28	91.80
广西	32	1.24	61.15	62.02	9.85	40.50	37.63	78.13
海南省	27	1.04	59.56	59.61	9.32	33.23	43.40	76.64
重庆市	39	1.51	62.15	60.07	10.12	37.87	39.80	77.68
四川省	91	3.51	62.20	61.46	11.09	47.50	37.11	84.60
贵州省	20	0.77	63.93	64.24	10.77	45.16	47.54	92.70
云南省	29	1.12	65.18	64.10	12.57	43.97	46.48	90.45
西藏	10	0.39	56.68	58.87	9.20	31.03	38.53	69.56
陕西省	42	1.62	60.44	61.63	12.02	55.14	35.31	90.45
甘肃省	25	0.97	65.53	65.39	9.55	38.50	47.90	86.40
青海省	10	0.39	62.51	64.48	12.92	37.03	43.79	80.82
宁夏	12	0.46	57.93	61.40	10.62	35.17	38.84	74.01
新疆	40	1.54	60.83	59.44	12.18	46.08	38.53	84.60
合计	2 590	100.00	62.51	61.92	10.99	72.17	20.98	93.15

资料来源:南开大学公司治理数据库。

二、2010—2015 年中国上市公司利益相关者治理分地区比较

据表 9.10 可以看出,福建省和江苏省等地区的利益相关者治理状况总体相对较好,2010—2015 年六年来利益相关者治理指数均高于总体均值;而西藏、新疆、重庆市和辽宁省的利益相关者治理状况较差,2010—2015 年六年来利益相关者治理指数均低于总体均值。

表 9.10　中国上市公司利益相关者治理指数分地区描述性统计六年比较

地　区	2010	2011	2012	2013	2014	2015
北京市	56.26	57.71	61.14	62.68	63.22	63.20
天津市	57.85	56.57	62.66	60.69	59.56	61.76
河北省	54.30	58.60	62.56	60.09	60.48	61.24
山西省	53.63	58.04	62.89	60.35	57.11	60.68
内蒙古	53.64	50.27	55.35	60.24	62.37	61.74
辽宁省	52.52	51.29	59.36	57.58	58.73	62.13
吉林省	54.66	52.51	58.48	55.54	59.92	61.56
黑龙江省	52.29	53.02	56.15	59.46	56.00	59.40
上海市	54.12	54.65	59.52	59.18	59.82	60.16
江苏省	57.77	58.55	66.80	64.14	63.93	63.32
浙江省	56.53	57.46	66.42	63.53	63.06	63.34
安徽省	59.37	58.86	63.82	62.69	63.63	62.24
福建省	57.54	57.32	63.87	61.58	63.52	64.24
江西省	55.30	54.98	59.72	61.73	59.96	60.81
山东省	55.71	57.73	65.25	62.82	61.70	63.40
河南省	53.37	57.28	64.84	62.87	65.36	62.37
湖北省	53.94	55.28	60.83	57.15	59.05	61.45
湖南省	53.51	57.14	64.45	60.39	60.64	62.66
广东省	54.71	57.46	66.21	63.17	63.31	63.41
广　西	54.06	51.47	60.87	57.51	58.42	61.15
海南省	48.20	51.09	56.76	56.21	58.02	59.56
重庆市	46.88	51.59	58.90	57.09	58.85	62.15
四川省	54.06	57.14	61.93	60.80	62.61	62.20
贵州省	54.80	57.77	62.87	59.89	61.59	63.93
云南省	58.28	58.10	63.70	60.24	60.36	65.18
西　藏	47.82	53.32	53.29	54.35	58.38	56.68
陕西省	51.56	53.57	60.86	63.06	59.92	60.44

续表

地 区	2010	2011	2012	2013	2014	2015
甘肃省	50.67	54.67	58.74	58.58	60.19	65.53
青海省	55.98	53.52	60.53	55.51	61.99	62.51
宁　夏	48.96	57.99	60.45	55.91	53.30	57.93
新　疆	50.72	53.26	61.85	61.03	61.08	60.83
合　计	54.83	56.47	63.22	61.46	61.84	62.51

资料来源：南开大学公司治理数据库。

第五节　中国上市公司利益相关者治理100佳评价

一、中国上市公司利益相关者治理100佳比较分析

如表9.11所示，利益相关者治理100佳上市公司利益相关者治理评价指数平均值为86.70，利益相关者参与程度和利益相关者协调程度的均值分别为86.11和87.43；100佳上市公司的利益相关者治理水平更为集中，利益相关者治理水平的标准差为2.54，极差为9.89。

表9.11　中国上市公司利益相关者治理100佳描述性统计

项　目	样　本	平均值	中位数	标准差	极　差	最小值	最大值
利益相关者治理指数	100佳	86.70	86.15	2.54	9.89	83.26	93.15
	样本总体	62.51	61.92	10.98	72.17	20.98	93.15
参与程度	100佳	86.11	90.00	5.05	16.80	73.20	90.00
	样本总体	50.79	49.1	16.99	76.30	17.70	94.00
协调程度	100佳	87.43	88.00	6.76	24.00	76.00	100.00
	样本总体	76.84	78	11.73	75	25	100

资料来源：南开大学公司治理数据库。

二、中国上市公司利益相关者治理100佳公司行业分布

表9.12关于上市公司利益相关者治理100佳行业分布表明，从绝对数角度，入选利益相关者治理100佳上市公司最多的行业是制造业，有63家；从相对数角度，各个行

业相对比较平均;木材、家具业没有公司进入100佳。利益相关者治理最好的上市公司存在行业差异。

表9.12 中国上市公司利益相关者治理100佳公司行业分布

行业	样本总体		100佳		
	数目	比例(%)	数目	比例(%)	占本行业比例(%)
农、林、牧、渔业	47	1.81	3	3.00	6.38
采掘业	67	2.59	2	2.00	2.99
制造业	1 554	60.00	63	63.00	4.05
其中 食品、饮料	102	3.94	8	8.00	7.84
纺织、服装、皮毛	76	2.93	2	2.00	2.63
木材、家具	11	0.42	—	—	—
造纸、印刷	45	1.74	1	1.00	2.22
石油、化学、塑胶、塑料	260	10.04	8	8.00	3.08
电子	154	5.95	9	9.00	5.84
金属、非金属	200	7.72	7	7.00	3.50
机械、设备、仪表	522	20.15	18	18.00	3.45
医药、生物制品	156	6.02	8	8.00	5.13
其他制造业	28	1.08	2	2.00	7.14
电力、煤气及水的生产和供应业	79	3.05	2	2.00	2.53
建筑业	58	2.24	1	1.00	1.72
交通运输、仓储业	77	2.97	3	3.00	3.90
信息技术业	220	8.49	9	9.00	4.09
批发和零售贸易业	134	5.17	4	4.00	2.99
金融、保险业	44	1.70	4	4.00	9.09
房地产业	122	4.71	3	3.00	2.46
社会服务业	91	3.51	3	3.00	3.30
传播与文化产业	43	1.66	1	1.00	2.33
综合类	54	2.08	2	2.00	3.70
合计	2 590	100.00	100	100.00	3.86

资料来源:南开大学公司治理数据库。

三、中国上市公司利益相关者治理100佳公司控股股东性质分布

表9.13显示,利益相关者治理100佳中,第一大股东性质为国有控股、民营控股、外资控股和集体控股的上市公司所占比例分别为35.00%、61.00%、3.00%和1.00%,分

别占国有控股企业的 3.38%、民营控股企业的 4.15%,外资控股企业的 8.11% 和集体控股企业的 4.76%。

表 9.13 中国上市公司利益相关者治理 100 佳公司控股股东分布

控股股东性质	样本总体		100 佳		
	数目	比例(%)	数目	比例(%)	占本组比例(%)
国有控股	1 034	39.92	35	35.00	3.38
集体控股	21	0.81	1	1.00	4.76
民营控股	1 471	56.80	61	61.00	4.15
社会团体控股	6	0.23	—	—	—
外资控股	37	1.43	3	3.00	8.11
职工持股会控股	9	0.35	—	—	—
其他类型	12	0.46	—	—	—
合　　计	2 590	100.00	100	100.00	3.86

资料来源:南开大学公司治理数据库。

四、中国上市公司利益相关者治理 100 佳公司地区分布

在入选利益相关者治理 100 佳上市公司中,从绝对数来看,广东省、浙江省、北京市和江苏省进入 100 佳上市公司较多,分别为 22、12、9 和 9 家;从比例来看,占本组比例最高的地区是云南省、吉林省和安徽省,分别为 10.34%、7.50% 和 6.25%。内蒙古、辽宁省、黑龙江省、广西、海南省、重庆市、西藏、青海省、宁夏没有公司进入利益相关者治理 100 佳。见表 9.14。

表 9.14 中国上市公司利益相关者治理 100 佳公司地区分布

地　区	样本总体		100 佳		
	数目	比例(%)	数目	比例(%)	占本地区比例(%)
北京市	235	9.07	9	9.00	3.83
天津市	42	1.62	2	2.00	4.76
河北省	49	1.89	2	2.00	4.08
山西省	35	1.35	2	2.00	5.71
内蒙古	25	0.97	—	—	—
辽宁省	70	2.70	—	—	—
吉林省	40	1.54	3	3.00	7.50
黑龙江省	32	1.24	—	—	—

续表

地 区	样本总体		100佳		
	数目	比例(%)	数目	比例(%)	占本地区比例(%)
上海市	201	7.76	5	5.00	2.49
江苏省	253	9.77	9	9.00	3.56
浙江省	265	10.23	12	12.00	4.53
安徽省	80	3.09	5	5.00	6.25
福建省	91	3.51	4	4.00	4.40
江西省	32	1.24	1	1.00	3.13
山东省	152	5.87	5	5.00	3.29
河南省	67	2.59	1	1.00	1.49
湖北省	83	3.20	1	1.00	1.20
湖南省	75	2.90	2	2.00	2.67
广东省	386	14.90	22	22.00	5.70
广 西	32	1.24	—	—	—
海南省	27	1.04	—	—	—
重庆市	39	1.51	—	—	—
四川省	91	3.51	3	3.00	3.30
贵州省	20	0.77	1	1.00	5.00
云南省	29	1.12	3	3.00	10.34
西 藏	10	0.39	—	—	—
陕西省	42	1.62	1	1.00	2.38
甘肃省	25	0.97	1	1.00	4.00
青海省	10	0.39	—	—	—
宁 夏	12	0.46	—	—	—
新 疆	40	1.54	2	2.00	5.00
合 计	2 590	100.00	100	100.00	3.86

资料来源:南开大学公司治理数据库。

主 要 结 论

第一,2015年中国上市公司样本量为2 590家,利益相关者治理指数的均值为62.51,标准差为10.98,利益相关者治理指数基本服从正态分布。

第二,中国上市公司利益相关者治理水平因行业和股权性质不同而呈现一定的差异。平均值最高的行业分别为金融、保险业,制造业和采掘业,平均值最低的三个行业分别是电力、煤气及水的生产和供应业,房地产业以及批发和零售业。2015年,农、林、牧、渔业、建筑业、信息技术业、批发和零售贸易业、房地产业的利益相关者指数较2014年有所下降，其他行业均有所提升。六年来采掘业、制造业和交通运输、仓储业一直表现较好，并且连续六年利益相关者治理指数在53.00以上。而批发和零售贸易业、房地产业、综合类利益相关者治理指数六年来较低。

第三，总体上看，2010—2015年民营控股上市公司的利益相关者治理状况超过国有控股上市公司。从利益相关者治理两个分指数来看，参与程度趋势与利益相关者指数相同，而利益相关者协调程度，民营控股上市公司表现出超越国有控股上市公司的趋势。

第四，从地区来看，虽然各地区上市公司利益相关者治理水平分布不平衡，甘肃省、云南省和福建省的上市公司利益相关者治理指数较高，黑龙江省、宁夏和西藏的上市公司利益相关者治理指数较低。福建省和江苏省等地区的利益相关者治理状况总体相对较好，2010—2015年六年来利益相关者治理指数均高于总体均值；而西藏、新疆、重庆市和辽宁省的利益相关者治理状况较差，2010—2015年六年来利益相关者治理指数均低于总体均值。

第五，中国上市公司利益相关者治理100佳上市公司民营控股上市公司所占比例高于国有控股上市公司。利益相关者治理100佳上市公司行业、地区分布不平衡。从行业来看，制造业上市公司进入100佳上市公司的绝对数最多，而木材、家具业没有公司进入利益相关者治理100佳；从地区来看，广东省、浙江省、北京市和江苏省进入100佳上市公司的绝对数较多，内蒙古、黑龙江省、广西、海南省、重庆市、西藏、青海省、宁夏没有公司进入利益相关者治理100佳。

第六，从2010—2015年连续六年的发展趋势看，利益相关者治理指数平均值总体呈现上升的趋势，2013年有所下降，2014年开始企稳回升。这表明一方面利益相关者参与机制日益完善，虽仍有反复，但趋势向好。另一方面，上市公司越来越重视履行对利益相关者的社会责任，提高利益相关者协调程度。从利益相关者治理的两个分指数来看，利益相关者参与程度也呈现逐年上升的态势，但2013年有所降低，2014年开始回升，2015年继续提高，这主要是由于上市公司健全网络投票、代理投票等投票机制，加强中小股东参与公司治理程度，同时通过完善投资者关系管理制度，向机构投资者等利益相关者披露了更多的信息，提高了利益相关者参与程度。同时也反映了，这些机制虽然建立，但实施过程中仍存在不确定性，仍需继续推动利益相关者在参与方面加大力度。利益相关者协调程度六年来均值都在60以上，2015年达到76.83。这表明上市公司在合规经营的基础上，能够充分重视与顾客、供应商、政府、社区居民等利益相关者之间的关系，勇于承担社会责任，重视加强环境保护，与利益相关者的和谐程度较高。四年来的协调程度指数企稳，也说明企业在提升自身与利益相关者协调程度方面遇到瓶颈。

第十章 主板上市公司治理总体评价

第一节 主板上市公司治理总体分析

一、样本来源及选取

2015年评价中按照市场板块划分样本公司,其中根据信息齐全以及不含异常数据两项样本筛选的基本原则,我们最终确定主板上市公司有效样本为1 412家。样本公司的行业、控股股东性质及地区构成见表10.1、表10.2与表10.3。本章主要对1 412家主板非金融机构样本进行分析。

从样本行业分布情况来看,最近几年各行业样本所占比例较为稳定,2015年仍然是制造业样本的比例最高,占52.34%,较2013年的52.48%下降了0.14%。

表10.1 主板上市公司的行业构成

行业		数目	比例(%)
农、林、牧、渔业		27	1.91
采掘业		54	3.82
制造业		739	52.34
其中	食品、饮料	63	4.46
	纺织、服装、皮毛	45	3.19
	木材、家具	5	0.35
	造纸、印刷	20	1.42
	石油、化学、塑胶、塑料	125	8.85
	电子	49	3.47
	金属、非金属	113	8.00
	机械、设备、仪表	223	15.79
	医药、生物制品	88	6.23
	其他制造业	8	0.57
电力、煤气及水的生产和供应业		75	5.31
建筑业		32	2.27

续表

行　　业	数　　目	比例(%)
交通运输、仓储业	66	4.67
信息技术业	68	4.82
批发和零售贸易业	108	7.65
房地产业	115	8.14
社会服务业	49	3.47
传播与文化产业	26	1.84
综合类	53	3.75
合　　计	1 412	100.00

资料来源:南开大学公司治理数据库。

按控股股东性质分组样本中,国有控股和民营控股上市公司仍然占据较大的比例,合计占比96.53%。国有控股上市公司在2015年评价样本中有875家,比例为61.97%,相对于2014年略有下降;民营控股上市公司在2015年评价样本中有488家,比例为34.56%,相对于2014年上升了0.96%。外资控股、集体控股、职工持股会控股和社会团体控股上市公司样本所占比例较小。

表10.2　主板上市公司的控股股东构成

控股股东性质	数　　目	比例(%)
国有控股	875	61.97
集体控股	13	0.92
民营控股	488	34.56
社会团体控股	4	0.28
外资控股	20	1.42
职工持股会控股	9	0.64
其他类型	3	0.21
合　　计	1 412	100.00

资料来源:南开大学公司治理数据库。

近年来主板上市公司的地区分布比例没有太大变化,从不同地区占样本数量、比例看,经济发达地区的广东省(136家,占样本公司的9.63%)、上海市(135家,占样本公司的9.56%)、北京市(119家,占样本公司的8.43%)、江苏省(107家,占样本公司的7.58%)、浙江省(101家,占样本公司的7.15%)、山东省(74家,占样本公司的5.24%)占有数量较多,而西部欠发达地区的甘肃省、贵州省、宁夏、青海省和西藏占样本量较少(其中西藏和青海省均没有突破双数,分别为8家和9家),这反映出经济发展水平与上市公司数量存在一定的关系。

表 10.3　主板上市公司的地区构成

地　区	数　目	比例(%)	地　区	数　目	比例(%)
北京市	119	8.43	湖北省	59	4.18
天津市	29	2.05	湖南省	42	2.97
河北省	32	2.27	广东省	136	9.63
山西省	30	2.12	广　西	25	1.77
内蒙古	20	1.42	海南省	22	1.56
辽宁省	47	3.33	重庆市	30	2.12
吉林省	31	2.20	四川省	58	4.11
黑龙江省	28	1.98	贵州省	14	0.99
上海市	135	9.56	云南省	19	1.35
江苏省	107	7.58	西　藏	8	0.57
浙江省	101	7.15	陕西省	30	2.12
安徽省	46	3.26	甘肃省	19	1.35
福建省	46	3.26	青海省	9	0.64
江西省	22	1.56	宁　夏	11	0.78
山东省	74	5.24	新　疆	27	1.91
河南省	36	2.55	合　计	1 412	100.00

资料来源:南开大学公司治理数据库。

二、2015 年主板上市公司治理总体描述

在 2015 年评价样本中,主板上市公司治理指数平均值为 60.70,较 2014 年的 60.15 上升了 0.55。2015 年公司治理指数最大值为 70.65,最小值为 49.85。详见表 10.4。指数分布情况如图 10.1 所示。

表 10.4　主板上市公司治理指数描述性统计

统计指标	公司治理指数	统计指标	公司治理指数
平均值	60.70	峰　度	-0.21
中位数	60.59	极　差	20.80
标准差	3.35	最小值	49.85
方　差	11.22	最大值	70.65
偏　度	0.08		

资料来源:南开大学公司治理数据库。

资料来源:南开大学公司治理数据库。

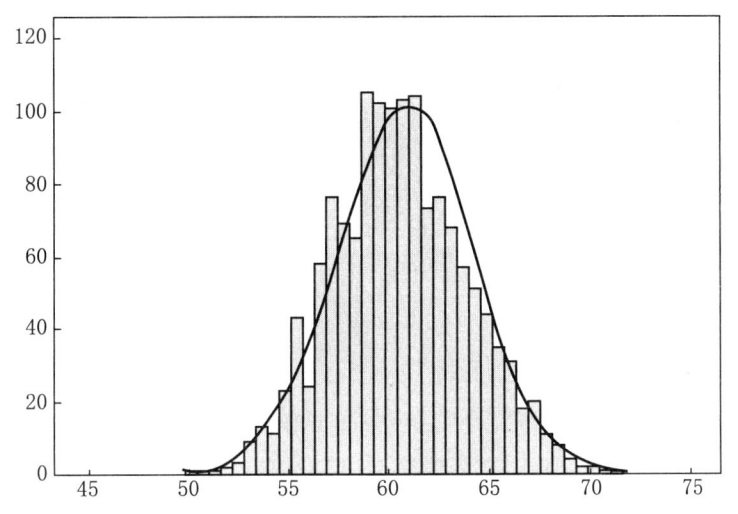

图 10.1　主板上市公司治理指数分布图

在 1 412 家样本公司中,没有 1 家达到 $CCGI^{NK}$ Ⅰ、$CCGI^{NK}$ Ⅱ,达到 $CCGI^{NK}$ Ⅲ 的有 2 家,占全部样本的 0.14%;达到 $CCGI^{NK}$ Ⅳ 的有 804 家,占全部样本的 56.94%,较 2014 年的 52.33% 有明显的提高;处于 $CCGI^{NK}$ Ⅴ 的公司有 605 家,占样本的 42.85%,与 2014 年的 47.38% 相比,有显著的下降;有 1 家上市公司的治理指数在 50 以下,占全部样本的 0.07%,小于 2013 年的 0.22%。见表 10.5。

表 10.5　主板上市公司治理指数等级分布

公司治理指数等级		公司治理指数等级分布	
		数　目	比例(%)
$CCGI^{NK}$ Ⅰ	90—100	—	—
$CCGI^{NK}$ Ⅱ	80—90	—	—
$CCGI^{NK}$ Ⅲ	70—80	2	0.14
$CCGI^{NK}$ Ⅳ	60—70	804	56.94
$CCGI^{NK}$ Ⅴ	50—60	605	42.85
$CCGI^{NK}$ Ⅵ	50 以下	1	0.07
合　　计		1 412	100.00

资料来源:南开大学公司治理数据库。

三、2010—2015 年主板上市公司治理年度比较

2015 年度主板上市公司治理指数平均值为 60.70。2010 年、2011 年、2012 年、2013

年和 2014 年主板上市公司治理指数平均值为分别为 58.50、59.05、58.68、59.43 和 60.15。对比连续几年来的主板上市公司的总体治理状况,治理水平总体上呈现出提高的趋势,其中 2012 年出现了拐点,2012 年指数低于 2011 年但高于以前其他各年度,2015 年继续保持增长趋势,相对于 2014 年提高了 0.55。

各年度公司治理评价分级指数如表 10.6 所示。观察分析 2015 年度数据可知,在几个分指数当中,股东治理指数为 61.23,相比较 2014 年的 60.23 略有提高;在 2014 年以及之前,董事会治理指数也呈显著的逐年上升趋势,虽然 2015 年比 2014 年降低 0.26,但继续保持在 60 以上,作为公司治理核心的董事会建设得到加强;新公司法加强了监事会的职权,监事会治理状况明显提高,平均值从 2010 年的 56.34 提高到 2015 年的 59.59;经理层治理状况 2011 年达到 56.73 后,2015 年下降到 55.94;信息披露状况呈现出一定的波动性,2010—2015 年的信息披露指数平均值依次为 62.75、61.25、60.73、63.24、62.48 和 62.47;利益相关者治理指数有显著提高,利益相关者问题逐步引起上市公司的关注,2015 年相对于 2014 年的 58.99 上升了 2.04。

表 10.6 主板上市公司治理指数历年比较

治理指数	2010	2011	2012	2013	2014	2015
公司治理指数	58.50	59.05	58.68	59.43	60.15	60.70
股东治理指数	58.46	61.51	56.41	59.11	60.23	61.23
董事会治理指数	60.15	60.69	60.92	61.59	63.48	63.22
监事会治理指数	56.34	57.87	58.28	57.99	58.09	59.59
经理层治理指数	56.59	56.73	56.59	55.57	55.92	55.94
信息披露指数	62.75	61.25	60.73	63.24	62.48	62.47
利益相关者治理指数	53.79	54.10	57.76	57.02	58.99	61.03

资料来源:南开大学公司治理数据库。

第二节 主板上市公司治理分行业评价

本节按照国家行业分类标准,对主板上市公司所处的 12 个行业门类和制造业中 10 个大类进行分组,对样本公司的治理状况加以分析。

一、主板上市公司治理分行业总体描述

就主板上市公司治理指数平均值而言,建筑业的公司治理指数平均值为 61.98,为各行业中最高;其次为医药、生物制品,平均值为 61.71;采掘业平均值为 60.69;批发和零售贸易业平均值为 60.72;制造业平均值为 60.78;电力、煤气及水的生产和供应业平

均值为60.29。公司治理指数平均值最低的是传播与文化产业,平均值为59.63;其次农、林、牧、渔业平均值为59.64,石油、化学、塑胶、塑料平均值为59.82。

总体描述说明,就主板上市公司治理总体状况而言,行业间存在一定的差异,但行业间的差异呈现减小趋势。同时,除农、林、牧、渔业,传播与文化产业和石油、化学、塑胶、塑料外,其他行业的公司治理指数的平均值均高于60。见表10.7。

表10.7 主板按行业分组的样本公司治理指数描述性统计

行业		数目	比例(%)	平均值	中位数	标准差	极差	最小值	最大值
农、林、牧、渔业		27	1.91	59.64	58.94	3.46	16.41	49.85	66.26
采掘业		54	3.82	60.69	60.44	2.81	12.01	53.72	65.73
制造业		739	52.34	60.78	60.75	3.39	18.53	50.81	69.34
其中	食品、饮料	63	4.46	60.99	60.48	3.13	15.23	53.64	68.87
	纺织、服装、皮毛	45	3.19	60.06	60.51	3.20	12.74	52.97	65.70
	木材、家具	5	0.35	61.11	61.25	1.71	4.71	58.38	63.09
	造纸、印刷	20	1.42	60.04	59.69	3.02	13.43	55.01	68.43
	石油、化学、塑胶、塑料	125	8.85	59.82	59.55	3.54	17.67	50.81	68.48
	电子	49	3.47	61.19	61.86	3.67	16.48	52.47	68.94
	金属、非金属	113	8.00	60.62	60.12	3.37	16.35	52.47	68.82
	机械、设备、仪表	223	15.79	61.11	61.13	3.35	17.44	51.90	69.34
	医药、生物制品	88	6.23	61.71	61.58	3.32	13.65	54.67	68.32
	其他制造业	8	0.57	60.18	59.71	2.23	6.68	57.84	64.53
电力、煤气及水的生产和供应业		75	5.31	60.29	60.07	2.70	12.78	55.05	67.83
建筑业		32	2.27	61.98	62.40	3.50	14.14	54.04	68.18
交通运输、仓储业		66	4.67	61.42	61.14	3.27	16.20	54.36	70.55
信息技术业		68	4.82	60.91	61.01	3.44	14.44	53.77	68.21
批发和零售贸易业		108	7.65	60.72	60.58	3.47	16.90	51.46	68.36
房地产业		115	8.14	60.43	60.12	3.20	16.49	54.15	70.65
社会服务业		49	3.47	60.39	60.67	3.56	16.12	52.87	68.99
传播与文化产业		26	1.84	59.63	59.23	3.24	13.14	54.54	67.69
综合类		53	3.75	60.18	60.25	3.70	16.26	52.85	69.12
合计		1 412	100.00	60.70	60.59	3.35	20.80	49.85	70.65

资料来源:南开大学公司治理数据库。

二、主板上市公司治理分行业具体分析与等级描述

从行业治理指数平均值看,除农、林、牧、渔业以及传播与文化产业和石油、化学、塑胶、塑料行业外,其他行业的公司治理指数的平均值均高于60;所有行业的平均值均在

59 以上。结合各个行业中的治理等级分布情况做如下的说明。

在 2015 年主板上市公司评价样本中,建筑业的 32 家公司中,有 24 家达到了 CCGI^{NK} Ⅳ,8 家达到了 CCGI^{NK} Ⅴ。

交通运输、仓储业的 66 家公司中,有 41 家达到了 CCGI^{NK} Ⅳ,24 家达到了 CCGI^{NK} Ⅴ,比较重大。

采掘业的 54 家公司中,有 30 家达到了 CCGI^{NK} Ⅳ,24 家达到了 CCGI^{NK} Ⅴ。

批发和零售贸易业的 108 家公司中,有 65 家达到了 CCGI^{NK} Ⅳ,43 家达到了 CCGI^{NK} Ⅴ。

742 家制造业样本中有 2 家达到了 CCGI^{NK} Ⅲ,431 家达到了 CCGI^{NK} Ⅳ,308 家达到了 CCGI^{NK} Ⅴ,处于 CCGI^{NK} Ⅵ 的公司有 1 家,CCGI^{NK} Ⅳ 和 CCGI^{NK} Ⅴ 的样本数量占该行业的样本总数的比重较高。

电力、煤气及水的生产和供应业的 75 家公司中,有 38 家达到了 CCGI^{NK} Ⅳ,37 家达到了 CCGI^{NK} Ⅴ。

信息技术业的 68 家公司中,有 38 家达到了 CCGI^{NK} Ⅳ,30 家达到了 CCGI^{NK} Ⅴ。

传播与文化产业的 26 家公司中,有 11 家达到了 CCGI^{NK} Ⅳ,15 家达到了 CCGI^{NK} Ⅴ。

社会服务业的 49 家公司中,有 28 家达到了 CCGI^{NK} Ⅳ,21 家达到了 CCGI^{NK} Ⅴ。

房地产业的 115 家公司中,有 58 家达到了 CCGI^{NK} Ⅳ,56 家是 CCGI^{NK} Ⅴ,比重较大。

综合类的 53 家公司中,有 28 家达到了 CCGI^{NK} Ⅳ,25 家达到了 CCGI^{NK} Ⅴ。

农、林、牧、渔业的 27 家公司中,有 12 家达到了 CCGI^{NK} Ⅳ,14 家达到了 CCGI^{NK} Ⅴ,1 家达到了 CCGI^{NK} Ⅵ。

主板按行业分组样本的公司治理指数等级分布如表 10.8 所示。

表 10.8　主板按行业分组的样本公司治理指数等级分布

行　业		CCGI^{NK} Ⅲ		CCGI^{NK} Ⅳ		CCGI^{NK} Ⅴ		CCGI^{NK} Ⅵ	
		数目	比例(%)	数目	比例(%)	数目	比例(%)	数目	比例(%)
农、林、牧、渔业		—	—	12	0.85	14	0.99	1	0.07
采掘业		—	—	30	2.12	24	1.70	—	—
制造业		2	0.14	431	30.52	308	21.81	1	0.07
其中	食品、饮料	—	—	38	2.69	25	1.77	—	—
	纺织、服装、皮毛	—	—	25	1.77	20	1.42	—	—
	木材、家具	—	—	4	0.28	1	0.07	—	—
	造纸、印刷	—	—	10	0.71	10	0.71	—	—
	石油、化学、塑胶、塑料	—	—	55	3.90	70	4.96	—	—

续表

行　　业	CCGI^{NK} III		CCGI^{NK} IV		CCGI^{NK} V		CCGI^{NK} VI	
	数目	比例(%)	数目	比例(%)	数目	比例(%)	数目	比例(%)
电子	—	—	32	2.27	17	1.20	—	—
金属、非金属	—	—	62	4.39	51	3.61	—	—
机械、设备、仪表	—	—	142	10.06	81	5.74	—	—
医药、生物制品	—	—	60	4.25	28	1.98	—	—
其他制造业	—	—	3	0.21	5	0.35	—	—
电力、煤气及水的生产和供应业	—	—	38	2.69	37	2.62	—	—
建筑业	—	—	24	1.70	8	0.57	—	—
交通运输、仓储业	1	0.07	41	2.90	24	1.70	—	—
信息技术业	—	—	38	2.69	30	2.12	—	—
批发和零售贸易业	—	—	65	4.60	43	3.05	—	—
房地产业	1	0.07	58	4.11	56	3.97	—	—
社会服务业	—	—	28	1.98	21	1.49	—	—
传播与文化产业	—	—	11	0.78	15	1.06	—	—
综合类	—	—	28	1.98	25	1.77	—	—
合　　计	2	0.14	804	56.94	605	42.85	1	0.07

资料来源：南开大学公司治理数据库。

三、2010—2015 年主板上市公司治理分行业比较

表 10.9 是近年各行业公司治理状况的统计分析，主要是通过平均值来描述其发展和变化。分析发现，2015 年公司治理指数均值高于 2014 年。与 2014 年相比，除了农、林、牧、渔业，采掘业，交通运输、仓储业和传播与文化产业有所下降外，其他行业治理指数均有所提高。

表 10.9　主板上市公司治理指数分行业描述性统计历年比较

行　　业	2010	2011	2012	2013	2014	2015
农、林、牧、渔业	56.42	57.14	57.56	58.58	58.47	59.64
采掘业	60.33	59.91	59.11	59.71	61.03	60.69
制造业	58.29	59.26	58.68	59.36	60.16	60.78
电力、煤气及水的生产和供应业	59.82	59.88	59.47	59.96	59.99	60.29
建筑业	59.21	59.51	58.68	61.24	61.98	61.98
交通运输、仓储业	60.86	59.88	60.54	60.51	61.47	61.42

续表

行　　业	2010	2011	2012	2013	2014	2015
信息技术业	57.98	59.21	58.44	59.93	59.69	60.91
批发和零售贸易业	57.95	58.33	58.94	59.07	60.53	60.72
房地产业	58.37	57.90	57.48	59.20	59.59	60.43
社会服务业	59.02	58.52	58.39	58.98	59.40	60.39
传播与文化产业	60.58	59.62	58.56	58.33	59.75	59.63
综合类	58.04	57.99	58.22	58.90	59.42	60.18
合　　计	58.50	59.05	58.68	59.43	60.15	60.70

资料来源：南开大学公司治理数据库。

第三节　主板上市公司治理分控股股东性质评价

我们将主板样本上市公司按照公司控股股东性质的不同，分为国有控股、集体控股、民营控股、社会团体控股、外资控股、职工持股会控股六种类型。通过分析控股股东性质不同的样本上市公司治理指数的数字特征，进一步探讨控股股东性质不同的主板上市公司治理状况的差异。

一、主板上市公司治理分控股股东性质总体描述

表10.10的描述性统计显示，样本中数量较少的是"社会团体控股"、"职工持股会

表 10.10　主板按控股股东性质分组的样本公司治理指数描述性统计

控股股东性质	数目	比例(%)	平均值	中位数	标准差	极差	最小值	最大值
国有控股	875	61.97	60.84	60.65	3.20	19.84	50.81	70.65
集体控股	13	0.92	61.76	61.90	2.92	9.67	56.51	66.18
民营控股	488	34.56	60.50	60.49	3.59	20.70	49.85	70.55
社会团体控股	4	0.28	58.52	58.30	1.45	3.46	57.01	60.47
外资控股	20	1.42	60.14	59.98	3.16	13.11	53.50	66.61
职工持股会控股	9	0.64	58.09	58.31	3.13	8.64	52.87	61.51
其他类型	3	0.21	64.34	66.43	6.23	11.93	57.34	69.27
合　　计	1 412	100.00	60.70	60.59	3.35	20.80	49.85	70.65

资料来源：南开大学公司治理数据库。

控股"、"外资控股"、"集体控股"四类,分别有4家、9家、20家和13家公司,样本量较少;"国有控股"和"民营控股"较多,分别为875家和488家。

就样本平均值而言,集体控股的治理指数平均值最高,为61.76,其次为国有控股和民营控股,分别为60.84和60.50。社会团体控股为58.52,外资控股为60.14,职工持股会控股平均值最低,为58.09。

二、主板上市公司治理分控股股东性质具体分析与等级描述

考虑到国有和民营公司占据了评价样本的绝大部分比例(96.53%),我们只对这两种控制权类型的样本进行分析,其他类型的有关数据详见表10.10和表10.11。

(一)国有控股

如表10.10所示,在2015评价样本中控股股东性质为国有控股的有875家公司,占样本比例为61.97%,样本平均值为60.84,较2014年的60.36有所提高,标准差为3.20。根据表10.11的统计结果,国有控股样本中达到$CCGI^{NK}$ Ⅲ的有1家,达到$CCGI^{NK}$ Ⅳ的有511家,属于$CCGI^{NK}$ Ⅴ的公司有363家。

(二)民营控股

据表10.10,在2015评价样本中控股股东性质为民营控股的有488家公司,占样本总量的34.56%,样本平均值为60.50,与2014年的59.77相比,有所提高,标准差为3.59。根据表10.11的统计结果,民营控股上市公司在评价样本中达到$CCGI^{NK}$ Ⅲ的有1家,达到$CCGI^{NK}$ Ⅳ的有266家,处于$CCGI^{NK}$ Ⅴ的公司有220家,处于$CCGI^{NK}$ Ⅵ的有1家。

表10.11 主板按控股股东性质分组的样本公司治理指数等级分布

控股股东性质	$CCGI^{NK}$ Ⅲ		$CCGI^{NK}$ Ⅳ		$CCGI^{NK}$ Ⅴ		$CCGI^{NK}$ Ⅵ	
	数目	比例(%)	数目	比例(%)	数目	比例(%)	数目	比例(%)
国有控股	1	0.07	511	36.19	363	25.71	—	—
集体控股	—	—	10	0.71	3	0.21	—	—
民营控股	1	0.07	266	18.84	220	15.58	1	0.07
社会团体控股	—	—	1	0.07	3	0.21	—	—
外资控股	—	—	10	0.71	10	0.71	—	—
职工持股会控股	—	—	4	0.28	5	0.35	—	—
其他类型	—	—	2	0.14	1	0.07	—	—
合计	2	0.14	804	56.94	605	42.85	1	0.07

资料来源:南开大学公司治理数据库。

三、2010—2015 年主板上市公司治理分控股股东性质比较

考虑到国有控股和民营控股公司的比重较大,在此我们只对这两种类型进行重点比较和分析。据表 10.12 的统计结果,对比过去几年(2010—2015 年)上市公司的控制权属性,我们发现,国有控股上市公司的治理质量稳定地好于民营控股上市公司。

表 10.12　主板上市公司治理指数分控股股东性质描述性统计历年比较

控股股东性质	2010	2011	2012	2013	2014	2015
国有控股	58.90	59.50	59.14	59.77	60.36	60.84
民营控股	57.47	58.24	57.83	58.82	59.77	60.50
总样本	58.50	59.05	58.68	59.43	60.15	60.70

资料来源:南开大学公司治理数据库。

从表 10.12 的数据中可以明显看出,2010 年之后民营控股上市公司指数和国有控股上市公司指数之间的差异总体缩小,2010 年两者平均差异为 1.43,2011 年平均差异为 1.26,2012 年平均差异为 1.31,2013 年和 2014 年差异有所下降,2015 年差异下降为 0.34。出现这样结果的原因是国有控股上市公司治理指数在经过 2010 年后得到了较大的提高,而后提高的速度相对较慢,而民营控股上市公司治理指数保持着稳定的增长趋势,提高速度相对较快。

第四节　主板上市公司治理分地区评价

我们将 2015 年的主板 1 412 家评价样本,按照注册地的不同分成 31 个省(直辖市、自治区)的分组,分析不同地区的样本公司治理指数的分布特征,比较主板上市公司治理状况的地区差异。

一、主板上市公司治理分地区总体描述

与往年情况类似,经济发达地区广东省、上海市、北京市占有的样本数量最多,其中广东省最多,为 136 家,上海市达 135 家,北京市为 119 家;而西部欠发达地区的宁夏、青海省、西藏占样本量少,其中西藏最少,为 8 家,反映出经济活跃水平与上市公司数量的关系。

在公司治理水平方面,江苏省、浙江省、北京市、贵州省、河南省、广东省、江西省、福建省、安徽省、上海市、青海省、湖南省、天津市、吉林省、山东省、湖北省、广西、重庆市、云南省和甘肃省指数均值均在 60 以上;而西藏和宁夏指数均值相对较低,分别为 58.93

和 58.70。各地区公司治理指数分析结果详见表 10.13。

表 10.13 主板按地区分组的样本公司治理指数描述性统计

地 区	数目	比例(%)	平均值	中位数	标准差	极差	最小值	最大值
北京市	119	8.43	61.69	61.48	3.09	14.66	54.46	69.12
天津市	29	2.05	60.13	59.32	3.68	13.91	53.90	67.82
河北省	32	2.27	59.96	59.71	3.43	13.40	53.85	67.25
山西省	30	2.12	59.21	59.35	2.97	12.91	52.08	64.99
内蒙古	20	1.42	59.77	59.99	3.86	13.49	53.72	67.21
辽宁省	47	3.33	59.85	59.49	3.45	15.95	52.92	68.87
吉林省	31	2.20	61.00	61.30	3.70	16.19	51.46	67.64
黑龙江省	28	1.98	59.59	59.90	3.19	11.78	54.67	66.46
上海市	135	9.56	60.62	60.57	3.36	15.08	52.77	67.85
江苏省	107	7.58	61.31	61.12	3.45	16.18	54.37	70.55
浙江省	101	7.15	61.42	61.26	2.90	15.67	52.47	68.14
安徽省	46	3.26	60.37	60.44	2.84	12.00	55.05	67.05
福建省	46	3.26	61.97	61.81	3.09	15.00	52.85	67.85
江西省	22	1.56	61.69	61.49	3.61	13.10	54.59	67.69
山东省	74	5.24	60.23	59.46	3.06	12.48	54.15	66.63
河南省	36	2.55	60.08	60.01	3.13	14.55	53.03	67.58
湖北省	59	4.18	60.28	60.55	3.83	16.40	50.81	67.21
湖南省	42	2.97	60.93	60.71	3.53	15.68	51.90	67.58
广东省	136	9.63	61.47	61.14	3.54	18.18	52.47	70.65
广 西	25	1.77	60.24	60.11	2.88	12.23	53.87	66.10
海南省	22	1.56	59.57	60.20	2.89	10.44	54.20	64.64
重庆市	30	2.12	60.87	60.34	3.23	15.61	53.77	69.38
四川省	58	4.11	59.91	60.22	2.95	13.31	53.59	66.90
贵州省	14	0.99	60.10	60.44	3.36	12.01	53.50	65.51
云南省	19	1.35	60.85	61.73	4.23	16.84	49.85	66.69
西 藏	8	0.57	58.93	58.59	3.11	8.58	54.99	63.57
陕西省	30	2.12	59.94	59.52	3.66	12.84	52.97	65.81
甘肃省	19	1.35	60.32	60.07	2.78	11.01	55.97	66.98
青海省	9	0.64	60.70	60.94	4.20	12.71	55.12	67.84
宁 夏	11	0.78	58.70	59.20	3.33	9.90	53.64	63.53
新 疆	27	1.91	59.83	59.80	2.28	9.86	54.04	63.90
合 计	1 412	100.00	60.70	60.59	3.35	20.80	49.85	70.65

资料来源:南开大学公司治理数据库。

二、主板上市公司治理分地区具体分析与等级描述

表 10.13 的描述性统计显示,就平均值而论,样本上市公司按地区分组的公司治理水平存在一定差异,治理指数最高的地区与最低的地区相比,相差 3.27(福建省 61.97-宁夏 58.70)。公司治理指数较高的地区有江苏省、浙江省、北京市、吉林省、福建省、江西省,公司治理指数较低的地区是西藏和宁夏,指数平均值均在 59 以下。

在江苏省有样本 107 家,占比 7.58%,其中 1 家达到了 $CCGI^{NK}$ Ⅲ,69 家的治理指数达到了 $CCGI^{NK}$ Ⅳ,37 家达到了 $CCGI^{NK}$ Ⅴ,治理指数均值为 61.31,标准差为 3.45。浙江省有样本 101 家,占比 7.15%,其中 72 家的治理指数达到了 $CCGI^{NK}$ Ⅳ,29 家达到了 $CCGI^{NK}$ Ⅴ,治理指数均值为 61.42,标准差为 2.90。北京市的 119 家样本中,80 家的治理指数达到了 $CCGI^{NK}$ Ⅳ,39 家达到了 $CCGI^{NK}$ Ⅴ,$CCGI^{NK}$ Ⅳ的比重较高。贵州省的 14 家样本中,8 家的治理指数达到了 $CCGI^{NK}$ Ⅳ,6 家达到了 $CCGI^{NK}$ Ⅴ,治理指数均值为 60.10,标准差为 3.36。河南省有样本 36 家,占比 2.55%,其中 19 家的治理指数达到了 $CCGI^{NK}$ Ⅳ,17 家达到了 $CCGI^{NK}$ Ⅴ,治理指数均值为 60.08,标准差为 3.13。广东省有样本 136 家,占比 9.63%,其中 1 家达到了 $CCGI^{NK}$ Ⅲ,82 家的治理指数达到了 $CCGI^{NK}$ Ⅳ,53 家达到了 $CCGI^{NK}$ Ⅴ,治理指数均值为 61.47,标准差为 3.54。而海南省的 22 家样本中,13 家的治理指数达到了 $CCGI^{NK}$ Ⅳ,9 家为 $CCGI^{NK}$ Ⅴ,治理指数均值为 59.57,标准差为 2.89。在宁夏 11 家样本中,3 家为 $CCGI^{NK}$ Ⅳ,8 家达到了 $CCGI^{NK}$ Ⅴ,治理指数均值为 58.70,标准差为 3.33。分布详情见表 10.14。

表 10.14　主板按地区分组的样本公司治理指数等级分布

地　区	$CCGI^{NK}$ Ⅲ		$CCGI^{NK}$ Ⅳ		$CCGI^{NK}$ Ⅴ		$CCGI^{NK}$ Ⅵ	
	数目	比例(%)	数目	比例(%)	数目	比例(%)	数目	比例(%)
北京市	—	—	80	5.67	39	2.76	—	—
天津市	—	—	11	0.78	18	1.27	—	—
河北省	—	—	14	0.99	18	1.27	—	—
山西省	—	—	11	0.78	19	1.35	—	—
内蒙古	—	—	10	0.71	10	0.71	—	—
辽宁省	—	—	19	1.35	28	1.98	—	—
吉林省	—	—	19	1.35	12	0.85	—	—
黑龙江省	—	—	14	0.99	14	0.99	—	—
上海市	—	—	76	5.38	59	4.18	—	—

续表

地区	CCGI^{NK} III		CCGI^{NK} IV		CCGI^{NK} V		CCGI^{NK} VI	
	数目	比例(%)	数目	比例(%)	数目	比例(%)	数目	比例(%)
江苏省	1	0.07	69	4.89	37	2.62	—	—
浙江省	—	—	72	5.10	29	2.05	—	—
安徽省	—	—	29	2.05	17	1.20	—	—
福建省	—	—	38	2.69	8	0.57	—	—
江西省	—	—	13	0.92	9	0.64	—	—
山东省	—	—	33	2.34	41	2.90	—	—
河南省	—	—	19	1.35	17	1.20	—	—
湖北省	—	—	32	2.27	27	1.91	—	—
湖南省	—	—	23	1.63	19	1.35	—	—
广东省	1	0.07	82	5.81	53	3.75	—	—
广西	—	—	13	0.92	12	0.85	—	—
海南省	—	—	13	0.92	9	0.64	—	—
重庆市	—	—	17	1.20	13	0.92	—	—
四川省	—	—	30	2.12	28	1.98	—	—
贵州省	—	—	8	0.57	6	0.42	—	—
云南省	—	—	11	0.78	7	0.50	1	0.07
西藏	—	—	3	0.21	5	0.35	—	—
陕西省	—	—	14	0.99	16	1.13	—	—
甘肃省	—	—	10	0.71	9	0.64	—	—
青海省	—	—	5	0.35	4	0.28	—	—
宁夏	—	—	3	0.21	8	0.57	—	—
新疆	—	—	13	0.92	14	0.99	—	—
合计	2	0.14	804	56.94	605	42.85	1	0.07

资料来源：南开大学公司治理数据库。

三、2010—2015年主板上市公司治理分地区比较

据表10.15可知，浙江省、北京市、江苏省、广东省、云南省、江西省、福建省、河南省及天津市等地区的上市公司的治理状况总体相对较好，在2010—2015年间，多次排名进入前15位；而黑龙江省、海南省、甘肃省、西藏和宁夏等地区的治理状况相对较差，2010—2015年间排名很少进入前15位。

此外，从时间序列角度来看，江苏省、海南省、甘肃省等地区治理指数呈现出稳定增

表 10.15 主板上市公司治理指数分地区描述性统计历年比较

地区	2010	2011	2012	2013	2014	2015
北京市	59.31	59.95	59.37	60.72	60.83	61.48
天津市	59.00	59.04	59.03	59.94	59.45	59.32
河北省	57.24	59.31	57.91	58.59	59.22	59.71
山西省	57.42	59.10	59.03	58.49	59.36	59.35
内蒙古	56.89	56.99	57.25	58.51	59.92	59.99
辽宁省	58.53	57.86	57.89	58.79	58.83	59.49
吉林省	58.15	57.21	58.38	58.34	58.87	61.30
黑龙江省	56.45	57.79	57.70	57.94	58.82	59.90
上海市	58.26	58.82	58.33	59.03	60.38	60.57
江苏省	58.73	59.50	59.33	59.97	61.23	61.12
浙江省	59.42	59.39	59.69	60.27	60.85	61.26
安徽省	59.02	59.42	58.30	59.16	60.49	60.44
福建省	59.39	58.92	59.02	59.96	60.53	61.81
江西省	59.44	59.26	59.01	60.28	60.71	61.49
山东省	58.33	59.12	58.69	59.14	59.73	59.46
河南省	58.87	59.39	58.78	59.34	60.72	60.01
湖北省	58.95	59.37	58.95	58.88	59.76	60.55
湖南省	58.59	59.74	59.05	59.44	60.34	60.71
广东省	59.67	59.96	58.98	60.44	60.72	61.14
广西	58.34	59.76	58.42	58.41	59.62	60.11
海南省	55.74	57.16	56.89	57.49	58.15	60.20
重庆市	56.71	57.75	57.88	58.56	59.38	60.34
四川省	57.94	58.62	58.39	59.43	59.60	60.22
贵州省	58.95	58.28	58.24	59.80	60.81	60.44
云南省	59.69	60.89	59.98	60.00	59.61	61.73
西藏	56.60	55.45	57.73	58.04	59.16	58.59
陕西省	56.70	58.46	58.14	58.53	60.04	59.52
甘肃省	57.11	57.60	57.96	58.37	59.50	60.07
青海省	57.01	58.15	58.30	58.73	60.37	60.94
宁夏	55.70	60.23	57.67	57.41	57.02	59.20
新疆	57.80	57.41	57.92	59.87	60.53	59.80
合计	58.50	59.05	58.68	59.43	60.15	60.70

资料来源:南开大学公司治理数据库。

长的态势;而黑龙江省、辽宁省、内蒙古、新疆、青海省等地区指数波动性比较大。相较于2014年,2015年除了天津市、陕西省、江苏省、安徽省、山东省、河南省、贵州省、西藏、陕西和新疆公司治理指数水平有所下降外,其他地区的指数均有不同程度的增长。

第五节 主板上市公司治理100佳评价

一、主板上市公司治理100佳描述统计

本节将2015年主板市场评价样本中公司治理指数排名前100位的公司(100佳)与其他样本进行比较,分析100佳的行业、地区和控股股东性质分布,以及100佳公司的相对绩效表现。如表10.16的描述性统计显示,100佳上市公司平均治理指数为67.18,较2014年的67.02有所提高,100佳上市公司中最高治理指数为70.65,最低为65.77,极差为4.87。与表10.6的对比显示,我们不难发现,100佳上市公司的各级治理指数的平均值都明显高于总样本。

表10.16 主板上市公司治理100佳治理指数描述性统计

统计指标	公司治理指数	股东治理指数	董事会治理指数	监事会治理指数	经理层治理指数	信息披露评价指数	利益相关者治理指数
平均值	67.18	67.90	64.82	63.53	63.06	72.02	72.66
中位数	67.02	67.60	64.91	65.29	63.67	72.95	73.70
标准差	1.06	6.97	1.72	6.60	5.49	6.90	10.00
极差	4.87	33.63	11.04	30.85	27.54	29.86	44.27
最小值	65.77	47.55	58.08	43.68	50.52	54.97	47.08
最大值	70.65	81.17	69.12	74.53	78.06	84.82	91.35

资料来源:南开大学公司治理数据库。

二、主板上市公司治理100佳公司行业分布

表10.17的公司治理100佳行业分布表明,从绝对数量看,制造业所占数量最多,达58家;其次是交通运输、仓储业,批发和零售贸易业以及房地产业,各有6家;信息技术业和社会服务业各有5家,电力、煤气及水的生产和供应业,建筑业以及综合类,各有4家;农、林、牧、渔业和传播与文化产业,各有1家。而采掘业没有1家公司进入100佳。从100佳占行业样本数量比例来看,建筑业、社会服务业的比例最高,均超过10%,分别为12.50%、10.20%。而农、林、牧、渔业和传播与文化产业的100佳所占比例较低,分别为3.70%和3.85%。

表 10.17　主板上市公司治理 100 佳公司行业分布

行　　业	100 佳个数	样本个数	100 佳所占比例(%)
农、林、牧、渔业	1	27	3.70
采掘业	—	54	—
制造业	58	739	7.85
电力、煤气及水的生产和供应业	4	75	5.33
建筑业	4	32	12.50
交通运输、仓储业	6	66	9.09
信息技术业	5	68	7.35
批发和零售贸易业	6	108	5.56
房地产业	6	115	5.22
社会服务业	5	49	10.20
传播与文化产业	1	26	3.85
综合类	4	53	7.55
合　　计	100	1 412	7.08

资料来源:南开大学公司治理数据库。

三、主板上市公司治理 100 佳公司控股股东性质分布

从绝对数量看,公司治理 100 佳集中分布在国有控股上市公司中。100 佳上市公司中,控股股东性质为国有控股的占 63 家;其次为民营控股上市公司,有 32 家;外资控股有 2 家,集体控股有 1 家,社会团体控股和职工持股会控股没有进入 100 佳的样本。从相对比例来看,除了其他类型,外资控股样本中的 100 佳比例最高,其次是集体控股。见表 10.18。

表 10.18　主板上市公司治理 100 佳公司控股股东性质分布

控股股东性质	100 佳个数	样本个数	比例(%)
国有控股	63	875	7.20
集体控股	1	13	7.69
民营控股	32	488	6.56
社会团体控股	—	4	—
外资控股	2	20	10.00
职工持股会控股	—	9	—
其他类型	2	3	66.67
合　　计	100	1 412	7.08

资料来源:南开大学公司治理数据库。

四、主板上市公司治理 100 佳公司地区分布

据表 10.19 的地区分布数量显示,在 100 佳的上市公司中,广东省有 17 家,江苏省有 15 家,北京市有 11 家,上海市有 10 家。而山西省、海南省、贵州省、西藏、宁夏和新疆均没有入选 100 佳的上市公司。这些地区,在以往的评价过程中,入选 100 佳的上市公司数量也较少。

从相对数来看,内蒙古、广东省、江西省、青海省和江苏省比例较高,均大于 10%;而四川省、安徽省、河南省、陕西省比例较低,均在 4% 以下。

表 10.19 主板上市公司治理 100 佳公司地区分布

地 区	100 佳个数	样本个数	比例(%)
北京市	11	119	9.24
天津市	2	29	6.90
河北省	2	32	6.25
山西省	—	30	—
内蒙古	2	20	10.00
辽宁省	4	47	8.51
吉林省	3	31	9.68
黑龙江省	2	28	7.14
上海市	10	135	7.41
江苏省	15	107	14.02
浙江省	6	101	5.94
安徽省	1	46	2.17
福建省	3	46	6.52
江西省	4	22	18.18
山东省	3	74	4.05
河南省	1	36	2.78
湖北省	3	59	5.08
湖南省	3	42	7.14
广东省	17	136	12.50
广 西	1	25	4.00
海南省	—	22	—
重庆市	2	30	6.67
四川省	1	58	1.72
贵州省	—	14	—
云南省	1	19	5.26

续表

地 区	100佳个数	样本个数	比例(%)
西 藏	—	8	—
陕西省	1	30	3.33
甘肃省	1	19	5.26
青海省	1	9	11.11
宁 夏	—	11	—
新 疆	—	27	—
合 计	100	1 412	7.08

资料来源:南开大学公司治理数据库。

五、主板上市公司治理100佳公司绩效

为了考察公司治理与公司绩效之间的相关性,我们选取了反映上市公司收益能力的财务指标共计16个。比较结果如表10.20所示,公司治理100佳上市公司的绩效指标总体来说好于其他样本。

表10.20 主板上市公司治理100佳公司绩效与其他样本的比较

财务指标	100佳样本	其他样本
财务费用率	0.022	0.036
管理费用率	0.072	0.106
净利润与利润总额比	0.821	0.798
净资产收益率A	0.098	0.040
净资产收益率B	0.105	0.009
每股收益1	0.550	0.313
每股收益2	0.525	0.281
每股收益3	0.488	0.245
每股收益4	0.465	0.214
投入资本回报率	0.074	0.052
营业毛利率	0.246	0.242
长期资本收益率	0.121	0.078
资产报酬率A	0.054	0.034
资产报酬率B	0.057	0.043
总资产净利润率(ROA)A	0.046	0.023
总资产净利润率(ROA)B	0.048	0.031

资料来源:南开大学公司治理数据库。

主 要 结 论

第一,从时间序列比较来看,治理水平总体上呈现出增长的趋势,2012年指数出现拐点后,逐年提高,2015年继续保持增长态势。

第二,从行业比较分析来看,与往年类似,具有一定垄断色彩的建筑业,医药、生物制品,采掘业,批发和零售贸易业,制造业,电力、煤气及水的生产和供应业等行业的治理状况相对较好,而农、林、牧、渔业以及传播与文化产业和石油、化学、塑胶、塑料行业等上市公司治理水平总体仍然偏低。

第三,从控股股东性质比较分析来看,国有控股上市公司和民营控股上市公司治理水平2009—2015年呈现出逐年提高的趋势,2009年民营控股上市公司略超过国有控股上市公司,而2010年国有控股上市公司治理指数显著高于民营控股上市公司,但这种差异呈减小趋势,到了2015年差异下降为0.34。

第四,从地区比较分析来看,江苏省、浙江省、北京市、贵州省、河南省、广东省、江西省、福建省、安徽省、上海市、青海省、湖南省、天津市、吉林省、山东省、湖北省、广西、重庆市、云南省和甘肃省等地区治理水平相对较好;而宁夏和西藏等地区治理指数排名比较靠后。

第五,主板上市公司治理100佳和总体样本的上市公司治理状况存在显著差异(67.18-60.70=6.48),通过对两组样本的财务状况指标的比较,100佳公司总体好于非100佳公司。

第十一章　主板上市公司股东治理评价

第一节　主板上市公司股东治理总体分析

一、2015 年主板上市公司股东治理总体描述

2015 年度 1 412 家主板上市公司股东治理指数的平均值为 61.23，中位数为 61.30，最小值为 32.24，最大值为 81.83，标准差为 8.23。股东治理指数基本服从正态分布。

股东治理评价的三个二级指标——独立性、中小股东权益保护和关联交易的平均值分别为 57.27、58.19 和 66.25，独立性最低，关联交易最高。独立性、中小股东权益保护和关联交易的极差分别达到了 94.00、72.37 和 69.00，表明二级指标公司间的差距较大。股东治理指数及其三项二级指标的描述性统计如表 11.1 所示。

表 11.1　主板上市公司股东治理总体状况描述性统计

项目	平均值	中位数	标准差	极差	最小值	最大值
股东治理指数	61.23	61.30	8.23	49.58	32.24	81.83
独立性	57.27	60.07	17.94	94.00	2.00	96.00
中小股东权益保护	58.19	58.69	12.00	72.37	19.00	91.37
关联交易	66.25	66.00	12.04	69.00	18.00	87.00

资料来源：南开大学公司治理数据库。

二、2010—2015 年主板上市公司股东治理比较

从图 11.1 可以看出，2010—2015 年六年主板上市公司股东治理指数的变化趋势可以分为前后两个阶段：2010—2012 年和 2013—2015 年。股东治理指数在 2010—2012 年三年间有较大的波动，从 2010 年的 58.46 上升到 2011 年 61.51，2012 年有了大幅下降，降低到 56.41。2013 年后开始保持平稳上升的趋势，从 2013 年的 59.11，上升到 2014 年的 60.23，2015 年继续上升到 61.23。

独立性、中小股东权益保护和关联交易三个二级指标的变化趋势与股东治理指数

基本类似,2010—2012年有较大的波动,从2013年开始保持平稳。相比2014年,独立性和关联交易略有下降,分别从57.35和66.78下降到57.27和66.25;中小股东权益保护则有一定的上升,从2014年的55.11上升到58.19。如表11.2和图11.1所示。

可以看出,2015年股东治理指数的上升主要是由中小股东权益保护大幅上升造成的,更进一步的原因是现金分红方面相比2014年有较大的提高。

表11.2 主板上市公司股东治理指数描述性统计六年比较

项目	2010	2011	2012	2013	2014	2015
股东治理指数	58.46	61.51	56.41	59.11	60.23	61.23
独立性	61.43	61.98	57.76	57.24	57.35	57.27
中小股东权益保护	49.83	49.78	46.90	53.91	55.11	58.19
关联交易	65.59	72.99	65.24	65.25	66.78	66.25

资料来源:南开大学公司治理数据库。

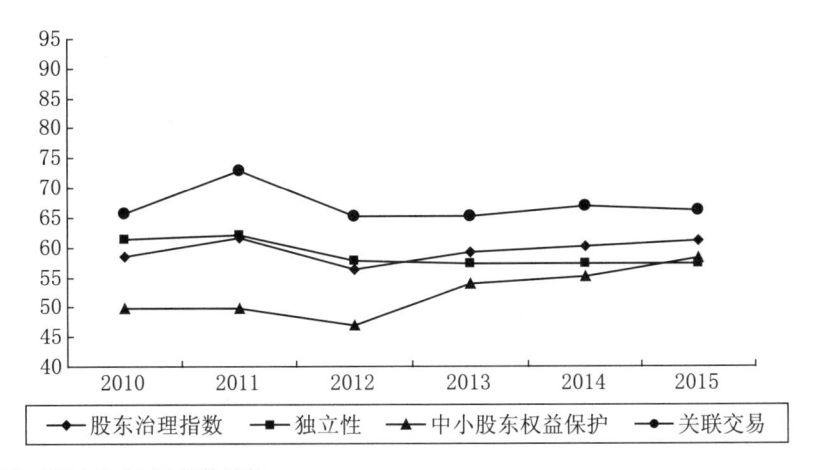

资料来源:南开大学公司治理数据库。

图11.1 主板上市公司股东治理指数平均值六年折线图比较

第二节 主板上市公司股东治理分行业评价

一、2015年主板上市公司股东治理分行业总体描述

表11.3列出了主板上市公司各行业股东治理指数的描述性统计结果。从行业分布状况可以看出,平均值居前三位的分别是木材、家具业,其他制造业和建筑业。平均值最低的三个行业分别是金属、非金属业,传播与文化产业,石油、化学、塑胶、塑料业。

木材、家具业股东治理指数的平均值最高,为67.15,金属、非金属业平均值最低,为59.01,二者相差8.14,相比2014年的8.96,股东治理的行业差距在缩小。

与总样本股东治理行业统计分析相比,信息技术业的股东治理值得注意。在总样本2590家上市公司中,信息技术业有220家上市公司,股东治理均值为67.57,其中主板有68家公司,均值为60.73,中小企业板和创业板信息技术业有152家上市公司,均值为70.63,比主板均值高9.90。因此,中小企业板和创业板信息技术业上市公司股东治理的均值抬高了总样本信息技术业的均值。

表11.3 主板上市公司股东治理指数分行业描述性统计

行 业		数目	比例(%)	平均值	中位数	标准差	极差	最小值	最大值
农、林、牧、渔业		27	1.91	62.31	64.12	7.20	33.44	40.72	74.17
采掘业		54	3.82	59.41	58.74	7.02	32.18	43.2	75.38
制造业		739	52.34	60.77	60.90	8.62	48.24	33.58	81.83
其中	食品、饮料	63	4.46	61.37	62.21	6.54	32.74	46.49	79.23
	纺织、服装、皮毛	45	3.19	63.33	63.67	10.30	43.67	37.77	81.44
	木材、家具	5	0.35	67.15	70.05	6.77	16.84	56.78	73.62
	造纸、印刷	20	1.42	61.84	60.61	8.48	37.04	39.34	76.38
	石油、化学、塑胶、塑料	125	8.85	59.22	58.96	8.37	43.95	36.50	80.45
	电子	49	3.47	60.72	61.30	8.14	42.26	37.98	80.24
	金属、非金属	113	8.00	59.01	58.48	9.12	46.61	34.17	80.77
	机械、设备、仪表	223	15.79	60.56	61.30	8.79	48.24	33.58	81.83
	医药、生物制品	88	155.32	63.03	63.02	8.02	38.69	41.90	80.59
	其他制造业	8	0.57	65.20	67.83	4.99	12.36	57.38	69.74
电力、煤气及水的生产和供应业		75	5.31	60.46	59.38	8.00	33.27	43.28	76.55
建筑业		32	2.27	64.77	63.84	8.08	35.11	46.20	81.31
交通运输、仓储业		66	4.67	61.18	61.10	7.55	37.06	40.67	77.73
信息技术业		68	4.82	60.73	59.37	8.00	33.68	43.73	77.41
批发和零售贸易业		108	7.65	63.55	63.87	7.54	36.58	43.70	80.28
房地产业		115	8.14	63.02	63.92	7.01	32.44	45.12	77.57
社会服务业		49	3.47	62.24	62.14	7.44	41.07	40.10	81.17
传播与文化产业		26	1.84	59.18	59.44	8.46	36.37	41.54	77.92
综合类		53	3.75	60.02	59.37	8.70	46.82	32.24	79.07
合 计		1412	100	61.23	61.30	8.23	49.58	32.24	81.83

资料来源:南开大学公司治理数据库。

从二级指标看,木材、家具业三个指标的平均值分别比主板全样本均值高8.72、

3.12 和 7.55；建筑业三个指标的平均值分别比全样本均值高 7.93、3.72 和 1.16。股东治理指数排名前三的行业的独立性、中小股东权益保护和关联交易方面均好于一般上市公司。导致金属、非金属业股东治理指数分值较低的主要原因是其中小股东保护指数比全样本均值低 3.05，导致信息技术业股东治理指数分值较低的主要原因是其独立性比全样本均值低 2.84，关联交易比全样本均值低 2.29，而传播与文化产业的中小股东保护指数虽然比全样本均值高 0.32，但其关联交易比全样本均值低 5.21，拖累了其股东治理指数。各行业二级指标的表现如表 11.4 所示。

表 11.4　主板上市公司股东治理分指数分行业描述性统计

行　　业	股东治理指数	独立性指数	中小股东保护指数	关联交易指数
农、林、牧、渔业	62.31	57.96	57.03	69.78
采掘业	59.41	58.39	59.11	60.22
制造业	60.77	56.98	57.50	65.94
其中　食品、饮料	61.37	58.79	54.94	69.10
纺织、服装、皮毛	63.33	59.98	58.52	69.80
木材、家具	67.15	65.54	61.31	73.80
造纸、印刷	61.84	57.32	61.73	64.20
石油、化学、塑胶、塑料	59.22	54.45	57.15	63.67
电子	60.72	56.18	56.98	66.73
金属、非金属	59.01	54.43	56.36	63.96
机械、设备、仪表	60.56	56.56	58.43	64.70
医药、生物制品	63.03	60.38	57.85	69.55
其他制造业	65.20	74.79	53.60	72.00
电力、煤气及水的生产和供应业	60.46	57.52	58.68	63.72
建筑业	64.77	65.20	61.92	67.41
交通运输、仓储业	61.18	60.75	62.35	60.23
信息技术业	60.73	54.32	59.32	65.34
批发和零售贸易业	63.55	57.61	58.35	71.72
房地产业	63.02	54.87	60.32	69.78
社会服务业	62.24	57.47	58.73	68.14
传播与文化产业	59.18	56.79	58.52	61.04
综合类	60.02	58.56	52.28	68.49
合　　计	61.23	57.27	58.19	66.25

资料来源：南开大学公司治理数据库。

二、2010—2015年主板上市公司股东治理分行业比较

从表11.5中可以看出,从行业细分来看,在六年之中一直表现比较好的行业为社会服务业和交通运输、仓储业,这两个行业的均值六年一直高于样本均值;表现较差的行业有制造业、信息技术业、综合类和石油、化学、塑胶和塑料业。

表11.5 主板上市公司股东治理指数分行业描述性统计六年比较

行业		2010	2011	2012	2013	2014	2015
农、林、牧、渔业		57.96	60.14	55.20	60.63	61.09	62.31
采掘业		59.03	63.56	56.71	58.47	60.23	59.41
制造业		57.75	61.43	55.96	57.98	59.34	60.77
其中	食品、饮料	58.97	62.05	56.55	59.78	60.75	61.37
	纺织、服装、皮毛	59.73	61.26	56.16	59.37	61.43	63.33
	木材、家具	61.47	61.67	62.60	64.32	66.59	67.15
	造纸、印刷	56.83	58.95	53.63	57.65	58.30	61.84
	石油、化学、塑胶、塑料	56.83	60.77	55.48	57.49	57.63	59.22
	电子	57.58	60.45	53.90	56.40	58.72	60.72
	金属、非金属	57.86	61.41	56.08	57.44	58.09	59.01
	机械、设备、仪表	56.92	61.88	55.87	57.19	58.86	60.56
	医药、生物制品	58.36	62.20	57.44	59.55	62.42	63.03
	其他制造业	61.31	60.20	57.66	62.67	62.93	65.2
电力、煤气及水的生产和供应业		59.98	62.18	57.27	59.74	60.15	60.46
建筑业		58.28	59.27	55.90	61.74	63.72	64.77
交通运输、仓储业		62.82	63.97	60.79	62.77	60.98	61.18
信息技术业		57.24	62.35	55.31	58.05	58.67	60.73
批发和零售贸易业		59.82	60.63	56.34	60.85	63.19	63.55
房地产业		59.95	60.88	56.19	61.01	61.36	63.02
社会服务业		62.19	63.52	59.03	59.69	60.54	62.24
传播与文化产业		61.42	62.90	57.66	58.54	60.41	59.18
综合类		56.19	58.75	55.46	60.89	62.14	60.02
合计		58.46	61.51	56.41	59.11	60.23	61.23

资料来源:南开大学公司治理数据库。

第三节　主板上市公司股东治理分控股股东性质评价

一、2015年主板上市公司股东治理分控股股东性质总体描述

表11.6给出了按控股股东性质分类的主板上市公司股东治理指数统计分析。中国上市公司的主体仍为国有控股和民营控股上市公司,两者相加占到了总样本的96.53%,因此,这里只对国有和民营控股上市公司进行比较分析。国有控股上市公司的股东治理指数平均值为60.07,中位数为60.20,标准差为7.88。民营控股上市公司的平均值为63.31,中位数为63.51,标准差为8.49。民营控股上市公司股东治理指数的平均值明显高于国有控股上市公司,差距为3.24。2014年度,两者之间的差距为1.48,相比上一年度,两类公司股东治理指数都有了较大幅度的上升。

表11.6　主板上市公司股东治理指数分控股股东性质描述性统计

控股股东性质	数目	比例(%)	平均值	中位数	标准差	极差	最小值	最大值
国有控股	875	61.97	60.07	60.20	7.88	48.93	32.24	81.17
集体控股	13	0.92	63.03	63.35	8.32	25.16	50.26	75.41
民营控股	488	34.56	63.31	63.51	8.49	44.06	37.77	81.83
社会团体控股	4	0.28	54.83	53.48	3.53	7.67	52.34	60.01
外资控股	20	1.42	62.46	62.88	7.50	28.06	44.90	72.96
职工持股会控股	9	0.64	55.47	55.73	4.37	12.64	48.69	61.32
其他类型	3	0.21	68.60	71.27	7.90	15.11	59.70	74.82
合　计	1 412	100.00	61.23	61.30	8.23	49.58	32.24	81.83

资料来源:南开大学公司治理数据库。

如表11.7所示,从三个二级指标来看,国有控股上市公司的独立性比民营控股上市公司低4.83,关联交易比民营控股上市公司低7.10,只是在中小股东权益保护上比民营控股上市公司高1.42。对三级指标做进一步的分析发现,主板民营控股上市公司在高管独立性、差异化的现金分红政策、中小股东提名非独立董事权利、经营性关联交易和资产类关联交易上均优于国有控股上市公司,国有控股上市公司只是在现金股利支付率上的表现要好于民营控股上市公司。

表 11.7　主板上市公司股东治理分指数分控股股东性质描述性统计

控股股东性质	数目	比例(%)	股东治理指数	独立性指数	中小股东保护指数	关联交易指数
国有控股	875	61.97	60.07	55.61	58.66	63.72
集体控股	13	0.92	63.03	63.85	56.87	68.77
民营控股	488	34.56	63.31	60.45	57.24	70.82
社会团体控股	4	0.28	68.60	68.56	62.21	75.00
外资控股	20	1.42	54.83	44.57	57.04	57.75
职工持股会控股	9	0.64	62.46	51.63	64.03	66.30
其他类型	3	0.21	55.47	50.31	52.19	61.33
合　计	1 412	100.00	61.23	57.27	58.19	66.25

资料来源：南开大学公司治理数据库。

二、2010—2015 年主板上市公司股东治理分控股股东性质评价

从表 11.8 主板上市公司股东治理评价分控股股东性质六年的发展趋势看，国有控股、民营控股上市公司的股东治理指数在 2011 年达到了一个高点，但 2012 年大幅下降，2013 年则有所上升，2014 年、2015 年继续保持上升趋势。

表 11.8　主板国有和民营控股公司股东治理指数描述性统计六年比较

年　份	控股股东性质	股东治理指数	独立性	中小股东权益保护	关联交易
2010	国有	58.47	62.16	51.01	64.07
	民营	58.24	60.03	46.66	68.93
2011	国有	61.93	63.17	50.23	73.00
	民营	60.76	60.06	48.83	73.03
2012	国有	56.26	57.15	47.45	64.63
	民营	56.62	59.05	45.61	66.42
2013	国有	59.36	56.26	56.95	63.32
	民营	58.76	59.29	48.25	69.01
2014	国有	59.73	56.21	57.36	63.86
	民营	61.21	59.71	50.83	72.35
2015	国有	60.07	55.61	58.66	63.72
	民营	63.31	60.45	57.24	70.82

资料来源：南开大学公司治理数据库。

在 2014 年以前,除了 2012 年外,主板国有控股上市公司的股东治理指数均高于民营控股上市公司,但 2014 年,民营控股上市公司的股东治理指数超过了国有控股上市公司,2015 年两者之间的差距进一步拉大,差距为 3.24。主要原因为民营主板上市公司在中小股东权益保护上提升较大。

第四节 主板上市公司股东治理分地区评价

一、2015 年主板上市公司股东治理分地区总体描述

表 11.9 列出了主板上市公司各地区股东治理的描述性统计。股东治理指数平均值最高的三个地区分别是青海、福建、江苏省,其平均值分别为 65.50、64.67 和 64.48;股东治理指数平均值最低的三个地区分别是宁夏、辽宁和山西省,其平均值分别为 54.99、57.63 和 57.69,平均值最高的地区和平均值最低的地区股东治理指数相差 10.51。

表 11.9 主板上市公司股东治理指数分地区描述性统计

地 区	数目	比例(%)	平均值	中位数	标准差	极差	最小值	最大值
北京市	119	8.43	61.50	61.97	7.88	48.93	32.24	81.17
天津市	29	2.05	59.35	57.82	5.55	20.28	51.94	72.22
河北省	32	2.27	58.36	57.81	8.64	35.81	43.42	79.23
山西省	30	2.12	57.69	57.17	9.38	46.43	34.17	80.59
内蒙古	20	1.42	60.37	59.02	9.46	37.04	43.2	80.24
辽宁省	47	3.33	57.63	58.61	7.88	33.83	43.7	77.53
吉林省	31	2.20	62.11	62.33	7.04	27.87	51.19	79.07
黑龙江省	28	1.98	61.74	63.01	7.43	30.09	44.47	74.56
上海市	135	9.56	59.66	59.31	8.23	43.85	37.98	81.83
江苏省	107	7.58	64.48	63.72	8.57	36.48	44.29	80.77
浙江省	101	7.15	64.42	65.05	8.09	43.54	37.77	81.31
安徽省	46	3.26	59.60	58.82	7.77	29.97	45.57	75.53
福建省	46	3.26	64.67	65.76	8.44	36.35	45.09	81.44
江西省	22	1.56	62.66	64.93	8.41	30.25	47.66	77.92
山东省	74	5.24	60.71	59.73	6.76	32.11	48.34	80.45
河南省	36	2.55	60.59	61.16	9.10	44.11	34.77	78.88
湖北省	59	4.18	59.80	59.70	9.00	37.60	40.67	78.27
湖南省	42	2.97	61.03	61.01	7.63	36.61	41.17	77.78
广东省	136	9.63	62.02	62.36	8.12	40.18	40.10	80.28

续表

地区	数目	比例(%)	平均值	中位数	标准差	极差	最小值	最大值
广　西	25	1.77	64.03	65.01	8.62	27.96	48.92	76.88
海南省	22	1.56	58.88	58.35	6.89	25.69	48.05	73.73
重庆市	30	2.12	60.81	61.69	8.70	33.39	43.73	77.12
四川省	58	4.11	59.99	59.92	7.17	37.12	39.17	76.29
贵州省	14	0.99	60.79	61.40	7.61	27.90	44.90	72.80
云南省	19	1.35	57.84	59.81	8.04	30.46	40.72	71.18
西　藏	8	0.57	63.35	63.43	7.55	22.64	51.30	73.94
陕西省	30	2.12	60.93	59.74	7.91	32.45	46.20	78.65
甘肃省	19	1.35	62.36	61.77	7.47	26.02	48.06	74.08
青海省	9	0.64	65.50	64.42	4.67	16.60	58.77	75.38
宁　夏	11	0.78	54.99	56.65	10.29	30.58	33.58	64.16
新　疆	27	1.91	60.27	62.47	7.59	33.01	36.50	69.51
合　计	1 412	100.00	61.23	61.30	8.23	49.58	32.24	81.83

资料来源：南开大学公司治理数据库。

二、2010—2015 年主板上市公司股东治理分地区比较

从表 11.10 主板股东治理指数平均值的分地区六年比较中可以看出，江苏省、浙江省的股东治理质量较高，其连续六年的平均值都高于总样本平均值，其次是安徽省、河南省、北京市、福建省和山东等地区。辽宁省、内蒙古、海南省、陕西省和宁夏的股东治理评价连续六年低于样本平均值。

表 11.10　主板上市公司股东治理指数分地区描述性统计六年比较

地　区	2010	2011	2012	2013	2014	2015
北京市	59.20	61.44	55.40	61.45	61.29	61.50
天津市	58.61	60.48	55.02	59.07	58.50	59.35
河北省	55.78	61.18	57.02	56.29	58.20	58.36
山西省	56.97	60.69	56.74	53.98	56.23	57.69
内蒙古	56.73	59.80	55.13	54.66	58.78	60.37
辽宁省	57.78	60.03	55.33	57.53	58.45	57.63
吉林省	57.77	60.24	57.60	58.07	61.10	62.11
黑龙江省	54.97	62.40	57.86	60.00	60.73	61.74
上海市	58.37	59.75	53.64	59.15	59.88	59.66

续表

地 区	2010	2011	2012	2013	2014	2015
江苏省	61.21	63.42	60.16	61.03	62.55	64.48
浙江省	61.14	63.14	58.00	60.77	63.21	64.42
安徽省	60.21	63.08	55.39	59.30	59.70	59.60
福建省	58.60	60.53	55.85	60.74	61.91	64.67
江西省	59.29	63.25	59.15	57.90	62.80	62.66
山东省	57.29	62.83	57.07	59.90	59.88	60.71
河南省	59.56	63.80	57.28	58.99	60.94	60.59
湖北省	57.83	61.84	55.64	58.43	58.77	59.80
湖南省	59.82	61.95	57.60	58.60	60.78	61.03
广东省	58.62	61.18	56.76	58.89	60.35	62.02
广 西	59.92	65.32	60.72	61.09	60.54	64.03
海南省	54.42	59.52	55.79	55.54	58.61	58.88
重庆市	56.34	61.32	56.44	57.56	58.55	60.81
四川省	56.69	60.97	55.11	59.59	58.99	59.99
贵州省	57.64	60.06	58.01	60.12	60.05	60.79
云南省	60.95	64.94	57.23	58.17	57.25	57.84
西 藏	57.93	58.45	58.20	60.81	63.68	63.35
陕西省	56.02	60.06	53.28	56.16	57.36	60.93
甘肃省	52.54	58.85	55.87	58.97	60.35	62.36
青海省	58.45	59.55	54.98	55.38	59.21	65.50
宁 夏	52.20	59.91	51.09	51.93	52.88	54.99
新 疆	62.23	59.96	54.79	61.17	61.03	60.27
合 计	58.46	61.51	56.41	59.11	60.23	61.23

资料来源:南开大学公司治理数据库。

第五节 主板上市公司股东治理100佳评价

一、主板上市公司股东治理100佳比较分析

表11.11是主板股东治理100佳公司股东治理指数以及各分项指标的描述统计结果,100佳公司的股东治理指数平均值为76.73,独立性、中小股东权益保护和关联交易的平均值分别为76.36、73.69和79.95。可以看到,100佳公司各项指标的平均值和中位数均显著高于全体样本。

表 11.11　主板上市公司股东治理 100 佳描述性统计

项　目	样　本	平均值	中位数	标准差	极　差	最小值	最大值
股东治理指数	100 佳	76.73	76.34	2.21	8.21	73.62	81.83
	样本总体	61.23	61.30	8.23	49.58	32.24	81.83
独立性	100 佳	76.36	76.00	9.56	46.24	49.76	96.00
	样本总体	57.27	60.07	17.94	94.00	2.00	96.00
中小股东权益保护	100 佳	73.69	74.63	7.09	33.84	57.53	91.37
	样本总体	58.19	58.69	12.00	72.37	19.00	91.37
关联交易	100 佳	79.95	81.00	5.81	33.00	54.00	87.00
	样本总体	66.25	66.00	12.04	69.00	18.00	87.00

资料来源：南开大学公司治理数据库。

二、主板上市公司股东治理 100 佳公司行业分布

表 11.12 列出了主板股东治理 100 佳公司在各个行业的分布情况，从表中可以看到，制造业样本公司中进入 100 佳的最多，有 54 家公司。从各行业 100 佳个数占行业样本公司总数的比例上看，最高的是木材、家具业和纺织、服装、皮毛业，100 佳企业个数占行业样本总数的比例分别为 20.00%、15.56%。

表 11.12　主板上市公司股东治理 100 佳公司行业分布

行　业		样本总体		100 佳		占本行业比例(%)
		数目	比例(%)	数目	比例(%)	
农、林、牧、渔业		27	1.91	1	1.00	3.70
采掘业		54	3.82	1	1.00	1.85
制造业		739	52.34	54	54.00	7.31
其中	食品、饮料	63	4.46	3	3.00	4.76
	纺织、服装、皮毛	45	3.19	7	7.00	15.56
	木材、家具	5	0.35	1	1.00	20.00
	造纸、印刷	20	1.42	2	2.00	10.00
	石油、化学、塑胶、塑料	125	8.85	6	6.00	4.80
	电子	49	3.47	1	1.00	2.04
	金属、非金属	113	8.00	9	9.00	7.96
	机械、设备、仪表	223	15.79	16	16.00	7.17

续表

行业	样本总体		100佳		
	数目	比例(%)	数目	比例(%)	占本行业比例(%)
医药、生物制品	88	155.32	9	9.00	10.23
其他制造业	8	0.57	—	—	—
电力、煤气及水的生产和供应业	75	5.31	2	2.00	2.67
建筑业	32	2.27	4	4.00	12.50
交通运输、仓储业	66	4.67	4	4.00	6.06
信息技术业	68	4.82	5	5.00	7.35
批发和零售贸易业	108	7.65	12	12.00	11.11
房地产业	115	8.14	6	6.00	5.22
社会服务业	49	3.47	4	4.00	8.16
传播与文化产业	26	1.84	1	1.00	3.85
综合类	53	3.75	6	6.00	11.32
合计	1 412	100.00	100	100.00	7.08

资料来源：南开大学公司治理数据库。

三、主板上市公司股东治理100佳公司控股股东分布

表11.13给出了主板100佳公司控股股东性质的分布状况，可以看到，主板股东治理100佳几乎集中在国有控股和民营控股上市公司中。国有控股上市公司进入100佳

表11.13 主板上市公司股东治理100佳公司控股股东分布

控股股东性质	样本总体		100佳		
	数目	比例(%)	数目	比例(%)	占本组比例(%)
国有控股	875	61.97	35	35.00	4.00
集体控股	13	0.92	1	1.00	7.69
民营控股	488	34.56	63	63.00	12.91
社会团体控股	4	0.28	—	—	—
外资控股	20	1.42	—	—	—
职工持股会控股	9	0.64	—	—	—
其他类型	3	0.21	1	1.00	33.33
合计	1 412	100.00	100	100.00	7.08

资料来源：南开大学公司治理数据库。

的最多,为35家,民营控股上市公司有63家入围100佳。而2014年国有控股上市公司进入100佳的为56家,民营控股上市公司有42家入围100佳。2013年国有控股上市公司进入100佳的为72家,民营控股上市公司有26家入围100佳。2012年的100佳公司中,国有控股上市公司和民营控股上市公司分别有54家和41家。2011年的100佳公司中,国有控股公司和民营控股公司分别有57家和38家。相比2011年和2012年,100佳公司中国有控股上市公司所占的比例有所上升,民营控股上市公司比例下降,2014年相比2013年民营控股上市公司入围100佳公司比例有所上升,国有控股上市公司所占比例下降,到2015年民营控股上市公司入围100佳公司比例首次超过国有控股公司且数目将近两倍。

四、主板上市公司股东治理100佳公司地区分布

表11.14给出了主板股东治理100佳公司的地区分布状况,可以看到,入选主板股东治理100佳上市公司中,来自江苏省、浙江省、广东省、福建省和上海市的样本较多,所占的比例依次为17%、14%、9%、8%和7%,股东治理100佳中55%的公司来自这五个省市。天津市、贵州省、云南省、宁夏和新疆五个地区则没有1家公司进入股东治理100佳。进入100佳公司占本地区样本比例最高的五个地区分别是:福建省、广西省、江苏省、浙江省和江西省。

表11.14 主板上市公司股东治理100佳公司地区分布

地区	样本总体		100佳		
	数目	比例(%)	数目	比例(%)	占本地区比例(%)
北京市	119	8.43	5	5.00	4.20
天津市	29	2.05	—	—	—
河北省	32	2.27	1	1.00	3.13
山西省	30	2.12	1	1.00	3.33
内蒙古	20	1.42	2	2.00	10.00
辽宁省	47	3.33	2	2.00	4.26
吉林省	31	2.20	1	1.00	3.23
黑龙江省	28	1.98	2	2.00	7.14
上海市	135	9.56	7	7.00	5.19
江苏省	107	7.58	17	17.00	15.89
浙江省	101	7.15	14	14.00	13.86
安徽省	46	3.26	2	2.00	4.35
福建省	46	3.26	8	8.00	17.39

续表

地 区	样本总体		100佳		
	数目	比例(%)	数目	比例(%)	占本地区比例(%)
江西省	22	1.56	3	3.00	13.64
山东省	74	5.24	3	3.00	4.05
河南省	36	2.55	3	3.00	8.33
湖北省	59	4.18	5	5.00	8.47
湖南省	42	2.97	1	1.00	2.38
广东省	136	9.63	9	9.00	6.62
广 西	25	1.77	4	4.00	16.00
海南省	22	1.56	1	1.00	4.55
重庆市	30	2.12	2	2.00	6.67
四川省	58	4.11	2	2.00	3.45
贵州省	14	0.99	—	—	—
云南省	19	1.35	—	—	—
西 藏	8	0.57	1	1.00	12.50
陕西省	30	2.12	2	2.00	6.67
甘肃省	19	1.35	1	1.00	5.26
青海省	9	0.64	1	1.00	11.11
宁 夏	11	0.78	—	—	—
新 疆	27	1.91	—	—	—
合 计	1 412	100.00	100	100.00	7.08

资料来源:南开大学公司治理数据库。

主 要 结 论

第一,2015年主板股东治理指数总体上相比上一年度有一定幅度的上升,由60.23上升为61.23,上升了1.00。从二级指标来看,独立性基本没有变化,关联交易下降了0.53,中小股东权益保护指标有所上升,上升了3.08。

第二,中小股东权益保护指数的上升主要原因为现金分红制度的清晰性、现金分红的连续性都有所提高。关联交易下降的原因为经营类关联交易和资产类关联交易均有所抬头。

第三,主板民营控股上市公司股东治理指数高于国有控股上市公司,且差距在拉大。主板民营和国有控股上市公司2015年的股东治理指数相比2014年都有了提升,但民营控股上市公司提升的幅度更大。从三个二级指标来看,国有控股上市公司的独立性比民营控股上市公司低3.24,关联交易比民营控股上市公司低7.10,只是在中小股东权益保护上比民营控股上市公司高1.42。进一步地分析发现,民营控股上市公司在高管独立性、差异化的现金分红政策、中小股东提名非独立董事权利、经营性关联交易和资产类关联交易等指标上的表现要好于国有控股上市公司,国有控股上市公司在现金股利派现率上略高于民营控股上市公司。

第四,股东治理地区之间的差距有所缩小。股东治理指数平均值最高的三个地区分别是青海省、福建省、江苏省,其平均值分别为65.50、64.67和64.48;股东治理指数平均值最低的三个地区分别是宁夏、辽宁省和山西省,其平均值分别为54.99、57.63和57.69,平均值最高的地区和平均值最低的地区股东治理指数相差10.51。

第五,入选主板股东治理100佳上市公司中,来自江苏省、浙江省、广东省、福建省和上海市的样本较多,天津市、贵州省、云南省、宁夏和新疆五个地区没有1家公司进入股东治理100佳。

第六,主板股东治理100佳几乎集中在国有控股和民营控股上市公司中。民营控股上市公司进入100佳的最多,为63家,国有控股上市公司有35家入围100佳。相比2014年,100佳公司中民营控股上市公司所占比例上升幅度较大,国有控股上市公司所占比例下降。

第十二章 主板上市公司董事会治理评价

第一节 主板上市公司董事会治理总体分析

一、2015年主板上市公司董事会治理总体描述

2015年中国上市公司主板市场非金融类公司样本量为1 412家,董事会治理指数的平均值为63.22,中位数为63.46,最大值为69.95,最小值为51.20。2015年度主板上市公司董事会治理的平均水平较2014年度下降了0.26。

从董事会治理的五个主要因素来看,董事会组织结构指数最高,平均值为68.27;董事会运作效率指数的平均值次之,为67.97;独立董事制度指数位居第三,其平均值为61.02;董事权利与义务和董事薪酬指数的平均值相对较低,分别为60.98和56.10。

从公司董事会治理质量的差异情况来看,2015年度中国主板上市公司董事会治理指数的标准差为2.37。公司间董事会治理质量的差异主要表现在董事会组织结构、董事薪酬、独立董事制度指数方面,其标准差分别为8.07、4.82和4.50;而公司在董事权利与义务和董事会运作效率方面的差异相对较小,其标准差分别为4.21和3.93。见表12.1。

表12.1 主板上市公司董事会治理总体状况描述性统计

项　　目	平均值	中位数	标准差	极　差	最小值	最大值
董事会治理指数	63.22	63.46	2.37	18.75	51.20	69.95
董事权利与义务	60.98	61.25	4.21	29.00	46.50	75.50
董事会运作效率	67.97	67.85	3.93	23.00	51.46	74.46
董事会组织结构	68.27	70.00	8.07	70.50	17.50	88.00
董事薪酬	56.10	54.50	4.82	25.00	50.00	75.00
独立董事制度	61.02	61.00	4.50	31.25	41.25	72.50

资料来源:南开大学公司治理数据库。

二、2010—2015年主板上市公司董事会治理比较

董事会治理指数的平均水平在2010—2014年连续五年呈现出不断提高的趋势,但

在2015年董事会治理平均水平略下降。

从董事会治理的五个主要因素来看,董事权利与义务指数在六年间呈现出了较大的波动性;董事会运作效率指数在六年间总体呈现出增长态势;董事会组织结构六年间小幅度波动,变化不大;董事薪酬指数的均值在2010—2014年持续增长的态势,2015年显著下降,董事薪酬指数的平均水平一直较低,是制约上市公司董事会治理质量的"短板";独立董事制度指数的平均水平在六年间先上升后下降。见表12.2和图12.1。

表12.2 主板上市公司董事会治理指数描述性统计六年比较

项目	2010	2011	2012	2013	2014	2015
董事会治理指数	60.15	60.69	60.92	61.59	63.48	63.22
董事权利与义务	64.94	66.30	64.82	63.15	68.41	60.98
董事会运作效率	57.81	57.89	57.57	59.10	60.72	67.97
董事会组织结构	67.80	68.29	68.47	68.69	68.84	68.27
董事薪酬	54.88	55.77	56.57	57.75	59.74	56.10
独立董事制度	58.67	59.12	60.16	60.86	62.97	61.02

资料来源:南开大学公司治理数据库。

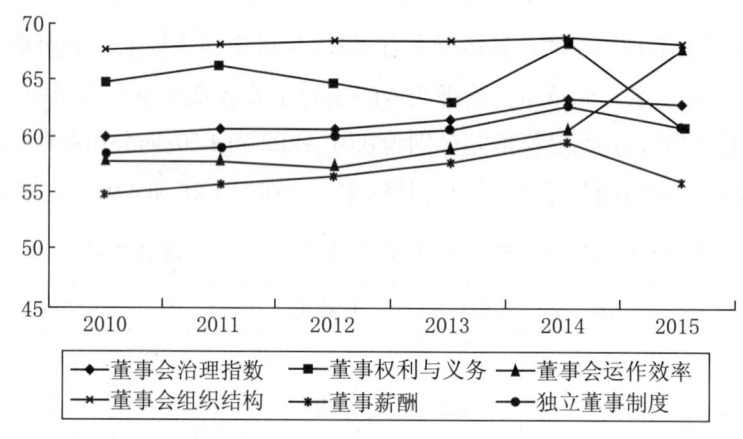

资料来源:南开大学公司治理数据库。

图12.1 主板上市公司董事会治理指数平均值六年折线图比较

第二节 主板上市公司董事会治理分行业评价

一、2015年主板上市公司董事会治理分行业总体描述

依据证监会制定的行业分类标准,对不同行业董事会治理质量进行分析,以探讨董

事会治理质量的行业差异特征。由表12.3董事会治理指数分行业描述性统计中可以看出,批发和零售贸易业、综合类和房地产业的平均水平位居前三,其均值分别为63.76、63.54和63.50;社会服务业,金属、非金属业,农、林、牧、渔业的董事会治理质量相对较差,其均值分别为62.45、62.86和62.95。

表 12.3 主板上市公司董事会治理指数分行业描述性统计

行　　业		数目	比例(%)	平均值	中位数	标准差	极差	最小值	最大值
农、林、牧、渔业		27	1.91	62.95	63.62	1.98	8.51	58.16	66.68
采掘业		54	3.82	63.32	63.60	2.66	11.77	57.12	68.89
制造业		739	52.34	63.15	63.40	2.31	18.17	51.20	69.37
其中	食品、饮料	63	4.46	63.29	63.78	2.36	11.69	55.57	67.25
	纺织、服装、皮毛	45	3.19	63.09	63.18	1.92	10.31	56.24	66.55
	木材、家具	5	0.35	63.05	63.83	2.88	7.00	58.03	65.03
	造纸、印刷	20	1.42	63.12	62.86	1.42	4.97	60.73	65.70
	石油、化学、塑胶、塑料	125	8.85	62.99	63.23	2.30	12.71	55.07	67.78
	电子	49	3.47	63.02	62.94	2.43	12.13	55.44	67.58
	金属、非金属	113	8.00	62.86	62.92	2.17	12.07	55.78	67.85
	机械、设备、仪表	223	15.79	63.33	63.64	2.44	17.32	51.20	68.53
	医药、生物制品	88	6.23	63.32	63.64	2.43	13.88	55.49	69.37
	其他制造业	8	0.57	63.37	63.03	1.70	5.13	61.25	66.38
电力、煤气及水的生产和供应业		75	5.31	63.30	63.69	2.27	11.62	55.41	67.03
建筑业		32	2.27	62.99	63.06	2.81	13.41	53.64	67.05
交通运输、仓储业		66	4.67	63.06	63.64	2.54	14.53	52.80	67.33
信息技术业		68	4.82	63.09	63.16	2.69	13.85	55.33	69.18
批发和零售贸易业		108	7.65	63.76	63.91	2.04	11.70	57.42	69.12
房地产业		115	8.14	63.50	63.58	2.24	13.89	56.07	69.95
社会服务业		49	3.47	62.45	62.95	3.21	15.75	51.85	67.60
传播与文化产业		26	1.84	63.45	63.53	2.24	10.44	57.32	67.76
综合类		53	3.75	63.54	63.59	2.39	10.82	56.63	67.44
合　　计		1 412	100.00	63.22	63.46	2.37	18.75	51.20	69.95

资料来源:南开大学公司治理数据库。

在董事权利与义务指数方面,批发和零售贸易业、房地产业、综合类表现较好,其均值分别为62.60、62.29和62.14;木材、家具业,纺织、服装、皮毛业,电子业表现相对较差,其均值分别为58.45、59.19和59.89。在董事会运作效率方面,电力、煤气及水的生产和供应业,交通运输、仓储业,木材、家具业位居前三,其均值分别为69.08、68.76和68.65;其中房地产业、社会服务业、建筑业的平均值最低,分别为66.77、66.85和66.96。

在董事会组织结构方面,其他制造业,传播与文化产业,造纸、印刷业表现较好,其均值分别为71.19、70.04和70.00;社会服务业,木材、家具业和交通运输、仓储业表现较差,其均值分别为64.47、66.50和66.60。在董事薪酬方面,木材、家具业,建筑业和社会服务业的均值水平位居行业前三,分别为58.00、57.09和56.92;农、林、牧、渔业,造纸、印刷业,采掘业的均值水平较低,分别为53.17、54.63和54.70。在独立董事制度方面,农、林、牧、渔业,房地产业,交通运输、仓储业的表现较好,其均值分别为61.97、61.89和61.73;纺织、服装、皮毛业,石油、化学、塑胶、塑料业和其他制造业的表现相对较差,其均值分别为59.39、60.12和60.19。见表12.4。

表 12.4 主板上市公司董事会治理分指数分行业描述性统计

行业		数目	比例(%)	董事会治理指数	董事权利与义务	董事会运作效率	董事会组织结构	董事薪酬	独立董事制度
农、林、牧、渔业		27	1.91	62.95	60.88	67.45	69.37	53.17	61.97
采掘业		54	3.82	63.32	60.68	68.19	69.43	54.70	61.52
制造业		739	52.34	63.15	60.59	67.98	68.53	56.15	60.65
其中	食品、饮料	63	4.46	63.29	61.00	68.00	68.34	56.20	61.13
	纺织、服装、皮毛	45	3.19	63.09	59.19	68.55	69.22	56.72	59.39
	木材、家具	5	0.35	63.05	58.45	68.65	66.50	58.00	60.55
	造纸、印刷	20	1.42	63.12	60.69	68.32	70.00	54.63	60.20
	石油、化学、塑胶、塑料	125	8.85	62.99	61.52	67.90	68.70	55.46	60.12
	电子	49	3.47	63.02	59.89	67.25	68.41	56.42	61.01
	金属、非金属	113	8.00	62.86	60.31	67.76	68.40	55.42	60.49
	机械、设备、仪表	223	15.79	63.33	60.55	68.21	68.46	56.57	60.85
	医药、生物制品	88	6.23	63.32	60.61	67.81	68.03	56.84	61.34
	其他制造业	8	0.57	63.37	60.75	67.60	71.19	55.56	60.19
电力、煤气及水的生产和供应业		75	5.31	63.30	61.68	69.08	68.38	54.71	60.99
建筑业		32	2.27	62.99	60.35	66.96	67.56	57.09	61.14
交通运输、仓储业		66	4.67	63.06	60.08	68.76	66.60	55.54	61.73
信息技术业		68	4.82	63.09	60.04	68.14	67.18	56.82	60.98
批发和零售贸易业		108	7.65	63.76	62.60	68.57	68.32	56.65	61.44
房地产业		115	8.14	63.50	62.29	66.77	68.89	56.65	61.89
社会服务业		49	3.47	62.45	61.59	66.85	64.47	56.92	61.21
传播与文化产业		26	1.84	63.45	60.57	68.08	70.04	55.46	61.11
综合类		53	3.75	63.54	62.14	68.13	67.88	56.75	61.46
合计		1 412	100.00	63.22	60.98	67.97	68.27	56.10	61.02

资料来源:南开大学公司治理数据库。

二、2010—2015 年主板上市公司董事会治理分行业比较

从表 12.5 董事会治理指数分行业描述性统计六年比较中可以看出,房地产业与批发和零售贸易业的董事会治理质量六年间表现较好,其中房地产业分别有五年位居行业前三名,批发和零售贸易业有四年位居行业前三名;农、林、牧、渔业的董事会治理质量六年间表现较差,有五年处于行业最后三名。

表 12.5 主板上市公司董事会治理指数分行业描述性统计六年比较

行　业	2010	2011	2012	2013	2014	2015
农、林、牧、渔业	59.31	59.62	60.29	60.89	63.52	62.95
采掘业	61.67	60.56	60.36	60.86	63.01	63.32
制造业	59.89	60.53	60.82	61.42	63.50	63.15
电力、煤气及水的生产和供应业	59.38	60.11	60.43	61.09	63.41	63.30
建筑业	59.90	61.06	61.88	62.13	63.62	62.99
交通运输、仓储业	60.01	60.74	60.87	61.52	62.63	63.06
信息技术业	60.77	60.61	61.11	62.07	63.97	63.09
批发和零售贸易业	61.00	61.30	61.23	62.22	63.43	63.76
房地产业	61.19	61.35	61.67	62.30	63.58	63.50
社会服务业	59.92	60.80	60.74	61.84	63.17	62.45
传播与文化产业	61.25	61.17	60.91	60.90	63.61	63.45
综合类	60.69	61.44	61.20	62.21	63.54	63.54
合　计	60.15	60.69	60.92	61.59	63.48	63.22

资料来源:南开大学公司治理数据库。

第三节 主板上市公司董事会治理分控股股东性质评价

一、2015 年主板上市公司董事会治理分控股股东性质总体描述

从表 12.6 可以看出,董事会治理指数的平均水平依据控股股东性质从高到低排序依次为其他类型、民营控股、国有控股、职工持股会控股、集体控股、外资控股、社会团体控股,其平均值分别为 63.57、63.56、63.10、62.60、62.05、61.99、60.52。从公司间的差异程度来讲,职工持股会控股和集体控股上市公司董事会治理质量之间的差异程度较大,其标准差分别为 3.72 和 3.20。

表 12.6 主板上市公司董事会治理指数分控股股东性质描述性统计

控股股东性质	数目	比例(%)	平均值	中位数	标准差	极差	最小值	最大值
国有控股	875	61.97	63.10	63.38	2.38	18.10	51.85	69.95
集体控股	13	0.92	62.05	63.63	3.20	9.72	55.44	65.17
民营控股	488	34.56	63.56	63.69	2.24	18.17	51.20	69.37
社会团体控股	4	0.28	60.52	60.65	2.30	5.03	57.88	62.90
外资控股	20	1.42	61.99	61.65	2.75	11.11	55.93	67.04
职工持股会控股	9	0.64	62.60	63.85	3.72	10.45	56.06	66.52
其他类型	3	0.21	63.57	63.77	2.07	4.12	61.42	65.54
合计	1 412	100.00	63.22	63.46	2.37	18.75	51.20	69.95

资料来源:南开大学公司治理数据库。

从董事权利与义务指数来看,职工持股会控股上市公司最高,其平均值为64.97,社会团体控股上市公司最低,其平均值为57.25;从董事会运作效率指数来看,外资控股上市公司表现最好,其平均值为68.38,其他类型控股上市公司表现最差,其平均值为64.59;从董事会组织结构指数来看,其他类型控股上市公司最高,其平均值为70.00,社会团体控股上市公司最低,其平均值为61.25;在董事薪酬方面,其他类型上市公司表现最好,其平均值为62.33,社会团体控股上市公司最低,其平均值为54.13;在独立董事制度方面,职工持股会控股上市公司表现最好,其平均值为62.89,而外资控股类上市公司表现最差,其平均值为58.11。见表12.7。

表 12.7 主板上市公司董事会治理分指数分控股股东性质描述性统计

控股股东性质	董事会治理指数	董事权利与义务	董事会运作效率	董事会组织结构	董事薪酬	独立董事制度
国有控股	63.10	60.76	68.34	68.19	55.31	60.93
集体控股	62.05	61.13	66.90	64.62	57.19	59.40
民营控股	63.56	61.39	67.40	68.76	57.45	61.33
社会团体控股	60.52	57.25	65.69	61.25	54.13	61.19
外资控股	61.99	59.34	68.38	65.65	56.50	58.11
职工持股会控股	62.60	64.97	66.28	63.22	55.83	62.89
其他类型	63.57	63.33	64.59	70.00	62.33	58.50
合计	63.22	60.98	67.97	68.27	56.10	61.02

资料来源:南开大学公司治理数据库。

二、2010—2015 年主板上市公司董事会治理分控股股东性质比较

表12.8 给出了主板上市公司国有控股和民营控股上市公司董事会治理状况的六年描述性统计，从中可以看出，2010—2013 年，民营控股上市公司的董事会治理质量均优于国有控股上市公司，在 2014 年，国有控股上市公司的董事会治理质量优于民营控股上市公司，但在 2015 年，民营控股上市公司的董事会治理质量又优于国有控股上市公司。

以2015 年度国有控股与民营控股上市公司董事会治理质量的比较来讲，民营控股上市公司 2015 年度董事会治理指数高过国有控股上市公司的主要原因在于，民营控股上市公司在董事权利与义务、董事会组织结构、董事薪酬、独立董事制度方面均好于国有控股上市公司。

从六年间国有和民营控股上市公司在董事会分指数方面的变动趋势上来看，民营控股上市公司在董事薪酬、董事权利与义务方面具有较大优势，民营控股上市公司六年间有五年均在董事薪酬和董事权利与义务方面超过国有控股上市公司。而国有控股上市公司在董事会运作效率方面具有较大优势，国有控股上市公司六年间有五年（2011—2015 年）在董事会组织结构的均值方面超过民营控股上市公司。

表 12.8　主板国有和民营控股公司董事会治理指数描述性统计六年比较

年份	控股股东性质	董事会治理指数	董事权利与义务	董事会运作效率	董事会组织结构	董事薪酬	独立董事制度
2010	国有	59.98	64.45	57.78	67.78	54.54	58.51
	民营	60.60	66.14	57.91	68.06	55.65	59.07
2011	国有	60.61	66.01	57.94	68.29	55.42	59.12
	民营	60.84	66.74	57.83	68.43	56.31	59.06
2012	国有	60.83	64.50	57.67	68.45	56.23	60.10
	民营	61.11	65.35	57.44	68.61	57.13	60.26
2013	国有	61.49	62.83	59.21	68.77	57.16	60.85
	民营	61.80	63.87	58.88	68.55	58.86	60.86
2014	国有	63.74	68.44	60.97	69.03	59.95	63.45
	民营	63.32	68.39	60.58	68.73	59.62	62.69
2015	国有	63.10	60.76	68.34	68.19	55.31	60.93
	民营	63.56	61.39	67.40	68.76	57.45	61.33

资料来源：南开大学公司治理数据库。

第四节 主板上市公司董事会治理分地区评价

一、2015年主板上市公司董事会治理分地区总体描述

不同地区的董事会治理状况存在着显著差异。由表12.9可知,青海省、湖南省和贵州省的董事会治理平均水平位居地区前三位,其均值分别为64.50、63.99和63.87;而安徽省、天津市和宁夏董事会治理的平均水平处于地区后三位,其均值分别为62.38、62.52和62.55。从董事会治理质量在公司间的差异程度来说,安徽省、西藏和北京市的上市公司在董事会治理质量方面具有较大差异,其标准差分别为2.91、2.89和2.86;内蒙古、陕西省和江苏省的上市公司在董事会治理方面的差异性相对较小,其标准差分别为1.37、1.40和1.76。

表12.9 主板上市公司董事会治理指数分地区描述性统计

地 区	数目	比例(%)	平均值	中位数	标准差	极差	最小值	最大值
北京市	119	8.43	62.87	63.06	2.86	16.31	53.64	69.95
天津市	29	2.05	62.52	62.14	1.86	6.49	59.42	65.91
河北省	32	2.27	62.74	62.50	2.35	10.49	56.57	67.06
山西省	30	2.12	63.18	63.12	2.14	9.34	57.42	66.75
内蒙古	20	1.42	63.38	63.41	1.37	5.33	60.88	66.22
辽宁省	47	3.33	63.18	63.46	2.33	10.18	57.07	67.24
吉林省	31	2.20	63.11	63.41	2.44	9.39	57.20	66.59
黑龙江省	28	1.98	62.98	63.08	2.29	11.48	55.07	66.54
上海市	135	9.56	63.07	63.59	2.72	15.91	51.20	67.11
江苏省	107	7.58	63.48	63.75	1.76	9.33	58.11	67.44
浙江省	101	7.15	63.70	63.70	2.11	11.55	57.63	69.18
安徽省	46	3.26	62.38	63.00	2.91	11.09	55.12	66.21
福建省	46	3.26	63.15	63.51	2.52	13.08	55.44	68.53
江西省	22	1.56	63.49	63.00	2.06	7.16	59.44	66.60
山东省	74	5.24	62.88	62.93	2.50	11.88	55.57	67.44
河南省	36	2.55	63.45	63.63	2.26	9.83	57.04	66.87
湖北省	59	4.18	63.07	63.14	2.30	13.69	54.44	68.13
湖南省	42	2.97	63.99	64.18	2.20	8.71	59.82	68.53

续表

地 区	数目	比例(%)	平均值	中位数	标准差	极差	最小值	最大值
广东省	136	9.63	63.51	63.70	2.64	16.57	52.80	69.37
广 西	25	1.77	63.40	63.47	2.37	9.91	57.11	67.02
海南省	22	1.56	63.03	63.66	2.43	8.85	57.30	66.15
重庆市	30	2.12	63.48	63.09	2.06	8.08	60.36	68.44
四川省	58	4.11	63.13	63.15	1.91	11.59	57.05	68.64
贵州省	14	0.99	63.87	64.13	2.28	8.14	58.90	67.04
云南省	19	1.35	63.13	63.34	2.08	8.10	60.18	68.28
西 藏	8	0.57	63.43	63.66	2.89	8.75	59.10	67.85
陕西省	30	2.12	63.57	63.59	1.40	6.54	59.89	66.43
甘肃省	19	1.35	62.76	63.28	2.04	9.22	56.24	65.47
青海省	9	0.64	64.50	63.44	2.48	7.12	61.76	68.89
宁 夏	11	0.78	62.55	62.88	1.99	7.48	59.79	67.27
新 疆	27	1.91	63.43	63.95	2.57	11.52	55.78	67.30
合 计	1 412	100.00	63.22	63.46	2.37	18.75	51.20	69.95

资料来源：南开大学公司治理数据库。

二、2010—2015年主板上市公司董事会治理分地区比较

从表12.10主板分地区董事会治理指数平均值的六年比较中可以看出，贵州省、云南省、广东省的董事会治理质量表现较好，各有三年位列地区前三名；重庆市、宁夏和河北省的董事会治理质量表现较差，六年间有三年位列地区倒数三名之列。

表12.10 主板上市公司董事会治理指数分地区描述性统计六年比较

地 区	2010	2011	2012	2013	2014	2015
北京市	60.66	60.85	61.16	61.70	63.18	62.87
天津市	60.40	61.31	60.93	61.53	63.88	62.52
河北省	59.57	60.42	59.91	60.68	62.78	62.74
山西省	58.77	59.89	60.43	60.80	63.15	63.18
内蒙古	60.61	59.80	60.54	61.91	64.38	63.38
辽宁省	59.66	60.49	60.82	61.51	63.09	63.18
吉林省	60.03	60.55	61.14	61.44	63.17	63.11
黑龙江省	60.71	60.69	60.86	61.09	63.96	62.98
上海市	59.73	60.72	60.87	61.83	63.82	63.07

续表

地 区	2010	2011	2012	2013	2014	2015
江苏省	59.42	60.58	60.80	61.68	63.71	63.48
浙江省	60.81	61.16	61.47	62.18	63.91	63.70
安徽省	59.99	60.28	60.56	60.95	63.12	62.38
福建省	60.03	60.99	61.36	62.47	63.57	63.15
江西省	58.51	60.23	60.80	61.78	63.16	63.49
山东省	60.02	60.39	60.60	61.04	63.21	62.88
河南省	60.97	60.93	60.89	60.95	63.68	63.45
湖北省	60.15	60.61	60.77	61.35	63.88	63.07
湖南省	60.84	60.69	60.95	61.51	63.3	63.99
广东省	61.64	61.37	61.66	62.09	62.75	63.51
广 西	60.49	60.98	60.76	61.50	63.51	63.40
海南省	58.11	60.69	60.60	61.42	62.89	63.03
重庆市	58.19	60.48	60.32	60.80	63.76	63.48
四川省	59.85	60.54	60.59	61.68	63.89	63.13
贵州省	61.15	59.97	61.17	61.72	64.59	63.87
云南省	61.21	61.49	61.12	62.63	63.65	63.13
西 藏	60.23	60.07	60.89	61.54	63.16	63.43
陕西省	59.45	60.35	60.51	61.33	64.07	63.57
甘肃省	60.37	60.27	59.84	60.91	63.2	62.76
青海省	60.86	60.20	61.17	61.76	64.51	64.50
宁 夏	58.70	59.99	60.34	60.47	62.45	62.55
新 疆	58.83	60.49	60.89	61.44	64.03	63.43
合 计	60.15	60.69	60.92	61.59	63.48	63.22

资料来源:南开大学公司治理数据库。

第五节 主板上市公司董事会治理100佳评价

一、主板上市公司董事会治理100佳比较分析

如表12.11所示,董事会治理100佳上市公司的表现明显优于主板非金融类上市公司。2015年度100佳公司董事会治理质量的平均值为67.16,比主板非金融类上市公司高 3.94。100 佳公司董事会治理质量的优势主要体现在董事会组织结构、董事薪酬和独立董事制度方面，分别比主板非金融类上市公司高 5.60、5.01 和 4.17；在董事权利与义务、董事会运作效率方面，100 佳公司的优势并不明显，分别比主板非金融类上市公司高 1.65 和 2.46。从公司间的差异程度来说，2015 年度 100 佳公司董事会治理指数的标准差为 0.81，比 2015 年度主板非金融类上市公司的标准差低 1.56，表明 100 佳公司在董事会治理质量的差异程度上低于主板非金融类公司。从分指数的差异程度上来看，100 佳公司在董事权利与义务和董事薪酬方面的差异程度略高于主板非金融类上市公司，其他分指数的差异程度均比样本总体要低。

表 12.11 主板上市公司董事会治理 100 佳描述性统计

项目	样本	平均值	中位数	标准差	极差	最小值	最大值
董事会治理指数	100 佳	67.16	66.94	0.81	3.65	66.30	69.95
	样本总体	63.22	63.46	2.37	18.75	51.20	69.95
董事权利与义务	100 佳	62.63	61.75	4.46	23.75	51.75	75.50
	样本总体	60.98	61.25	4.21	29.00	46.50	75.50
董事会运作效率	100 佳	70.43	71.88	3.30	12.36	62.10	74.46
	样本总体	67.97	67.85	3.93	23.00	51.46	74.46
董事会组织结构	100 佳	73.87	70.00	5.61	18.00	70.00	88.00
	样本总体	68.27	70.00	8.07	70.50	17.50	88.00
董事薪酬	100 佳	61.11	62.00	5.25	25.00	50.00	75.00
	样本总体	56.10	54.50	4.82	25.00	50.00	75.00
独立董事制度	100 佳	65.19	66.00	3.55	23.75	48.75	72.50
	样本总体	61.02	61.00	4.50	31.25	41.25	72.50

资料来源：南开大学公司治理数据库。

二、主板上市公司董事会治理 100 佳公司行业分布

表 12.12 是董事会治理 100 佳公司的行业分布。制造业有 43 家公司入围 100 佳，在公司数量上位居第一；批发和零售贸易业，房地产业次之，分别有 11 家、10 家公司入围 100 佳行列；农、林、牧、渔业只有 1 家公司进入 100 佳行列。100 佳上市公司占行业比重最高的行业是信息技术业、综合类和传播与文化产业，分别有 13.24%、13.21% 和 11.54% 的公司入围 100 佳，而电力、煤气及水的生产和供应业，农、林、牧、渔业和社会

表 12.12 主板上市公司董事会治理 100 佳公司行业分布

行业	样本总体		100 佳		
	数目	比例(%)	数目	比例(%)	占本行业比例(%)
农、林、牧、渔业	27	1.91	1	1.00	3.70
采掘业	54	3.82	5	5.00	9.26
制造业	739	52.34	43	43.00	5.82
其中 食品、饮料	63	4.46	3	3.00	4.76
纺织、服装、皮毛	45	3.19	1	1.00	2.22
木材、家具	5	0.35	—	—	—
造纸、印刷	20	1.42	—	—	—
石油、化学、塑胶、塑料	125	8.85	8	8.00	6.40
电子	49	3.47	5	5.00	10.20
金属、非金属	113	8.00	5	5.00	4.42
机械、设备、仪表	223	15.79	16	16.00	7.17
医药、生物制品	88	6.23	4	4.00	4.55
其他制造业	8	0.57	1	1.00	12.50
电力、煤气及水的生产和供应业	75	5.31	2	2.00	2.67
建筑业	32	2.27	3	3.00	9.38
交通运输、仓储业	66	4.67	4	4.00	6.06
信息技术业	68	4.82	9	9.00	13.24
批发和零售贸易业	108	7.65	11	11.00	10.19
房地产业	115	8.14	10	10.00	8.70
社会服务业	49	3.47	2	2.00	4.08
传播与文化产业	26	1.84	3	3.00	11.54
综合类	53	3.75	7	7.00	13.21
合计	1412	100.00	100	100.00	7.08

资料来源：南开大学公司治理数据库。

服务业入围100佳公司的数量占行业的比重相对较低,分别有2.67%、3.70%和4.08%的公司进入100佳公司的行列。

从制造业细分行业来说,机械、设备、仪表业,石油、化学、塑胶、塑料业入围100佳的公司数目较多,分别有16家、8家上市公司位列100佳行列;木材、家具业,造纸、印刷业均没有上市公司入围100佳行列;纺织、服装、皮毛业和其他制造业只有1家公司位列100佳。从入围100佳公司所占行业比重的情况来说,其他制造业,电子业,机械、设备、仪表业进入100佳公司的数量所占行业比重较高,分别有12.50%、10.20%和7.17%的公司位列100佳行列;除没有公司入围100佳的行业之外,纺织、服装、皮毛业,金属、非金属业和医药、生物制品业分别有2.22%、4.42%和4.55%的公司进入100佳,所占比例较低。

三、主板上市公司董事会治理100佳公司控股股东性质分布

由表12.13可知,有58家国有控股上市公司位列100佳行列,占国有控股上市公司的比重为6.63%。民营控股上市公司有40家入围100佳公司,占民营控股上市公司总数的8.20%。1家外资控股上市公司入围100佳,所占类别比重为5.00%。1家职工持股会控股上市公司入围100佳,所占类别比重为11.11%。集体控股、社会团体控股和其他类型的上市公司没有公司入围100佳。

表12.13 主板上市公司董事会治理100佳公司控股股东分布

控股股东性质	样本总体		100佳		
	数目	比例(%)	数目	比例(%)	占本组比例(%)
国有控股	875	61.97	58	58.00	6.63
集体控股	13	0.92	—	—	—
民营控股	488	34.56	40	40.00	8.20
社会团体控股	4	0.28	—	—	—
外资控股	20	1.42	1	1.00	5.00
职工持股会控股	9	0.64	1	1.00	11.11
其他类型	3	0.21	—	—	—
合计	1 412	100.00	100	100.00	7.08

资料来源:南开大学公司治理数据库。

四、主板上市公司董事会治理100佳公司地区分布

从表12.14主板董事会治理100佳的地区分布情况来看,广东省、浙江省和上海市分别有14家、11家、10家公司入围100佳行列,在数量上位居前三位;而西藏、青海省和贵州省在入围100佳公司所占地区比重方面位居前三位,占比分别为25.00%、22.22%和14.29%。天津市、内蒙古、安徽省、海南省、甘肃省均没有上市公司入围100佳。

表 12.14　主板上市公司董事会治理 100 佳公司地区分布

地　区	样本总体		100 佳		
	数目	比例(%)	数目	比例(%)	占本地区比例(%)
北京市	119	8.43	9	9.00	7.56
天津市	29	2.05	—	—	—
河北省	32	2.27	2	2.00	6.25
山西省	30	2.12	2	2.00	6.67
内蒙古	20	1.42	—	—	—
辽宁省	47	3.33	3	3.00	6.38
吉林省	31	2.20	1	1.00	3.23
黑龙江省	28	1.98	2	2.00	7.14
上海市	135	9.56	10	10.00	7.41
江苏省	107	7.58	5	5.00	4.67
浙江省	101	7.15	11	11.00	10.89
安徽省	46	3.26	—	—	—
福建省	46	3.26	2	2.00	4.35
江西省	22	1.56	1	1.00	4.55
山东省	74	5.24	5	5.00	6.76
河南省	36	2.55	2	2.00	5.56
湖北省	59	4.18	6	6.00	10.17
湖南省	42	2.97	6	6.00	14.29
广东省	136	9.63	14	14.00	10.29
广　西	25	1.77	3	3.00	12.00
海南省	22	1.56	—	—	—
重庆市	30	2.12	2	2.00	6.67
四川省	58	4.11	2	2.00	3.45
贵州省	14	0.99	2	2.00	14.29
云南省	19	1.35	1	1.00	5.26
西　藏	8	0.57	2	2.00	25.00
陕西省	30	2.12	1	1.00	3.33
甘肃省	19	1.35	—	—	—
青海省	9	0.64	2	2.00	22.22
宁　夏	11	0.78	1	1.00	9.09
新　疆	27	1.91	3	3.00	11.11
合　计	1 412	100.00	100	100.00	7.08

资料来源：南开大学公司治理数据库。

主 要 结 论

本章在对2015年度主板非金融类1 412家上市公司董事会治理状况进行分析及年度比较的基础上,总结我国上市公司董事会治理质量呈现的特征及变化趋势,并给出我国上市公司董事会治理质量在行业、控股股东性质、地区方面的差异。

第一,2015年度董事会治理指数的平均值为63.22,标准差为2.37。董事会治理分指数的发展并不均衡,董事会组织结构、董事会运作效率指数的均值水平较高,独立董事制度和董事权利与义务指数居中,董事薪酬指数的均值水平较低,表明2015年度主板非金融类上市公司中,董事薪酬仍然是制约董事会治理质量的"短板"。

第二,我国主板非金融类上市公司的董事会治理质量在2010—2014年呈现出逐年上升的趋势,但在2015年董事会平均水平略下降。董事会组织结构、董事薪酬指数虽然在六年间出现过波动,但近五年来均呈现出不断上升的趋势。董事权利与义务、董事会运作效率指数在六年间呈现出了较大的波动性。

第三,2015年度中国主板非金融类上市公司董事会治理指数的平均水平比2014年度下降了0.26,董事会治理质量的下降主要体现在董事会权利与义务指数的显著下降,董事会组织结构、董事薪酬和独立董事制度指数下降幅度较小,董事会运作效率指数比2014年显著上升。

第四,董事权利与义务指数的下降主要体现在具有管理经济专业背景的董事会成员人数、65岁以上董事比例和股东董事比例方面。其中,高龄董事比例和股东董事比例较2014年显著上升,具有经管专业背景的董事比例较2014年度显著减少。董事会运作效率指数的上升主要体现在女性董事比例和董事会会议方面,2015年度女性董事比例较2014年有大幅度上升,910家主板非金融上市公司都设立了女性董事,通讯会议等的采用提高了董事出席率。

第五,主板非金融类上市公司的董事会治理质量因行业差异而呈现不同特征。从董事会治理质量的平均水平来说,2015年度批发和零售贸易业、综合类以及房地产业平均水平位居前三,社会服务业,金属、非金属业,农、林、牧、渔业的董事会治理质量相对较差。各省区在董事会治理质量方面呈现出一定的差异性。2015年度青海省、湖南省和贵州省的董事会治理的平均水平位居地区前三位;而安徽省、天津市和宁夏则处于地区后三位。

第六,民营控股上市公司2015年度董事会治理指数高于国有控股上市公司,民营控股上市公司在董事权利与义务、董事会组织结构、董事薪酬、独立董事制度方面均好于国有控股上市公司。国有控股上市公司在董事会运作效率具有优势。

第七,2015年度董事会治理100佳上市公司的董事会治理质量明显高于主板非金融类上市公司,这种优势主要体现在董事会组织结构、董事薪酬和独立董事制度方面。从100佳公司的行业分布来说,批发和零售贸易业、房地产业入围100佳的公司数目较多,而农、林、牧、渔业只有一家公司入围100佳公司行列。从控股股东性质分布来说,国有控股上市公司在入围100佳公司的绝对数量方面高于民营控股上市公司,但在入围100家公司所占类别比重方面低于民营控股上市公司。从地区分布来说,广东省、北京市、浙江省入围100佳的公司数目位居前三位,河北省、吉林省、黑龙江省、江西省、广西、海南省、贵州省、陕西省、甘肃省均没有上市公司入围100佳行列。

第十三章 主板上市公司监事会治理评价

第一节 主板上市公司监事会治理总体分析

一、2015 年主板上市公司监事会治理总体描述

2015 年中国上市公司主板市场非金融类公司样本量为 1 412 家。监事会治理指数的平均值为 59.59，标准差为 7.40，监事会治理指数基本服从正态分布。从监事会指数的三个主要因素来看，样本公司监事会运行状况指数平均值为 68.52；监事会规模结构指数平均值为 53.02；监事会胜任能力指数平均值为 58.52。统计详情见表 13.1。

表 13.1 主板上市公司监事会治理总体状况描述性统计

项 目	平均值	中位数	标准差	极 差	最小值	最大值
监事会治理指数	59.59	58.38	7.40	45.13	30.84	75.96
运行状况	68.52	68.60	13.05	78.40	0.00	78.40
规模结构	53.02	40.00	14.69	40.00	40.00	80.00
胜任能力	58.52	58.70	5.64	30.75	45.00	75.75

资料来源：南开大学公司治理数据库。

二、2010—2015 年主板上市公司监事会治理比较

从 2010—2015 年连续六年监事会治理指数的发展趋势看（见表 13.2 和图 13.1），其平均值在 2010—2012 年呈现逐年上升的趋势，但 2013 年略有下跌，2014 年开始回升，2015 年达到新高 59.59；其中，监事会运行状况指数自 2010 年连续三年保持稳定增长，但 2013—2014 年的平均值有所下降，2015 年大幅提高；监事会规模结构指数波动较大，2012 年监事会规模指数低于 2011 年和 2010 年，但在 2013 年

和 2014 年略有回升，2015 年又有所下降；监事会胜任能力指数自 2010 年起保持了稳定的增长。

表 13.2　主板上市公司监事会治理指数描述性统计六年比较

项　目	2010	2011	2012	2013	2014	2015
监事会治理指数	56.34	57.87	58.28	57.99	58.09	59.59
运行状况	64.50	64.65	66.36	64.56	63.43	68.52
规模结构	53.01	53.16	52.60	52.97	53.66	53.02
胜任能力	52.68	56.76	57.03	57.38	57.95	58.52

资料来源：南开大学公司治理数据库。

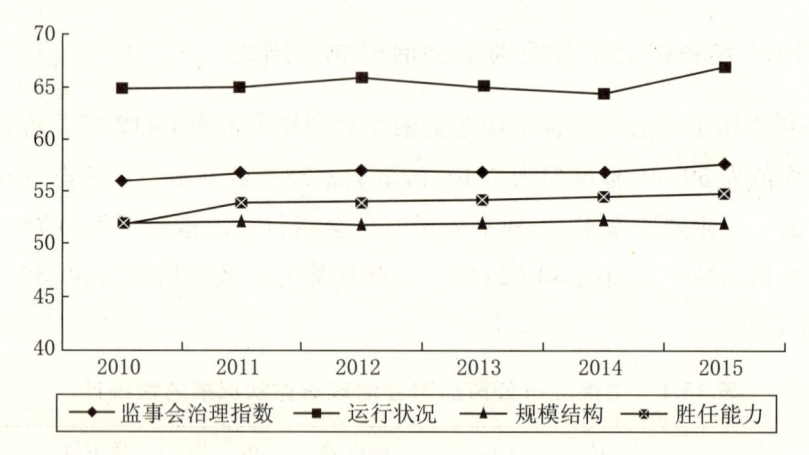

资料来源：南开大学公司治理数据库。

图 13.1　主板上市公司监事会治理指数平均值六年折线图比较

第二节　主板上市公司监事会治理分行业评价

一、2015 年主板上市公司监事会治理分行业总体描述

从行业分布状况可以看出，各行业监事会治理指数存在差异。其中平均值最高的行业是交通运输、仓储业，为 62.37；其次为电力、煤气及水的生产和供应业，为 61.90；建筑业，为 61.34；金属、非金属业，为 61.23；采掘业，为 61.17；平均值较低的行业有纺织、服装、皮毛业和社会服务业，分别为 56.05 和 56.45。统计详情见表 13.3。

第二节 主板上市公司监事会治理分行业评价

表13.3 主板上市公司监事会治理指数分行业描述性统计

行　　业	数目	比例(%)	平均值	中位数	标准差	极差	最小值	最大值
农、林、牧、渔业	27	1.91	58.28	56.74	6.30	27.48	41.69	69.16
采掘业	54	3.82	61.17	62.19	7.73	34.91	39.90	74.81
制造业	739	52.34	59.37	58.07	7.27	36.31	38.71	75.02
其中　食品、饮料	63	4.46	59.65	59.22	6.65	28.63	43.75	72.38
纺织、服装、皮毛	45	3.19	56.05	55.41	7.44	32.78	38.71	71.49
木材、家具	5	0.35	57.65	59.22	6.02	14.39	51.49	65.87
造纸、印刷	20	1.42	58.38	56.68	6.07	19.62	50.16	69.77
石油、化学、塑胶、塑料	125	8.85	59.87	59.01	7.77	34.78	39.34	74.12
电子	49	3.47	59.04	57.68	7.86	32.20	40.08	72.28
金属、非金属	113	8.00	61.23	60.52	6.97	32.64	41.90	74.53
机械、设备、仪表	223	15.79	58.91	57.65	7.31	36.27	38.75	75.02
医药、生物制品	88	6.23	59.54	58.08	6.75	31.59	39.80	71.38
其他制造业	8	0.57	58.70	57.28	6.60	17.85	50.65	68.50
电力、煤气及水的生产和供应业	75	5.31	61.90	63.74	7.50	31.85	41.23	73.08
建筑业	32	2.27	61.34	62.04	8.09	34.09	40.50	74.59
交通运输、仓储业	66	4.67	62.37	64.54	6.93	33.02	42.81	75.82
信息技术业	68	4.82	58.43	57.45	6.82	41.52	34.44	75.96
批发和零售贸易业	108	7.65	60.59	61.66	6.96	39.26	34.69	73.94
房地产业	115	8.14	58.54	57.23	7.52	38.93	34.72	73.65
社会服务业	49	3.47	56.45	56.53	9.03	39.69	30.84	70.53
传播与文化产业	26	1.84	59.95	57.98	5.96	19.92	50.72	70.63
综合类	53	3.75	58.45	57.65	7.50	34.97	38.96	73.93
合　　计	1 412	100.00	59.59	58.70	5.64	30.75	45.00	75.75

资料来源:南开大学公司治理数据库。

从分指数看,导致交通运输、仓储业,电力、煤气及水的生产和供应业,建筑业,采掘业居于前列的主要因素是四个行业的规模结构指数和胜任能力指数明显高于平均值53.02和58.52,其规模结构指数分别为58.86、57.60、55.63和58.43,胜任能力指数分别为60.53、60.13、60.83和59.89;导致综合类和社会服务业监事会治理指数分值较低的原因是这些行业的监事会运行状况和规模结构指数都低于均值68.52和53.02,其运行状况为68.05和61.40,其规模结构指数分别为50.19和50.61。见表13.4。

表 13.4 主板上市公司监事会治理分指数分行业描述性统计

行　　业	数目	比例（%）	监事会治理指数	运行状况	规模结构	胜任能力
农、林、牧、渔业	27	1.91	58.28	69.33	50.37	56.71
采掘业	54	3.82	61.17	65.88	58.43	59.89
制造业	739	52.34	59.37	68.96	52.59	57.94
其中　食品、饮料	63	4.46	59.65	69.69	53.17	57.51
纺织、服装、皮毛	45	3.19	56.05	66.42	48.56	54.65
木材、家具	5	0.35	57.65	70.56	50.00	54.24
造纸、印刷	20	1.42	58.38	67.62	50.00	58.85
石油、化学、塑胶、塑料	125	8.85	59.87	67.42	55.52	57.74
电子	49	3.47	59.04	68.40	51.22	58.82
金属、非金属	113	8.00	61.23	70.07	56.06	58.81
机械、设备、仪表	223	15.79	58.91	69.08	51.23	57.86
医药、生物制品	88	6.23	59.54	70.38	50.68	59.10
其他制造业	8	0.57	58.70	72.28	51.25	54.51
电力、煤气及水的生产和供应业	75	5.31	61.90	68.99	57.60	60.13
建筑业	32	2.27	61.34	68.60	55.63	60.83
交通运输、仓储业	66	4.67	62.37	68.60	58.86	60.53
信息技术业	68	4.82	58.43	69.47	47.35	60.04
批发和零售贸易业	108	7.65	60.59	69.42	55.42	58.19
房地产业	115	8.14	58.54	67.58	50.22	59.13
社会服务业	49	3.47	56.45	61.40	50.61	58.05
传播与文化产业	26	1.84	59.95	71.24	52.88	57.33
综合类	53	3.75	58.45	68.05	50.19	58.49
合　　计	1412	100.00	59.59	68.52	53.02	58.52

资料来源：南开大学公司治理数据库。

二、2010—2015 年主板上市公司监事会治理分行业比较

从表 13.5 的统计数据可以看出，2010—2015 年电力、煤气及水的生产和供应业，交通运输、仓储业监事会治理指数一直居于前列，采掘业也是居于前列，而社会服务业的监事会治理指数这六年来一直排名靠后。由六年数据分析可以认为，行业因素会导致监事会治理水平的差异。

表 13.5 主板上市公司监事会治理指数分行业描述性统计六年比较

行　业	2010	2011	2012	2013	2014	2015
农、林、牧、渔业	55.19	57.96	57.08	56.54	57.94	58.28
采掘业	58.67	60.37	60.33	61.01	60.55	61.17
制造业	56.17	57.62	58.21	57.94	58.23	59.37
电力、煤气及水的生产和供应业	59.32	60.85	60.91	59.82	59.99	61.90
建筑业	59.12	58.19	57.86	59.30	61.18	61.34
交通运输、仓储业	58.64	59.26	61.22	59.90	61.24	62.37
信息技术业	54.40	57.35	56.56	57.65	57.75	58.43
批发和零售贸易业	57.05	58.46	58.57	57.69	57.60	60.59
房地产业	55.35	56.90	56.72	56.87	55.90	58.54
社会服务业	53.90	55.20	55.58	55.40	53.92	56.45
传播与文化产业	55.01	57.89	59.67	59.96	59.07	59.95
综合类	55.36	56.99	57.72	55.75	54.66	58.45
合　计	56.34	57.87	58.28	57.99	58.09	59.59

资料来源:南开大学公司治理数据库。

第三节　主板上市公司监事会治理分控股股东性质评价

一、2015 年主板上市公司监事会治理分控股股东性质总体描述

由表 13.6 中数据可知,控股股东性质为国有控股的上市公司监事会治理指数为

表 13.6 主板上市公司监事会治理指数分控股股东性质描述性统计

控股股东性质	数目	比例(%)	平均值	中位数	标准差	极差	最小值	最大值
国有控股	875	61.97	61.27	61.53	7.17	37.01	38.96	75.96
集体控股	13	0.92	57.96	56.84	4.44	14.42	51.59	66.01
民营控股	488	34.56	56.88	56.07	7.02	43.67	30.84	74.51
社会团体控股	4	0.28	58.21	59.45	3.22	7.04	53.45	60.48
外资控股	20	1.42	56.24	56.35	7.97	32.90	38.75	71.65
职工持股会控股	9	0.64	57.71	58.59	2.46	6.84	54.43	61.27
其他类型	3	0.21	49.56	51.07	5.29	10.26	43.68	53.94
合　计	1 412	100.00	59.59	58.70	5.64	30.75	45.00	75.75

资料来源:南开大学公司治理数据库。

61.27、集体控股为57.96、民营控股为56.88、社会团体控股为58.21、外资控股为56.24、职工持股会控股为57.71。国有控股上市公司监事会治理水平明显高于其他上市公司。

从分指数看,导致国有控股上市公司监事会治理指数高于其他上市公司的原因是国有控股上市公司的三项分指数都比较高且较为均衡,特别是规模结构和胜任能力方面,说明国有控股上市公司监事会治理的各方面都比较完善,可能原因是国有控股上市公司的最终控制人——国资委,更倾向于利用监事会作为治理公司的一种手段。统计数据详情见表13.7。

表13.7 主板上市公司监事会治理分指数分控股股东性质描述性统计

控股股东性质	数目	比例（%）	监事会治理指数	运行状况	规模结构	胜任能力
国有控股	875	61.97	61.27	68.52	56.26	60.06
集体控股	13	0.92	57.96	73.12	49.23	53.69
民营控股	488	34.56	56.88	68.56	47.83	55.91
社会团体控股	4	0.28	58.21	75.95	40.00	61.20
外资控股	20	1.42	56.24	63.21	49.00	57.50
职工持股会控股	9	0.64	57.71	72.96	43.33	59.02
其他类型	3	0.21	49.56	52.27	40.00	56.80
合计	1 412	100.00	59.59	68.52	53.02	58.52

资料来源:南开大学公司治理数据库。

二、2010—2015年主板上市公司监事会治理分控股股东性质比较

表13.8列出了2010—2015年六年国有控股和民营控股上市公司的监事会治理指数,总体上看六年中国有控股上市公司的监事会治理质量一直优于民营控股上市公司;从监事会运行状况看,近五年来民营控股上市公司一直好于国有控股上市公司;从监事会的规模结构看,国有控股上市公司明显好于民营控股上市公司;从监事会胜任能力看,国有控股上市公司好于民营控股上市公司,并且差距呈现逐年扩大趋势,2015年两者的差距达到了4.15。

表13.8 主板国有和民营控股上市公司监事会治理指数描述性统计六年比较

年份	控股股东性质	监事会治理指数	运行状况	规模结构	胜任能力
2010	国有	57.39	64.62	55.21	53.36
	民营	54.12	64.51	48.11	51.21

续表

年 份	控股股东性质	监事会治理指数	运行状况	规模结构	胜任能力
2011	国有	58.70	64.27	55.12	57.50
	民营	56.52	65.50	49.80	55.54
2012	国有	59.59	66.14	55.33	58.23
	民营	56.02	67.15	47.71	54.79
2013	国有	59.19	64.35	55.44	58.53
	民营	55.94	65.36	48.53	55.27
2014	国有	59.51	63.29	56.49	59.28
	民营	55.68	63.82	48.73	55.65
2015	国有	61.27	68.52	56.26	60.06
	民营	56.88	68.56	47.83	55.91

资料来源:南开大学公司治理数据库。

第四节 主板上市公司监事会治理分地区评价

一、2015年主板上市公司监事会治理分地区总体描述

2015年主板上市公司监事会治理指数排在前三名的地区是云南省(64.01)、重庆市(63.64)和山西省(63.33);监事会治理指数排名后三位的地区是西藏(54.28)、江苏省(56.63)和贵州省(57.09)。各地区上市公司监事会治理指数统计详情见表13.9。

表13.9 主板上市公司监事会治理指数分地区描述性统计

地 区	数目	比例(%)	平均值	中位数	标准差	极差	最小值	最大值
北京市	119	8.43	60.62	58.77	7.49	44.18	30.84	75.02
天津市	29	2.05	60.29	59.33	6.94	28.42	42.77	71.19
河北省	32	2.27	60.68	63.41	8.52	38.15	34.72	72.87
山西省	30	2.12	63.33	64.53	6.71	22.70	51.17	73.87
内蒙古	20	1.42	57.21	54.74	8.46	32.82	39.90	72.72
辽宁省	47	3.33	59.98	59.71	6.23	27.51	43.51	71.02

续表

地区	数目	比例(%)	平均值	中位数	标准差	极差	最小值	最大值
吉林省	31	2.20	57.50	55.55	7.05	28.47	41.23	69.70
黑龙江省	28	1.98	58.44	57.91	6.90	31.33	41.90	73.22
上海市	135	9.56	60.84	58.91	6.09	23.77	50.16	73.93
江苏省	107	7.58	56.63	55.97	8.44	38.71	33.78	72.49
浙江省	101	7.15	57.99	56.95	7.15	32.67	38.82	71.49
安徽省	46	3.26	59.49	57.54	6.50	30.98	41.69	72.66
福建省	46	3.26	59.13	58.33	8.81	36.42	34.44	70.86
江西省	22	1.56	62.30	61.78	6.77	22.53	51.98	74.51
山东省	74	5.24	59.78	60.04	7.54	36.59	39.24	75.82
河南省	36	2.55	59.08	57.98	6.24	26.10	43.19	69.29
湖北省	59	4.18	60.16	60.24	7.43	33.82	42.14	75.96
湖南省	42	2.97	59.49	58.45	8.31	29.58	42.42	72.00
广东省	136	9.63	59.02	58.21	7.50	31.48	40.08	71.56
广西	25	1.77	58.47	59.01	9.84	37.63	34.69	72.31
海南省	22	1.56	58.05	56.21	7.11	25.18	43.93	69.11
重庆市	30	2.12	63.64	65.18	5.27	19.47	54.18	73.65
四川省	58	4.11	59.99	58.82	7.19	31.55	39.83	71.38
贵州省	14	0.99	57.09	55.51	4.18	12.64	52.68	65.31
云南省	19	1.35	64.01	67.20	6.29	21.13	52.99	74.12
西藏	8	0.57	54.28	55.55	6.95	19.43	44.24	63.67
陕西省	30	2.12	58.95	57.70	6.74	27.41	45.29	72.70
甘肃省	19	1.35	59.04	58.03	8.12	26.58	45.36	71.94
青海省	9	0.64	60.80	59.26	4.71	13.58	55.09	68.67
宁夏	11	0.78	59.98	57.47	7.60	23.96	43.75	67.71
新疆	27	1.91	63.07	65.33	5.36	19.03	53.32	72.36
合计	1 412	100.00	59.59	58.70	5.64	30.75	45.00	75.75

资料来源:南开大学公司治理数据库。

二、2010—2015 年主板上市公司监事会治理分地区比较

据表 13.10 可以看出,重庆市、山西省、江西省等地区的监事会治理状况总体相对较好;而黑龙江省、贵州省等地区的监事会治理状况一般。

2010—2015 年期间,宁夏、福建省的监事会治理水平持续上升。

表 13.10 主板上市公司监事会治理指数分地区描述性统计六年比较

地 区	2010	2011	2012	2013	2014	2015
北京市	55.85	55.69	58.71	58.42	58.83	60.62
天津市	56.85	56.21	58.86	57.06	58.50	60.29
河北省	57.38	56.86	57.65	56.28	60.73	60.68
山西省	57.89	58.02	61.64	60.77	61.89	63.33
内蒙古	57.27	55.23	58.50	55.55	55.85	57.21
辽宁省	56.67	55.99	56.90	55.16	56.59	59.98
吉林省	54.13	56.12	57.89	57.97	56.30	57.50
黑龙江省	52.32	53.89	55.19	54.35	55.27	58.44
上海市	56.64	57.07	58.70	57.78	56.86	60.84
江苏省	54.96	55.11	56.32	56.61	56.22	56.63
浙江省	55.18	55.67	57.86	57.30	55.70	57.99
安徽省	53.79	55.91	57.96	56.39	57.43	59.49
福建省	54.87	55.76	56.37	57.49	57.81	59.13
江西省	57.53	59.71	61.15	63.01	60.15	62.30
山东省	55.11	56.69	58.84	58.39	58.27	59.78
河南省	55.07	55.73	58.01	57.97	58.33	59.08
湖北省	57.00	58.08	60.11	58.94	59.59	60.16
湖南省	55.37	57.68	59.24	58.77	60.15	59.49
广东省	55.98	55.18	58.44	58.40	59.06	59.02
广 西	54.56	53.42	56.75	57.08	60.44	58.47
海南省	56.05	53.58	55.33	55.99	56.97	58.05
重庆市	57.38	59.84	60.30	61.13	60.68	63.64
四川省	56.87	56.74	59.24	59.57	59.27	59.99
贵州省	52.15	53.84	55.40	57.11	57.14	57.09
云南省	57.53	59.07	61.14	61.04	59.11	64.01
西 藏	51.12	57.29	57.05	53.75	51.27	54.28
陕西省	54.19	54.27	56.73	56.22	56.49	58.95
甘肃省	58.47	61.62	58.29	59.15	59.25	59.04
青海省	56.35	55.04	58.91	60.78	58.18	60.80
宁 夏	56.13	56.96	57.57	58.24	59.62	59.98
新 疆	57.59	59.47	60.94	63.17	60.36	63.07
合 计	56.34	57.87	58.28	57.99	58.09	59.59

资料来源:南开大学公司治理数据库。

第五节 主板上市公司监事会治理100佳评价

一、主板上市公司监事会治理100佳比较分析

如表 13.11 所示,监事会治理 100 佳上市公司监事会治理指数平均值为 71.68,监事会治理运行状况指数、规模结构指数、胜任能力指数的平均值依次为 76.93、73.40 和 65.47;100 佳上市公司的监事会治理水平更为集中,监事会治理水平的标准差为 1.37,最小值为 69.97,最大值为 75.96,极差为 6.00。

表 13.11 主板上市公司监事会治理 100 佳描述性统计

项　目	样　本	平均值	中位数	标准差	极　差	最小值	最大值
监事会治理指数	100佳	71.68	71.36	1.37	6.00	69.97	75.96
	样本总体	59.59	58.38	7.40	45.13	30.84	75.96
运行状况	100佳	76.93	78.40	3.52	9.80	68.60	78.40
	样本总体	68.52	68.60	13.05	78.40	0.00	78.40
规模结构	100佳	73.40	70.00	4.76	10.00	70.00	80.00
	样本总体	53.02	40.00	14.69	40.00	40.00	80.00
胜任能力	100佳	65.47	65.33	3.65	22.05	53.70	75.75
	样本总体	58.52	58.70	5.64	30.75	45.00	75.75

资料来源:南开大学公司治理数据库。

二、主板上市公司监事会治理100佳公司行业分布

表 13.12 关于上市公司监事会治理 100 佳行业分布数据表明,入选监事会治理 100 佳上市公司最多的行业是制造业,有 53 家,占本行业比例为 7.17%;从相对比例来看,电力、煤气及水的生产和供应业,石油、化学、塑胶、塑料业和电子业入选企业数量行业占比较高,分别为 12.00%、11.20%、10.20%;农、林、牧、渔业,木材、家具业,造纸、印刷业和其他制造业没有公司入选。分析可知,监事会治理较好的上市公司存在行业差异。

表 13.12 主板上市公司监事会治理 100 佳公司行业分布

行业	样本总体		100 佳		
	数目	比例(%)	数目	比例(%)	占本行业比例(%)
农、林、牧、渔业	27	1.91	—	—	—
采掘业	54	3.82	3	3.00	5.56
制造业	739	52.34	53	53.00	7.17
其中　食品、饮料	63	4.46	2	2.00	3.17
纺织、服装、皮毛	45	3.19	1	1.00	2.22
木材、家具	5	0.35	—	—	—
造纸、印刷	20	1.42	—	—	—
石油、化学、塑胶、塑料	125	8.85	14	14.00	11.20
电子	49	3.47	5	5.00	10.20
金属、非金属	113	8.00	11	11.00	9.73
机械、设备、仪表	223	15.79	15	15.00	6.73
医药、生物制品	88	6.23	5	5.00	5.68
其他制造业	8	0.57	—	—	—
电力、煤气及水的生产和供应业	75	5.31	9	9.00	12.00
建筑业	32	2.27	3	3.00	9.38
交通运输、仓储业	66	4.67	5	5.00	7.58
信息技术业	68	4.82	4	4.00	5.88
批发和零售贸易业	108	7.65	8	8.00	7.41
房地产业	115	8.14	9	9.00	7.83
社会服务业	49	3.47	2	2.00	4.08
传播与文化产业	26	1.84	1	1.00	3.85
综合类	53	3.75	3	3.00	5.66
合计	1 412	100.00	100	100.00	7.08

资料来源：南开大学公司治理数据库。

三、主板上市公司监事会治理 100 佳公司控股股东性质分布

表 13.13 显示，较高比例的监事会治理 100 佳上市公司控股股东性质为国有控股、民营控股和外资控股，其所占比例分别为 83.00%、15.00% 和 2.00%，分别占国有控股上市公司的 9.49%、民营控股上市公司的 3.07% 和外资控股的 10.00%。

表 13.13　主板上市公司监事会治理 100 佳公司控股股东分布

控股股东性质	样本总体		100 佳		
	数目	比例(%)	数目	比例(%)	占本组比例(%)
国有控股	875	61.97	83	83.00	9.49
集体控股	13	0.92	—	—	—
民营控股	488	34.56	15	15.00	3.07
社会团体控股	4	0.28	—	—	—
外资控股	20	1.42	2	2.00	10.00
职工持股会控股	9	0.64	—	—	—
其他类型	3	0.21			
合　　计	1 412	100.00	100	100.00	7.08

资料来源：南开大学公司治理数据库。

四、主板上市公司监事会治理 100 佳公司地区分布

在入选监事会治理 100 佳上市公司中，数量位居前三位的是北京市、上海市和广东省，依次为 14 家、11 家和 9 家。占本组比例较高的地区是江西省、山西省、云南省和天津市，分别为 18.18%、16.67%、15.79% 和 13.79%。吉林省、河南省、海南省、贵州省、西藏、青海省和宁夏没有公司进入 100 佳。见表 13.14。

表 13.14　主板上市公司监事会治理 100 佳公司地区分布

地　区	样本总体		100 佳		
	数目	比例(%)	数目	比例(%)	占本地区比例(%)
北京市	119	8.43	14	14.00	11.76
天津市	29	2.05	4	4.00	13.79
河北省	32	2.27	3	3.00	9.38
山西省	30	2.12	5	5.00	16.67
内蒙古	20	1.42	2	2.00	10.00
辽宁省	47	3.33	2	2.00	4.26
吉林省	31	2.20	—	—	—
黑龙江省	28	1.98	1	1.00	3.57
上海市	135	9.56	11	11.00	8.15
江苏省	107	7.58	6	6.00	5.61
浙江省	101	7.15	2	2.00	1.98

续表

地　区	样本总体		100佳		
	数目	比例(%)	数目	比例(%)	占本地区比例(%)
安徽省	46	3.26	3	3.00	6.52
福建省	46	3.26	3	3.00	6.52
江西省	22	1.56	4	4.00	18.18
山东省	74	5.24	6	6.00	8.11
河南省	36	2.55	—	—	—
湖北省	59	4.18	6	6.00	10.17
湖南省	42	2.97	2	2.00	4.76
广东省	136	9.63	9	9.00	6.62
广　西	25	1.77	3	3.00	12.00
海南省	22	1.56	—	—	—
重庆市	30	2.12	1	1.00	3.33
四川省	58	4.11	5	5.00	8.62
贵州省	14	0.99	—	—	—
云南省	19	1.35	3	3.00	15.79
西　藏	8	0.57	—	—	—
陕西省	30	2.12	3	3.00	10.00
甘肃省	19	1.35	1	1.00	5.26
青海省	9	0.64	—	—	—
宁　夏	11	0.78	—	—	—
新　疆	27	1.91	1	1.00	3.70
合　计	1 412	100.00	100	100.00	7.08

资料来源：南开大学公司治理数据库。

主　要　结　论

第一，2015年中国上市公司主板市场非金融类公司样本量为1 412家，监事会治理指数的平均值为59.59，标准差为7.40，监事会治理指数基本服从正态分布。

第二，主板上市公司监事会治理指数从2010—2012年呈现逐年上升的趋势，但2013年略有下跌，2014年开始回升，2015年达到峰值59.59；其中，监事会运行状况指数自2010年保持三年的稳定增长，但2013—2014年的平均值有所下降，2015年大幅提高；监事会规模结构指数波动较大，2012年监事会规模指数低于2011年和2010年，但在2013年和2014年略有回升,2015年又有所下降;监事会胜任能力指数自2010年起保持稳定的增长态势。

第三,主板上市公司的监事会治理水平,因公司行业、股权性质和地区不同而呈现一定的差异。

第四,从行业来看,交通运输、仓储业,电力、煤气及水的生产和供应业,建筑业,采掘业监事会治理水平较高,而纺织、服装、皮毛业和社会服务业有待改善。

第五,从股权性质来看,2015年国有控股上市公司监事会治理平均水平明显高于民营控股上市公司;从分指数看,导致国有控股上市公司监事会治理指数高于其他上市公司的原因是国有控股上市公司的三项分指数都比较高,说明国有控股的主板上市公司监事会治理的各方面相对比较完善。

第六,从地区来看,各地区上市公司监事会治理水平分布呈现出不平衡性。其中,重庆市、山西省、江西省等地区的监事会治理状况总体相对较好;而黑龙江省、贵州省等地区的监事会治理状况一般。

第七,主板上市公司监事会治理100佳上市公司中国有控股上市公司所占比例高于民营控股上市公司,而且国有控股上市公司的监事会治理100佳上市公司占本组比例也高于民营控股上市公司。监事会治理100佳上市公司行业、地区分布不平衡。从行业来看,制造业上市公司所占比例最高;从地区来看,北京市、上海市和广东省所占比例较高。

第十四章 主板上市公司经理层治理评价

第一节 主板上市公司经理层治理总体分析

一、2015年主板上市公司经理层治理总体描述

2015年样本主板上市公司的经理层治理指数最高值为78.06,最低值为41.21,平均值为55.94,标准差为6.05。从经理层评价的三个主因素层来看,样本公司经理层任免制度指数平均值为61.48,样本标准差为4.87;执行保障指数的平均值为65.03,样本标准差9.57;激励约束机制指数平均值为43.06,样本标准差为13.69,主板上市公司样本间激励约束指数的差异程度较大。与上一年度相比较,主板经理层治理指数变化不大,上升了0.02,其中经理层任免制度指数平均值比去年上升了1.19,而执行保障制度较去年下降了1.22,激励约束指数较去年上升了0.01。

表14.1 主板上市公司经理层治理总体状况描述性统计

项　　目	平均值	标准差	极　差	最小值	最大值
经理层治理指数	55.94	6.05	36.85	41.21	78.06
任免制度	61.48	4.87	33.65	38.57	72.22
执行保障	65.03	9.57	55.00	38.33	93.33
激励约束	43.06	13.69	55.71	25.71	81.43

资料来源:南开大学公司治理数据库。

二、2010—2015年主板上市公司经理层治理比较

图14.1和表14.2列明了2010—2015年连续六年中国主板上市公司治理经理层治理状况与趋势特征。

表 14.2 主板上市公司经理层治理指数描述性统计六年比较

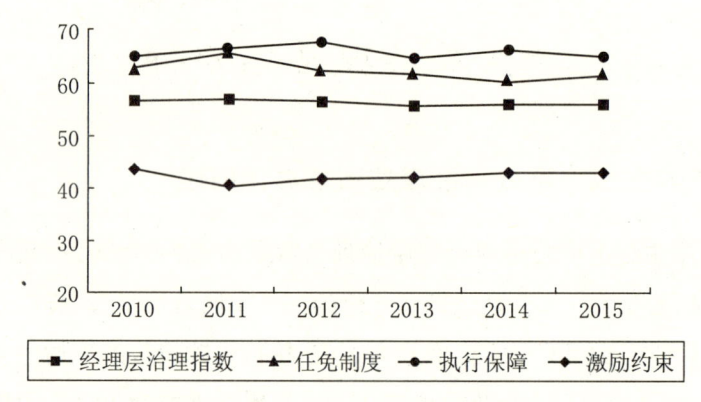

项　目	2010	2011	2012	2013	2014	2015
经理层治理指数	56.59	56.73	56.59	55.57	55.92	55.94
任免制度	62.90	65.67	62.39	61.62	60.29	61.48
执行保障	64.99	66.36	67.68	64.80	66.25	65.03
激励约束	43.59	40.22	41.76	42.09	43.05	43.06

资料来源：南开大学公司治理数据库。

资料来源：南开大学公司治理数据库。

图 14.1 主板经理层治理指数平均值六年折线图比较

2010—2015 年连续六年经理层治理指数的发展趋势显示，样本公司经理层治理指数平均值分别为 55.94（2015 年）、55.92（2014 年）、55.57（2013 年）、56.59（2012 年）、56.73（2011 年）、56.59（2010 年），六年间数值变化较平稳，在数值 56 附近波动，且波动幅度很小。任免制度指数 2010—2011 年间有所上升，上升 2.77，之后有所下降，但近年来呈现平稳变化趋势，2015 年较 2014 年上升 1.19。执行保障指数自 2010 年连续三年稳步上升，近三年虽有较小波动，但是仍然处于较高水平，2015 年为 65.03。激励约束指数自 2011 年以来呈现小幅波动上升的趋势，2015 年达到最高值 43.06，主板上市公司激励约束制度逐步改善。

第二节　主板上市公司经理层治理分行业评价

一、2015 年主板上市公司经理层治理分行业总体描述

表 14.3 显示 2015 年度样本公司在经理层治理评价总指数行业分布情况。样本公

司的平均值为55.94,其中信息技术业,房地产业,批发和零售贸易业,建筑业,制造业以及制造业中的电子业,机械、设备、仪表业,医药、生物制品业,木材、家具业,金属、非金属业和其他制造业的经理层治理指数均高于全行业平均值。其中信息技术业的经理层治理指数均值为59.02,居于首位。而采掘业,制造业中的石油、化学、塑胶、塑料和农、林、牧、渔业的经理层治理指数水平则均低于54,列于样本公司平均治理指数的最后三位。

在全部上市公司样本中,经理层治理状况最佳的上市公司出现在制造业中的医药、生物制品业,达到78.06;治理状况最差的公司出现在制造业中的食品、饮料业,经理层治理指数为41.21。这说明各行业上市公司之间的经理层治理存在一定差距。

表14.3 主板上市公司经理层治理指数分行业描述性统计

行业		数目	比例(%)	平均值	中位数	标准差	极差	最小值	最大值
农、林、牧、渔业		27	1.91	53.92	53.28	4.23	18.86	43.40	62.26
采掘业		54	3.82	53.62	53.10	5.01	26.59	43.18	69.77
制造业		739	52.34	56.09	55.06	6.21	36.85	41.21	78.06
其中	食品、饮料	63	4.46	55.91	54.43	6.77	31.65	41.21	72.85
	纺织、服装、皮毛	45	3.19	54.75	54.06	5.98	21.90	43.91	65.81
	木材、家具	5	0.35	56.73	58.01	4.76	10.71	51.34	62.05
	造纸、印刷	20	1.42	55.88	55.41	7.21	30.48	42.37	72.86
	石油、化学、塑胶、塑料	125	8.85	53.84	53.25	5.60	24.21	44.00	68.21
	电子	49	3.47	57.14	55.96	6.95	27.51	45.54	73.05
	金属、非金属	113	8.00	56.13	55.01	5.99	28.23	43.65	71.88
	机械、设备、仪表	223	15.79	57.07	55.67	6.02	28.28	43.61	71.89
	医药、生物制品	88	6.23	56.97	56.70	6.27	33.38	44.68	78.06
	其他制造业	8	0.57	56.00	53.94	5.69	15.12	50.74	65.86
电力、煤气及水的生产和供应业		75	5.31	54.97	55.21	4.73	23.29	44.94	68.23
建筑业		32	2.27	55.98	56.19	6.77	24.01	46.79	70.80
交通运输、仓储业		66	4.67	55.87	56.03	5.73	24.17	45.59	69.77
信息技术业		68	4.82	59.02	58.46	7.25	26.66	44.13	70.79
批发和零售贸易业		108	7.65	56.16	55.17	5.50	23.35	44.94	68.29
房地产业		115	8.14	56.39	55.36	5.95	25.67	46.21	71.89
社会服务业		49	3.47	54.66	55.04	5.28	21.42	44.82	66.25
传播与文化产业		26	1.84	55.04	53.44	6.30	23.93	44.43	68.36
综合类		53	3.75	55.08	53.91	5.91	24.59	44.14	68.73
合计		1 412	100.00	55.94	55.01	6.05	36.85	41.21	78.06

资料来源:南开大学公司治理数据库。

表 14.4 显示了样本公司在经理层治理评价三个维度分指数行业分布情况。任免指数平均值为 61.48,排在前三位的行业是制造业中的其他制造业,造纸、印刷和农、林、牧、渔业,任免指数均值分别为 63.06、62.89 和 62.59;制造业中的石油、化学、塑胶、塑料业,采掘业和房地产业的任免指数均值最低,分别为 60.44、60.47 和 60.99,这些相关行业高管行政任职、高管变更等方面都有较大的改进空间。

表 14.4 主板上市公司经理层治理分指数分行业描述性统计

行 业		数目	比例（%）	经理层治理指数	任免制度	执行保障	激励约束
农、林、牧、渔业		27	1.91	53.92	62.59	63.00	38.15
采掘业		54	3.82	53.62	60.47	65.25	37.35
制造业		739	52.34	56.09	61.50	64.59	43.82
其中	食品、饮料	63	4.46	55.91	61.16	64.70	43.54
	纺织、服装、皮毛	45	3.19	54.75	61.48	59.74	44.25
	木材、家具	5	0.35	56.73	61.33	69.67	41.43
	造纸、印刷	20	1.42	55.88	62.89	63.12	43.21
	石油、化学、塑胶、塑料	125	8.85	53.84	60.44	62.42	40.39
	电子	49	3.47	57.14	62.21	65.22	45.54
	金属、非金属	113	8.00	56.13	62.02	65.34	42.82
	机械、设备、仪表	223	15.79	57.07	61.52	65.76	45.53
	医药、生物制品	88	6.23	56.97	61.65	65.45	45.39
	其他制造业	8	0.57	56.00	63.06	68.75	38.57
电力、煤气及水的生产和供应业		75	5.31	54.97	61.99	65.84	39.18
建筑业		32	2.27	55.98	61.49	63.44	44.51
交通运输、仓储业		66	4.67	55.87	61.88	66.33	41.36
信息技术业		68	4.82	59.02	62.35	68.69	47.67
批发和零售贸易业		108	7.65	56.16	61.27	64.70	44.13
房地产业		115	8.14	56.39	60.99	66.74	43.29
社会服务业		49	3.47	54.66	61.10	63.65	41.02
传播与文化产业		26	1.84	55.04	61.39	67.04	38.90
综合类		53	3.75	55.08	61.12	62.84	42.86
合 计		1 412	100.00	55.94	61.48	65.03	43.06

资料来源:南开大学公司治理数据库。

样本公司在执行保障维度方面表现较好的行业依次是木材、家具业,其他制造业和信息技术业,执行保障指数均值分别为 69.67、68.75 和 68.69,均高于样本总体平均水平 65.03;而纺织、服装、皮毛业的执行保障指数值最低,为 59.74;石油、化学、塑胶、塑料业和综合类行业的执行保障水平也较低。

激励约束指数平均值排名前三位的行业为信息技术业,电子业和机械、设备、仪表业,行业指数均值分别为 47.67、45.54 和 45.53,而采掘业,农、林、牧、渔业和其他制造业的激励约束机制最弱,行业指数均值分别为 37.35、38.15 和 38.57。

二、2010—2015 年主板上市公司经理层治理分行业比较

表 14.5 显示了样本公司在经理层治理评价 2010—2015 年行业分布及发展趋势情况。2010—2015 年间,经理层治理状况最好的两个行业为信息技术业与批发和零售贸易业,而经理层治理指数相对较低的行业为农、林、牧、渔业。各行业指数均值基本呈小幅波动,其中信息技术业的经理层治理水平在 2015 年有较大幅度提高,提高了 1.63。2015 年经理层治理指数均值较 2014 年有所提高的行业还有制造业和农、林、牧、渔业。

表 14.5 主板上市公司经理层治理指数分行业描述性统计六年比较

行　业	2010	2011	2012	2013	2014	2015
农、林、牧、渔业	54.80	53.76	54.44	53.04	53.64	53.92
采掘业	55.91	54.19	55.61	54.38	54.80	53.62
制造业	56.35	56.90	56.53	55.64	55.70	56.09
电力、煤气及水的生产和供应业	56.91	56.29	56.22	54.87	55.40	54.97
建筑业	55.87	55.68	54.80	55.61	57.80	55.98
交通运输、仓储业	57.06	56.41	55.81	55.34	56.48	55.87
信息技术业	58.33	57.40	58.55	58.36	57.39	59.02
批发和零售贸易业	57.45	57.80	57.98	55.97	56.65	56.16
房地产业	56.27	56.78	56.13	55.68	56.62	56.39
社会服务业	56.61	56.17	56.51	55.13	55.26	54.66
传播与文化产业	58.33	54.32	55.59	52.62	55.05	55.04
综合类	56.99	57.34	57.46	55.70	56.36	55.08
合　计	56.59	56.73	56.59	55.57	55.92	55.94

资料来源:南开大学公司治理数据库。

第三节　主板上市公司经理层治理分控股股东性质评价

一、2015 年主板上市公司经理层治理分控股股东性质总体描述

表 14.6 给出了按控股股东性质分类的 2015 年评价中各组样本公司的经理层治理

指数统计指标。我国控股股东性质主要有国有控股和民营控股,占样本企业总比例达96.53%。国有和民营控股上市公司的经理层治理指数平均值分别为55.78和56.28,最高的指数分别为73.05和78.06,极差分别为30.68和36.85,标准差分别为5.63和6.72。剩余所有类型企业的极差均低于国有控股和民营控股上市公司,集体控股、社会团体控股上市公司的标准差低于国有控股和民营控股上市公司,说明国有控股和民营控股的公司经理层治理水平差异较大,但是国有控股和民营控股上市公司相比其他类型公司数量较多,样本数量多经理层治理水平差异大也属正常现象。

表14.6 主板上市公司分控股股东性质经理层治理指数描述性统计

控股股东性质	数目	比例(%)	平均值	中位数	标准差	极差	最小值	最大值
国有控股	875	61.97	55.78	54.95	5.63	30.68	42.37	73.05
集体控股	13	0.92	55.30	55.44	3.61	13.99	49.29	63.29
民营控股	488	34.56	56.28	55.63	6.72	36.85	41.21	78.06
社会团体控股	4	0.28	52.97	52.10	3.61	8.37	49.66	58.03
外资控股	20	1.42	55.64	53.38	7.02	22.42	45.37	67.78
职工持股会控股	9	0.64	54.74	52.66	5.71	13.55	48.41	61.96
其他类型	3	0.21	62.77	66.25	11.26	21.71	50.18	71.89
合计	1 412	100.00	55.94	55.01	6.05	36.85	41.21	78.06

资料来源:南开大学公司治理数据库。

表14.7给出了主板上市公司2015年经理层治理分指数分控股股东性质描述性统计。2015年控股股东性质为其他类型的经理层治理指数最高,为62.77;其次为民营控股,为56.28;排在最后的是社会团体控股,为52.97。从任免制度来看,其他类型最高,

表14.7 主板上市公司经理层治理分指数分控股股东性质描述性统计

控股股东性质	经理层治理指数	任免制度	执行保障	激励约束
国有控股	55.78	61.76	66.36	41.20
集体控股	55.30	62.65	62.18	42.64
民营控股	56.28	60.92	62.89	46.33
社会团体控股	52.97	61.67	61.67	37.50
外资控股	55.64	61.17	63.43	43.86
职工持股会控股	54.74	61.37	63.15	41.43
其他类型	62.77	63.70	61.67	62.86
合计	55.94	61.48	65.03	43.06

资料来源:南开大学公司治理数据库。

集体控股紧随其后;民营控股最低,为60.92。从执行保障这方面来看,国有控股做得最好,为66.36;而社会团体控股和其他类型最低,为61.67。在激励约束指数方面,其他类型明显高于其他控股股东性质的企业,为62.86;社会团体控股最低,为37.50。

二、2010—2015年主板上市公司经理层治理分控股股东性质比较

表14.8主要呈现了国有和民营控股的主板上市公司经理层治理指数在2010—2015年六年间的变动。从经理层治理指数总体来看,2013年之前,民营控股上市公司的经理层治理水平始终略差于国有控股上市公司,但此差异逐年缩小。自2013年起,民营控股上市公司经理层治理指数开始超越国有控股上市公司,2014年,民营控股上市公司经理层治理指数比国有控股上市公司高0.87,2015年,民营控股上市公司经理层治理指数均值达到56.28,比国有控股上市公司高出0.50。

表14.8 主板国有和民营控股上市公司经理层治理指数描述性统计六年比较

年份	控股股东性质	经理层治理指数	任免制度	执行保障	激励约束
2010	国有	56.82	63.04	65.17	43.93
	民营	55.92	62.39	64.67	42.45
2011	国有	56.69	65.55	66.59	40.05
	民营	56.67	65.68	65.95	40.41
2012	国有	56.63	62.36	67.69	41.87
	民营	56.52	62.44	67.67	41.51
2013	国有	55.36	61.62	65.23	41.13
	民营	55.89	61.55	63.80	43.89
2014	国有	55.63	60.39	66.71	41.76
	民营	56.50	60.14	65.49	45.47
2015	国有	55.78	61.76	66.36	41.20
	民营	56.28	60.93	62.89	46.33

资料来源:南开大学公司治理数据库。

具体而言,在任免制度维度,国有控股上市公司和民营控股上市公司两者不相上下,近年来指数均值波动也基本趋于一致,2015年国有控股上市公司略高于民营控股上市公司0.83;在执行保障方面,民营控股上市公司的执行保障指数始终低于国有控股上市公司,且2015年差距相较以前有所拉大;在激励和约束机制方面,自2013年以来,民营控股上市公司的激励约束指数开始高于国有控股上市公司,且近年来提高速度较快。

第四节 主板上市公司经理层治理分地区评价

一、2015年主板上市公司经理层治理分地区总体描述

表14.9显示，经理层治理指数各地区有一定差异，平均值最高的为江西省，为58.64，最低的为青海省51.28，二者差异达到7.36。治理指数均值排名前十的地区依次是江西省、广东省、浙江省、北京市、江苏省、上海市、湖南省、吉林省、河南省和安徽省，指数均值最低的五个地区分别是青海省、山西省、西藏、新疆和宁夏。关注各地区的指数极差和标准差可以发现，云南省、内蒙古、广东省、浙江省和北京市范围内的企业经理层治理指数极差和标准差较大，说明这些区域内企业的经理层治理水平参差不齐。

表14.9 主板经理层治理指数分地区描述性统计

地区	数目	比例(%)	平均值	中位数	标准差	极差	最小值	最大值
北京市	119	8.43	57.25	56.12	6.21	27.46	45.60	73.05
天津市	29	2.05	54.99	55.01	5.21	24.94	44.82	69.77
河北省	32	2.27	53.81	52.65	5.92	24.61	43.61	68.21
山西省	30	2.12	52.48	52.09	4.58	17.90	44.00	61.90
内蒙古	20	1.42	54.97	53.43	6.90	26.21	43.91	70.13
辽宁省	47	3.33	55.65	54.03	6.03	25.04	45.82	70.86
吉林省	31	2.20	56.19	54.70	6.66	25.16	43.57	68.73
黑龙江省	28	1.98	54.86	54.49	5.44	20.72	46.76	67.48
上海市	135	9.56	56.86	56.17	6.08	29.67	43.18	72.85
江苏省	107	7.58	57.07	56.98	6.02	27.46	44.43	71.89
浙江省	101	7.15	57.32	56.92	6.22	27.22	43.65	70.87
安徽省	46	3.26	55.92	55.74	5.23	22.53	46.87	69.40
福建省	46	3.26	55.90	55.75	5.66	23.12	44.14	67.26
江西省	22	1.56	58.64	59.30	6.06	21.14	48.92	70.05
山东省	74	5.24	54.62	54.02	5.44	26.50	41.21	67.70
河南省	36	2.55	56.00	55.22	5.59	24.39	44.57	68.96
湖北省	59	4.18	55.75	55.07	5.69	24.35	44.46	68.80
湖南省	42	2.97	56.65	55.70	6.28	25.98	45.62	71.60
广东省	136	9.63	57.36	55.96	6.29	29.17	43.69	72.86
广西	25	1.77	55.16	52.37	6.77	21.71	46.13	67.84

续表

地区	数目	比例(%)	平均值	中位数	标准差	极差	最小值	最大值
海南省	22	1.56	54.04	53.24	4.86	18.00	45.16	63.17
重庆市	30	2.12	55.58	55.55	5.01	21.76	49.04	70.80
四川省	58	4.11	54.28	52.85	6.53	23.93	44.29	68.21
贵州省	14	0.99	54.68	53.66	6.44	20.74	45.37	66.10
云南省	19	1.35	54.80	52.37	8.18	34.66	43.40	78.06
西藏	8	0.57	52.85	51.46	5.39	16.21	47.47	63.68
陕西省	30	2.12	54.21	53.37	5.10	21.77	46.07	67.84
甘肃省	19	1.35	54.52	53.62	4.36	17.78	47.96	65.74
青海省	9	0.64	51.28	50.32	4.41	13.65	43.91	57.56
宁夏	11	0.78	53.40	51.49	8.40	25.85	42.37	68.23
新疆	27	1.91	53.24	52.82	3.57	16.15	45.74	61.89
合计	1 412	100	55.94	55.01	6.05	36.85	41.21	78.06

资料来源：南开大学公司治理数据库。

二、2010—2015年主板上市公司经理层治理分地区比较

表14.10反映了各省市经理层治理指数均值2010—2015年的变化趋势。从区域范围来看，西部地区的企业经理层治理处于相对较低水平，但是宁夏的经理层治理近年来处于较高的水平。广东省、浙江省、北京市、上海市等地区连续年度的经理层治理水平要高于其他地区。江西省、安徽省、甘肃省和贵州省的公司经理层治理指数均值则有了较大幅度的提高。江西省、广东省和浙江省2015年度的经理层治理水平位居前列。

表14.10 主板经理层治理指数分地区描述性统计六年比较

地区	2010	2011	2012	2013	2014	2015
北京市	57.44	57.00	57.86	56.52	57.84	57.25
天津市	56.50	56.22	55.62	55.19	56.33	54.99
河北省	55.06	55.94	54.75	53.22	53.67	53.81
山西省	55.94	55.90	55.20	54.62	53.45	52.48
内蒙古	57.18	56.11	56.21	53.32	55.74	54.97
辽宁省	57.77	57.16	55.44	55.81	55.98	55.65
吉林省	55.84	55.85	56.79	54.26	55.80	56.19
黑龙江省	55.52	54.95	55.01	54.56	55.00	54.86
上海市	57.45	55.73	59.53	56.23	56.67	56.86
江苏省	56.54	57.14	57.00	55.66	57.26	57.07

续表

地 区	2010	2011	2012	2013	2014	2015
浙江省	57.54	57.00	58.84	58.01	57.31	57.32
安徽省	54.51	54.84	55.02	54.00	53.72	55.92
福建省	56.49	56.94	57.01	55.97	55.68	55.90
江西省	57.13	57.12	54.98	54.83	56.14	58.64
山东省	56.10	55.93	55.87	55.34	54.66	54.62
河南省	56.99	56.18	56.75	56.35	56.18	56.00
湖北省	56.53	57.78	56.79	55.74	54.83	55.75
湖南省	56.17	56.95	55.68	55.31	56.10	56.65
广东省	59.05	60.71	56.63	57.47	57.99	57.36
广 西	54.67	57.18	54.44	54.14	55.06	55.16
海南省	55.79	57.04	55.08	55.34	53.37	54.04
重庆市	54.06	55.02	55.54	54.15	55.09	55.58
四川省	55.87	55.76	54.94	54.60	53.74	54.28
贵州省	57.35	55.66	55.13	54.22	53.48	54.68
云南省	55.67	56.74	55.91	56.12	55.96	54.80
西 藏	54.53	51.67	56.22	54.14	53.38	52.85
陕西省	54.28	55.31	54.26	53.18	56.80	54.21
甘肃省	54.07	54.46	55.01	53.31	52.99	54.52
青海省	51.91	53.14	54.14	53.63	52.41	51.28
宁 夏	54.71	59.58	57.21	54.19	54.42	53.40
新 疆	54.55	53.66	55.46	53.00	52.56	53.24
合 计	56.59	56.73	56.59	55.57	55.92	55.94

资料来源：南开大学公司治理数据库。

第五节 主板上市公司经理层治理100佳评价

一、主板上市公司经理层治理100佳比较分析

表14.11是样本公司和100佳公司经理层治理指数以及各分项指标的描述统计结果，经理层治理100佳主板上市公司经理层治理指数平均值为68.34，任免制度、执行保障、激励约束指数的均值依次为63.18、73.36和68.83。100佳公司各项指标的平均水平显著高于全体样本。且其各项指标标准差和极差均明显小于总体样本，说明其治理水平相差较小。

表 14.11 主板上市公司经理层治理 100 佳描述性统计

项　　目	样　　本	平均值	中位数	标准差	极　差	最小值	最大值
经理层治理指数	100 佳	68.34	67.85	1.94	11.83	66.23	78.06
	样本总体	55.94	55.01	6.05	36.85	41.21	78.06
任免制度	100 佳	63.18	63.33	4.10	19.72	52.50	72.22
	样本总体	61.48	62.22	4.87	33.65	38.57	72.22
执行保障	100 佳	73.36	73.33	6.07	35.00	58.33	93.33
	样本总体	65.03	65.00	9.57	55.00	38.33	93.33
激励约束	100 佳	68.83	70.00	5.26	31.43	50.00	81.43
	样本总体	43.06	37.14	13.69	55.71	25.71	81.43

资料来源：南开大学公司治理数据库。

二、主板上市公司经理层治理 100 佳公司行业分布

表 14.12 显示，经理层治理 100 佳主板上市公司的行业分布有较大的差异。100 佳企业中，机械、设备、仪表业，信息技术业，医药、生物制品业和房地产业占比最大，分别为 20.00%、16.00%、9.00% 和 9.00%。从 100 佳企业占本行业比例来看，信息技术业，建筑业和电子业较大比例的企业经理层治理达到 100 佳水平，比例分别达到 23.53%、12.50% 和 12.24%。

表 14.12 主板经理层治理 100 佳公司行业分布

行　　业	样本总体		100 佳		
	数目	比例（%）	数目	比例（%）	占本行业比例
农、林、牧、渔业	27	1.91	0	0.00	0.00
采掘业	54	3.82	1	1.00	1.85
制造业	739	52.34	54	54.00	7.31
其中　食品、饮料	63	4.46	6	6.00	9.52
纺织、服装、皮毛	45	3.19	0	0.00	0.00
木材、家具	5	0.35	0	0.00	0.00
造纸、印刷	20	1.42	1	1.00	5.00
石油、化学、塑胶、塑料	125	8.85	6	6.00	4.80
电子	49	3.47	6	6.00	12.24
金属、非金属	113	8.00	6	6.00	5.31
机械、设备、仪表	223	15.79	20	20.00	8.97

续表

行 业	样本总体		100佳		
	数目	比例(%)	数目	比例(%)	占本行业比例
医药、生物制品	88	6.23	9	9.00	10.23
其他制造业	8	0.57	0	0.00	0.00
电力、煤气及水的生产和供应业	75	5.31	1	1.00	1.33
建筑业	32	2.27	4	4.00	12.50
交通运输、仓储业	66	4.67	5	5.00	7.58
信息技术业	68	4.82	16	16.00	23.53
批发和零售贸易业	108	7.65	4	4.00	3.70
房地产业	115	8.14	9	9.00	7.83
社会服务业	49	3.47	1	1.00	2.04
传播与文化产业	26	1.84	2	2.00	7.69
综合类	53	3.75	3	3.00	5.67
合 计	1 412	100.00	100	100.00	7.08

资料来源:南开大学公司治理数据库。

三、主板上市公司经理层治理100佳公司控股股东性质分布

表14.13显示,经理层治理100佳主板上市公司中比例较高的是控股股东性质为国有控股和民营控股的上市公司,其所占比例分别为50%和46%,这也是由其本身占

表14.13 主板上市公司经理层治理100佳公司控股股东性质分布

控股股东性质	样本总体		100佳		
	数目	比例(%)	数目	比例(%)	占本组比例(%)
国有控股	875	61.97	50	50.00	5.71
集体控股	13	0.92	—	—	—
民营控股	488	34.56	46	46.00	9.43
社会团体控股	4	0.28	—	—	—
外资控股	20	1.42	2	2.00	0.10
职工控股会控股	9	0.64	—	—	—
其他类型	3	0.21	2	2.00	66.67
合 计	1 412	100.00	100	100.00	7.08

资料来源:南开大学公司治理数据库。

样本总体比例较大决定的。国有控股上市公司和民营控股上市公司中进入100佳的分别占比5.71%和9.43%。其他类型控股的公司虽然样本总体只有3家,但其中有2家进入了100佳,说明该性质企业的经理层治理水平较高。

四、主板上市公司经理层治理100佳公司地区分布

表14.14明确显示,公司经理层治理水平高的企业具有区域分散的特征。100佳企业里,北京市和广东省都占比13%,上海市、浙江省和江苏省分别有12家、11家和7家企业入选。其余省市则占比不多,但分布较为均匀。

表14.14 主板上市公司经理层治理100佳公司地区分布

地区	样本总体		100佳		
	数目	比例(%)	数目	比例(%)	占本地区比例(%)
北京市	119	8.43	13	13.00	10.92
天津市	29	2.05	1	1.00	3.45
河北省	32	2.27	1	1.00	3.13
山西省	30	2.12	—	—	—
内蒙古	20	1.42	1	1.00	5.00
辽宁省	47	3.33	4	4.00	8.51
吉林省	31	2.20	4	4.00	12.90
黑龙江省	28	1.98	1	1.00	3.57
上海市	135	9.56	12	12.00	8.89
江苏省	107	7.58	7	7.00	6.54
浙江省	101	7.15	11	11.00	10.89
安徽省	46	3.26	3	3.00	6.52
福建省	46	3.26	2	2.00	4.35
江西省	22	1.56	3	3.00	13.64
山东省	74	5.24	3	3.00	4.05
河南省	36	2.55	4	4.00	11.11
湖北省	59	4.18	2	2.00	3.39
湖南省	42	2.97	4	4.00	9.52
广东省	136	9.63	13	13.00	9.56
广西	25	1.77	2	2.00	8.00
海南省	22	1.56	—	—	—
重庆市	30	2.12	1	1.00	3.33
四川省	58	4.11	4	4.00	6.90

续表

地 区	样本总体		100 佳		
	数目	比例(%)	数目	比例(%)	占本地区比例(%)
贵州省	14	0.99	—	—	—
云南省	19	1.35	2	2.00	10.53
西　藏	8	0.57	—	—	—
陕西省	30	2.12	1	1.00	3.33
甘肃省	19	1.35	—	—	—
青海省	9	0.64	—	—	—
宁　夏	11	0.78	1	1.00	9.09
新　疆	27	1.91	—	—	—
合　计	1 412	100.00	100	100.00	7.08

资料来源：南开大学公司治理数据库。

主　要　结　论

第一，2015 年样本主板上市公司的经理层治理指数最高值为 78.06，最低值为 41.21，平均值为 55.94，标准差为 6.05。从经理层评价的三个主因素层来看，样本公司经理层任免制度指数平均值为 61.48，样本标准差为 4.87；执行保障指数的平均值为 65.03，样本标准差 9.57；激励与约束机制指数平均值为 43.06，样本标准差为 13.69，主板上市公司样本间激励约束指数的差异程度较大。与上一年度相比较，主板经理层治理指数变化不大，上升了 0.02，其中经理层任免制度指数平均值比去年上升了 1.19，而执行保障制度较去年下降了 1.22，激励约束指数较去年上升了 0.01。

第二，从主板和其他板块上市公司经理层治理状况的年度变化比较分析，中小板和创业板激励机制和强度显著优于维持稳定水平的主板市场。各板上市公司的高管薪酬和股权激励状况适应宏观经济增长方式转变的态势。创业板执行保障机制较高，中小板和主板有待加强。

2015 年创业板和中小板经理层治理状况提升较多，分别提高了 2.46 和 1.06，主板保持稳定，较 2014 年相比上升 0.02。中小板和创业板激励指数分别上升了 5.20 和 3.00，主板高管薪酬水平和高管激励强度与 2014 年相当，提高了 0.01。创业板相对主板和中小板有较强的执行保障机制，与 2014 年相比，执行保障指数分别上升了 5.99。主板和中小板执行保障指数分别下降了 1.22 和 0.44，执行保障机制状况有待提高。

第三,2010—2015年连续六年经理层治理指数的发展趋势显示,样本公司经理层治理指数平均值分别为55.94(2015年)、55.92(2014年)、55.57(2013年)、56.59(2012年)、56.73(2011年)、56.59(2010年),六年间数值变化较平稳,在数值56附近波动,且波动幅度很小。任免制度指数2010—2011年间有所上升,上升了2.77,之后有所下降,但近年来呈现平稳变化趋势,2015年较2014年上升了1.19。执行保障指数自2010年起连续三年稳步上升,近三年虽有较小波动,但仍然处于较高水平,2015年为65.03。从近年来的数据来看,执行保障指数和任免制度指数的平均值都在总体经理层治理指数的均值之上。激励约束指数均值虽低于总体经理层治理指数,但是自2011年以来呈现波动上升的趋势,2015年达到43.06,说明主板上市公司在薪酬、股权和控制权方面的激励约束状况在逐步改善。

第四,从2015年度样本公司在经理层治理评价总指数行业分布情况来看。信息技术业,房地产业,批发和零售贸易业,建筑业,制造业以及制造业中的电子业,机械、设备、仪表业,医药、生物制品业,木材、家具业,金属、非金属业和其他制造业的经理层治理指数均高于全行业平均值。其中信息技术业的经理层治理指数均值为59.02,居于首位。而采掘业,制造业中的石油、化学、塑胶、塑料和农、林、牧、渔业的经理层治理指数水平则均低于54,列于样本公司平均治理指数的最后三位。

在全部上市公司样本中,经理层治理状况最佳的上市公司出现在制造业中的医药、生物制品业,达到78.06;治理状况最差的上市公司出现在制造业中的食品、饮料业,经理层治理指数为41.21。这说明各行业上市公司之间的经理层治理存在一定差距。

第五,从样本公司在经理层治理评价2010—2015年行业分布及发展趋势情况来看,2010—2015年间,经理层治理状况最好的两个行业为信息技术业与批发和零售贸易业,而经理层治理指数相对较低的行业为农、林、牧、渔业。各行业指数均值基本呈小幅波动,其中信息技术业的经理层治理水平在2015年有较大幅度提高,提高了1.63。2015年经理层治理指数均值较2014年有所提高的行业还有制造业和农、林、牧、渔业。

第六,我国控股股东性质主要是国有控股和民营控股,占样本企业总比例达96.53%。国有和民营控股上市公司的经理层治理指数平均值分别为55.78和56.28,最高的指数分别为73.05和78.06,极差分别为30.68和36.85,标准差分别为5.63和6.72。剩余所有类型企业的极差均低于国有控股和民营控股上市公司,集体控股、社会团体控股公司的标准差低于国有控股和民营控股上市公司,说明国有控股和民营控股性质的上市公司经理层治理水平差异较大,但国有控股和民营控股上市公司相比其他类型上市公司数量较多,样本数量多经理层治理水平差异大也属正常现象。

第七,2010—2015年,国有控股上市公司样本经理层治理均值分别为56.82、

56.69、56.63、55.36、55.63和55.78,民营控股上市公司经理层治理均值分别为55.92、56.67、56.52、55.89、56.50和56.28。从经理层治理指数总体来看,2013年之前,民营控股上市公司的经理层治理水平始终略差于国有控股上市公司,但此差异逐年缩小。自2013年起,民营控股上市公司经理层治理指数开始超越国有控股上市公司,2014年,民营控股上市公司经理层治理指数比国有控股上市公司高0.87,2015年,民营控股上市公司经理层治理指数均值达到56.28,比国有控股上市公司高出0.5。

具体而言,在任免制度维度,国有控股上市公司和民营控股上市公司两者不相上下,近年来指数均值波动也基本趋于一致,但是两者仍有很大的上升空间,民营控股上市公司应使得经理层的任免制度更加的公开透明,充分利用优胜劣汰的市场机制。国有控股上市公司的经理层任免机制应进一步由行政型任命向通过市场机制选聘转变。在执行保障方面,民营控股上市公司的执行保障指数始终低于国有控股上市公司,且2015年差距相较以前有所拉大,民营控股上市公司的执行保障制度建设还有待完善。在激励约束机制方面,自2013年以来,民营控股上市公司的激励约束指数开始高于国有控股公司,且近年来提高速度较快。综上所述,民营控股上市公司在经理层治理总体状况和激励约束机制方面超过国有控股上市公司,任免制度方面差别不显著,民营控股上市公司执行保障制度方面较国有控股上市公司还需要进一步加强。

第八,经理层治理指数各地区有一定差异,治理指数均值排名前十的地区依次是江西省、广东省、浙江省、北京市、江苏省、上海市、湖南省、吉林省、河南省和安徽省,指数均值最低的五个地区分别是青海省、山西省、西藏、新疆和宁夏。平均值最高的为江西省,为58.64,最低的是青海省,为51.28,二者差异达到7.36。另外,关注各地区的指数极差和标准差可以发现,云南省、内蒙古、广东省、浙江省和北京市范围内的企业经理层治理指数极差和标准差较大,说明这些地区企业的经理层治理水平参差不齐。

第九,从各省市经理层治理指数均值2010—2015年的变化趋势来看,西部地区的企业经理层治理水平处于相对较低水平,但是宁夏的经理层治理水平近年来处于较高的水平。广东省、浙江省、北京市、上海市等地区连续年度的经理层治理水平要高于其他地区。江西省、安徽省、甘肃省和贵州省的公司经理层治理指数均值则表现出了较大幅度的提高。江西省、广东省和浙江省2015年度的经理层治理水平位居前列。

第十,经理层治理100佳主板上市公司经理层治理指数平均值为68.34,任免制度、执行保障、激励约束指数的均值依次为63.18、73.36和68.83。100佳公司各项指标的平均水平显著高于全体样本。且其各项指标标准差和极差均明显小于总体样本,说明100佳公司其治理水平相差较小。

经理层治理100佳主板上市公司的行业分布有较大的差异。100佳企业中,机械、设备、仪表业,信息技术业,医药、生物制品业和房地产业占比最大,分别为20.00%、16.00%、9.00%和9.00%。从100佳企业占本行业比例来看,信息技术业,建筑业和电子业较大比例的企业经理层治理达到100佳水平,比例分别达到23.53%、12.50%和12.24%。

经理层治理100佳主板上市公司中比例较高的是控股股东性质为国有控股和民营控股的上市公司,其所占比例分别为50%和46%,这也是由其本身占样本总体比例较大决定。国有企业和民营企业中进入100佳的分别占比5.71%和9.43%。其他类型控股的企业虽然样本总体只有3家,但其中有2家进入了100佳,说明该性质企业的经理层治理水平较高。

公司经理层治理水平高的企业具有区域分散的特征。100佳企业里,北京市和广东省都占比13%,上海市、浙江省和江苏省分别有12家、11家和7家企业入选。其余地区则占比不多,但分布较为均匀。

第十五章　主板上市公司信息披露评价

第一节　主板上市公司信息披露总体分析

一、2015年主板上市公司信息披露总体描述

2015年中国上市公司主板市场非金融类公司样本量为1 412家,信息披露指数的平均值为62.47,标准差为8.44,信息披露指数基本服从正态分布。从标准差来看,信息披露总体水平较为集中,上市公司之间的信息披露差距较小,但极差为48.02,信息披露最好和最差的公司仍存在较大差距。

表15.1　主板上市公司信息披露总体状况描述性统计

项目	平均值	中位数	标准差	极差	最小值	最大值
信息披露指数	62.47	62.20	8.44	48.02	36.81	84.82
可靠性	63.19	61.42	13.31	52.36	37.57	89.93
相关性	59.71	59.72	11.55	49.29	36.04	85.32
及时性	66.51	66.86	5.65	57.23	30.70	87.93

资料来源:南开大学公司治理数据库。

从信息披露的三个主要因素来看,主板上市公司信息披露的可靠性、相关性和及时性的平均值依次为63.19、59.71和66.51,信息披露的及时性表现最好,相关性表现较差,低于整体平均水平;从标准差来看,可靠性分散程度最大,上市公司信息披露的可靠程度存在较大差异;从极差来看,信息披露最好和最差的公司在可靠性、相关性和及时性方面都存在非常大的差距。

二、2010—2015年主板上市公司信息披露比较

从2010—2015年连续六年信息披露指数的发展趋势看(见表15.2和图15.1),2012年是信息披露指数的拐点。2010—2012年经历了下降阶段,在2013年信息披露指数有较大幅度的提高后,2014年与2015年的指数值呈现下降趋势。

2011年的信息披露指数以及其三个子因素可靠性、相关性和及时性指数都有所降低,其中及时性下降的幅度最大,其次是可靠性。从宏观环境来看,经济平稳增长,但是通货膨胀形势严峻,物价上涨,劳动力、原材料等价格的上涨导致成本的上升,使得公司对未来预测的信息的不确定性加大,这可能会降低信息披露的可靠性,而上市公司选择晚披露信息,可能是用以保证信息的可靠性;此外公司为了谨慎起见可能会降低对未来信息的预测,从而会降低信息披露的相关性。2012年信息披露水平较2011年有所下降,相关性与及时性较2011年也有所下降,而可靠性指数有所提升。2013年信息披露水平较2012年大幅上升,可靠性、相关性、及时性都出现不同幅度的上升,其中及时性上升的幅度最大。2014年信息披露指数较2013年有所下降,这主要是由于相关性和及时性的下降导致的,其中及时性指数下降最大,其次是相关性;可靠性较2013年有所上升。与2014年相比,2015年信息披露指数变化甚小,但分指数变化差异较大:可靠性与及时性分别提高0.35和2.86,相关性下降了1.76。相比较于所有上市公司相关性上升的背景,主板上市公司2015年度相关性指数表现最差。

表15.2 主板信息披露指数描述性统计六年比较

项 目	2010	2011	2012	2013	2014	2015
信息披露指数	62.75	61.25	60.73	63.24	62.48	62.47
可靠性	62.93	61.41	61.58	61.63	62.84	63.19
相关性	61.10	59.72	58.51	62.99	61.47	59.71
及时性	64.15	62.56	61.81	65.62	63.65	66.51

资料来源:南开大学公司治理数据库。

资料来源:南开大学公司治理数据库。

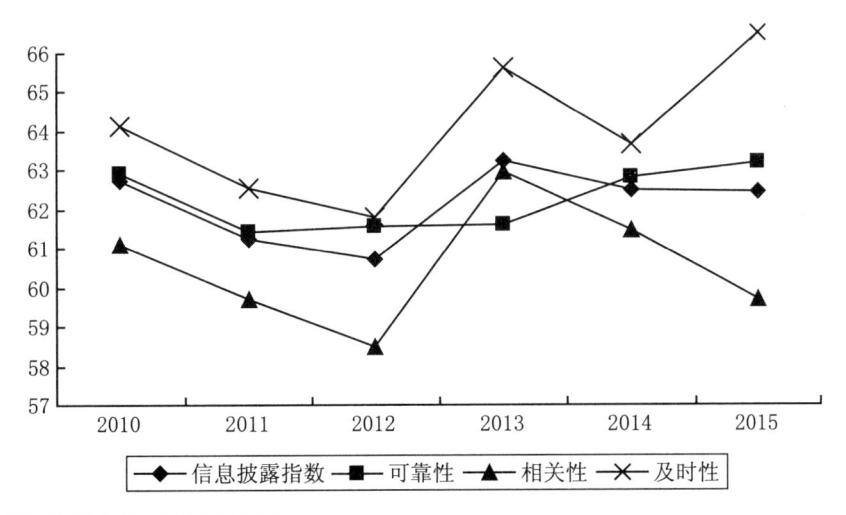

图15.1 主板信息披露指数平均值六年折线图比较

第二节 主板上市公司信息披露分行业评价

一、2015年主板上市公司信息披露分行业总体描述

从行业分布状况可以看出,各行业信息披露指数存在差异,但并不十分明显。其中平均值居于前三位的分别为建筑业、社会服务业和采掘业;平均值最低的三个行业分别是传播与文化产业,农、林、牧、渔业和房地产业。见表15.3。

表15.3 主板上市公司信息披露指数分行业描述性统计

行业	数目	比例(%)	平均值	中位数	标准差	极差	最小值	最大值
农、林、牧、渔业	27	1.91	60.61	62.02	9.08	36.84	41.06	77.90
采掘业	54	3.82	63.80	63.42	8.27	34.86	47.26	82.12
制造业	739	52.34	62.72	62.36	8.24	42.97	41.85	84.82
其中 食品、饮料	63	4.46	61.76	61.37	8.18	33.76	44.19	77.95
纺织、服装、皮毛	45	3.19	61.34	60.92	7.41	34.76	43.33	78.09
木材、家具	5	0.35	61.36	61.22	4.65	12.68	54.57	67.25
造纸、印刷	20	1.42	59.32	59.63	7.94	29.91	42.21	72.12
石油、化学、塑胶、塑料	125	8.85	61.84	61.19	8.19	37.29	43.45	80.74
电子	49	3.47	64.22	62.80	8.71	42.63	42.20	84.82
金属、非金属	113	8.00	61.89	61.63	7.59	38.12	43.63	81.75
机械、设备、仪表	223	15.79	64.12	64.07	8.46	40.87	41.85	82.72
医药、生物制品	88	6.23	63.34	63.43	8.44	39.98	42.46	82.44
其他制造业	8	0.57	57.76	57.28	7.28	21.60	48.56	70.16
电力、煤气及水的生产和供应业	75	5.31	61.25	60.89	6.75	33.90	44.48	78.37
建筑业	32	2.27	66.30	65.84	9.34	41.91	39.77	81.69
交通运输、仓储业	66	4.67	63.34	62.90	8.50	35.86	46.51	82.38
信息技术业	68	4.82	62.32	62.28	9.74	42.30	41.90	84.20
批发和零售贸易业	108	7.65	61.75	61.67	9.29	47.10	36.81	83.90
房地产业	115	8.14	60.63	60.13	8.34	40.88	41.34	82.22
社会服务业	49	3.47	64.46	63.34	9.22	35.37	43.56	78.93
传播与文化产业	26	1.84	59.59	59.83	6.91	25.30	46.15	71.45
综合类	53	3.75	62.09	61.91	8.07	36.26	42.41	78.67
合计	1 412	100.00	62.47	62.20	8.44	48.02	36.81	84.82

资料来源:南开大学公司治理数据库。

从分指数看,建筑业、社会服务业和采掘业居于前列的主要因素是三个行业的信息披露可靠性指数均远高于平均值,主板可靠性指数平均值为 63.19,三个行业分别为 69.09、64.04、65.07。在相关性方面,三个行业指数也均高于主板平均值 59.17,分别为 61.8、63.61、60.66。三个行业的及时性指数也略高于主板平均值 66.51,分别为 67.49、67.81、66.91。见表 15.4。

表 15.4 主板上市公司信息披露分指数分行业描述性统计

行　业	数目	比例(%)	信息披露指数	可靠性	相关性	及时性
农、林、牧、渔业	27	1.91	60.61	62.49	56.72	63.44
采掘业	54	3.82	63.80	65.07	60.66	66.91
制造业	739	52.34	62.72	63.33	60.18	66.59
其中　食品、饮料	63	4.46	61.76	62.26	58.94	66.68
纺织、服装、皮毛	45	3.19	61.34	62.70	57.22	66.42
木材、家具	5	0.35	61.36	61.69	59.33	65.00
造纸、印刷	20	1.42	59.32	60.50	55.22	64.97
石油、化学、塑胶、塑料	125	8.85	61.84	61.08	60.75	66.93
电子	49	3.47	64.22	66.04	60.69	66.39
金属、非金属	113	8.00	61.89	61.55	60.03	67.36
机械、设备、仪表	223	15.79	64.12	65.27	61.43	66.56
医药、生物制品	88	6.23	63.34	65.06	59.80	65.88
其他制造业	8	0.57	57.76	54.29	59.28	65.82
电力、煤气及水的生产和供应业	75	5.31	61.25	61.50	58.61	66.54
建筑业	32	2.27	66.30	69.09	61.80	67.49
交通运输、仓储业	66	4.67	63.34	65.84	58.00	67.45
信息技术业	68	4.82	62.32	63.17	59.25	66.67
批发和零售贸易业	108	7.65	61.75	63.03	58.33	65.47
房地产业	115	8.14	60.63	59.93	59.11	66.54
社会服务业	49	3.47	64.46	64.04	63.61	67.81
传播与文化产业	26	1.84	59.59	60.39	55.82	65.73
综合类	53	3.75	62.09	63.08	59.14	65.67
合　计	1 412	100.00	62.47	63.19	59.71	66.51

资料来源:南开大学公司治理数据库。

导致传播与文化产业信息披露治理指数分值较低的原因是其信息披露可靠性、相关性与及时性指数均低于主板相应均值,三个分指数分别为 60.39、55.82、65.73。农、林、牧、渔业也是相似的原因,其信息披露可靠性(62.49)、相关性(56.72)与及时性(63.44)指数均低于主板相应均值。房地产业则主要是受可靠性影响,其可靠性指数只有 59.93。

二、2010—2015 年主板上市公司信息披露分行业比较

从表 15.5 的统计数据可以看出,2010—2015 年六年间各行业的信息披露指数平均水平时而提高时而下降,各年度间波动较大。与 2014 年信息披露指数平均水平相比,2015 年农、林、牧、渔业,建筑业,信息技术业,房地产业,社会服务业和综合类的信息披露指数有所上升,而其他行业均有所下降,其中农、林、牧、渔业增幅最大,建筑业次之。2014 年与 2013 年信息披露指数平均水平相比,2014 年制造业,采掘业,交通运输、仓储业,批发和零售贸易业以及社会服务业的信息披露指数有所提高,而其他行业均有所下降,其中农、林、牧、渔业降幅最大,建筑业次之。由此可看出,六年各行业信息披露水平差异较大。

表 15.5　主板上市公司信息披露指数分行业描述性统计六年比较

行　　业	2010	2011	2012	2013	2014	2015
农、林、牧、渔业	58.26	57.22	58.40	61.30	56.00	60.61
采掘业	64.76	61.74	65.11	63.66	65.29	63.80
制造业	62.64	62.15	60.65	60.65	63.06	62.72
电力、煤气及水的生产和供应业	65.57	64.44	63.20	65.43	62.33	61.25
建筑业	65.24	64.25	64.21	67.21	63.44	66.30
交通运输、仓储业	66.19	60.31	63.30	63.09	64.89	63.34
信息技术业	60.85	61.59	59.54	63.94	60.58	62.32
批发和零售贸易业	60.10	59.31	61.21	61.64	62.49	61.75
房地产业	62.25	57.46	56.49	62.08	60.05	60.63
社会服务业	64.36	59.44	61.25	62.74	62.77	64.46
传播与文化产业	66.38	63.69	60.50	61.54	61.18	59.59
综合类	62.79	58.58	60.36	60.57	59.48	62.09
合　　计	62.75	61.25	60.73	63.24	62.48	62.47

资料来源:南开大学公司治理数据库。

第三节　主板上市公司信息披露分控股股东性质评价

一、2015 年主板上市公司信息披露分控股股东性质总体描述

控股股东性质为国有控股的上市公司信息披露指数为 63.28、集体控股为 67.14、民

营控股为 60.98、社会团体控股为 61.17、外资控股为 60.57、职工持股会控股为 59.91。国有和民营控股上市公司所占比例最高,占总体的 96% 以上,其中国有控股上市公司信息披露水平高于民营控股上市公司的信息披露水平。见表 15.6。

表 15.6 主板上市公司信息披露指数分控股股东性质描述性统计

控股股东性质	数目	比例	平均值	中位数	标准差	极差	最小值	最大值
国有控股	875	61.97	63.28	62.86	8.25	43.77	41.06	84.82
集体控股	13	0.92	67.14	69.06	9.27	30.29	49.19	79.48
民营控股	488	34.56	60.98	60.85	8.53	43.14	36.81	79.94
社会团体控股	4	0.28	61.17	62.10	7.32	17.63	51.42	69.05
外资控股	20	1.42	60.57	60.28	7.93	26.79	48.15	74.95
职工持股会控股	9	0.64	59.91	55.82	9.34	26.29	47.54	73.83
其他类型	3	0.21	69.38	73.85	11.52	21.70	56.30	77.99
合计	1 412	100.00	62.47	62.20	8.44	48.02	36.81	84.82

资料来源:南开大学公司治理数据库。

从分指数看,国有控股上市公司信息披露的可靠性、相关性和及时性均高于民营控股上市公司。导致国有控股上市公司信息披露治理指数高于民营控股上市公司的原因是国有控股上市公司的三项分指数都比较高且较为均衡,说明国有控股的主板上市公司信息披露治理的各方面都比较完善。

表 15.7 主板上市公司信息披露分指数分控股股东性质描述性统计

控股股东性质	信息披露指数	可靠性	相关性	及时性
国有控股	63.28	64.13	60.46	67.05
集体控股	67.14	70.27	63.60	65.01
民营控股	60.98	61.36	58.45	65.60
社会团体控股	61.17	63.20	56.23	65.92
外资控股	60.57	60.78	57.77	66.39
职工持股会控股	59.91	63.07	52.50	66.62
其他类型	69.38	71.61	68.92	63.04
合计	62.47	63.19	59.71	66.51

资料来源:南开大学公司治理数据库。

二、2010—2015年主板上市公司信息披露分控股股东性质比较

由表15.8可看出,从2010年到2015年,国有控股的主板上市公司各年的信息披露指数均高于民营控股上市公司,前三年高出约3,后三年约2.5。两类公司在不同年份之间相对波动比较小,且六年间波动趋势相似,都呈现出2010年到2012年下降,2013年上升后2014年、2015年连续两年又下降的趋势。

表 15.8　主板国有和民营控股公司信息披露指数描述性统计六年比较

年　份	控股股东性质	信息披露指数	可靠性	相关性	及时性
2010	国有	63.68	63.96	61.86	65.13
	民营	60.33	60.31	59.17	61.51
2011	国有	62.34	62.86	60.51	63.48
	民营	59.30	58.73	58.36	61.01
2012	国有	61.93	62.45	60.13	63.05
	民营	58.67	60.03	55.82	59.70
2013	国有	64.15	62.82	63.55	66.54
	民营	61.60	59.21	62.20	64.19
2014	国有	63.30	63.39	62.37	65.18
	民营	60.71	61.42	59.63	60.87
2015	国有	63.28	64.13	60.46	67.05
	民营	60.98	61.36	58.45	65.60

资料来源:南开大学公司治理数据库。

第四节　主板上市公司信息披露分地区评价

一、2015年主板上市公司信息披露分地区总体描述

上市公司信息披露指数排在前三名的地区是北京市(64.79)、广东省(64.63)、福建省(64.47);信息披露指数排名后三位的地区是广西(60.01)、河南省(59.62)、山西省(59.35),各地区上市公司信息披露水平分布不平衡,但差距不大。见表15.9。

表15.9 主板上市公司信息披露指数分地区描述性统计

地　区	数目	比例(%)	平均值	中位数	标准差	极差	最小值	最大值
北京市	119	8.43	64.79	63.34	8.16	35.38	47.26	82.64
天津市	29	2.05	62.27	62.57	10.68	37.62	43.42	81.04
河北省	32	2.27	62.56	61.67	6.74	29.57	44.45	74.02
山西省	30	2.12	59.35	60.25	8.71	37.79	36.81	74.60
内蒙古	20	1.42	61.44	62.66	6.46	25.68	47.59	73.27
辽宁省	47	3.33	61.43	61.83	9.19	40.18	42.20	82.38
吉林省	31	2.20	63.94	62.84	10.32	40.75	38.07	78.81
黑龙江省	28	1.98	60.10	59.91	7.61	31.78	46.59	78.37
上海市	135	9.56	63.01	62.42	8.45	38.87	41.34	80.20
江苏省	107	7.58	62.95	61.65	8.26	37.03	42.24	79.27
浙江省	101	7.15	62.57	61.22	8.11	36.74	42.74	79.48
安徽省	46	3.26	63.12	63.17	8.76	36.51	47.39	83.90
福建省	46	3.26	64.47	63.92	7.10	39.16	43.56	82.72
江西省	22	1.56	63.38	63.69	7.56	27.78	48.05	75.83
山东省	74	5.24	61.25	60.59	8.04	36.89	42.21	79.10
河南省	36	2.55	59.62	60.49	7.87	30.83	42.93	73.76
湖北省	59	4.18	60.69	60.95	8.58	38.76	43.33	82.09
湖南省	42	2.97	61.01	61.96	9.11	35.75	42.21	77.95
广东省	136	9.63	64.63	64.61	8.83	41.37	43.45	84.82
广　西	25	1.77	60.01	58.30	8.76	33.41	44.19	77.60
海南省	22	1.56	62.10	62.74	7.12	23.83	48.01	71.84
重庆市	30	2.12	60.53	60.16	8.77	38.04	41.90	79.94
四川省	58	4.11	61.30	61.52	8.62	38.89	41.85	80.74
贵州省	14	0.99	61.61	62.70	7.33	26.78	46.28	73.06
云南省	19	1.35	62.69	64.05	7.17	27.81	49.74	77.55
西　藏	8	0.57	61.59	60.34	11.02	32.18	48.32	80.50
陕西省	30	2.12	62.51	62.52	7.48	32.34	45.33	77.68
甘肃省	19	1.35	60.96	59.69	7.13	24.74	50.68	75.42
青海省	9	0.64	60.90	64.42	11.19	37.29	42.46	79.75
宁　夏	11	0.78	62.12	62.46	5.02	16.04	54.12	70.16
新　疆	27	1.91	60.73	60.60	8.95	39.45	39.77	79.23
合　计	1 412	100.00	62.47	62.20	8.44	48.02	36.81	84.82

资料来源：南开大学公司治理数据库。

二、2010—2015 年主板上市公司信息披露分地区比较

从表 15.10 主板分地区信息披露指数平均值的六年比较中可以看出,北京市主板上市公司的信息披露质量表现最好,除 2014 年外其余五年均位列地区前五名,且 2011 年与 2015 年排在首位。福建省、广东省、陕西省、贵州省主板上市公司信息披露质量在六年中均有三年排在地区前五名,表现较好。云南省、江西省和安徽省有两年排在前五。而海南省的信息披露质量相对最差,在六年中有四年都在地区排名的最后五名之内。重庆市、内蒙古、黑龙江省、广西四地区主板上市公司信息披露质量也较差,六年内有三年位列后五名,其中内蒙古在 2010 年和 2012 年垫底,2015 年山西省上市公司信息披露质量排在末尾。

表 15.10 主板上市公司信息披露指数分地区描述性统计六年比较

地 区	2010	2011	2012	2013	2014	2015
北京市	64.32	64.30	63.10	65.99	62.32	64.79
天津市	62.82	60.85	62.07	65.49	59.26	62.27
河北省	60.23	61.41	58.55	65.70	62.06	62.56
山西省	59.49	59.96	59.44	61.79	62.74	59.35
内蒙古	56.49	56.80	56.77	62.21	62.51	61.44
辽宁省	63.99	58.40	60.65	65.04	60.60	61.43
吉林省	62.44	57.10	59.05	61.53	57.26	63.94
黑龙江省	58.14	58.75	60.78	57.83	59.96	60.10
上海市	60.70	62.51	59.60	60.93	63.94	63.01
江苏省	61.59	61.29	61.40	64.07	64.92	62.95
浙江省	63.54	62.15	61.72	63.04	62.12	62.57
安徽省	63.53	62.97	60.09	63.76	66.66	63.12
福建省	65.84	61.81	64.66	62.65	63.04	64.47
江西省	65.23	60.96	61.35	63.88	62.12	63.38
山东省	62.65	60.37	59.62	61.40	62.31	61.25
河南省	63.57	61.86	60.01	62.39	61.77	59.62
湖北省	64.54	60.67	61.08	61.64	61.56	60.69
湖南省	61.95	61.58	60.24	63.49	62.44	61.01
广东省	66.07	62.01	60.56	66.76	62.95	64.63
广 西	64.09	64.06	59.62	60.38	59.28	60.01
海南省	60.13	56.25	57.79	59.60	59.72	62.10
重庆市	61.48	57.13	57.77	62.34	60.01	60.53
四川省	62.53	60.68	62.15	62.90	60.87	61.30

续表

地 区	2010	2011	2012	2013	2014	2015
贵州省	65.05	61.85	59.19	66.22	67.29	61.61
云南省	62.98	63.57	62.85	63.31	62.04	62.69
西 藏	58.35	54.43	59.00	61.65	63.33	61.59
陕西省	61.94	63.13	63.93	62.50	64.91	62.51
甘肃省	60.83	57.67	59.71	61.55	61.92	60.96
青海省	58.42	62.90	60.10	62.57	64.91	60.90
宁 夏	59.23	61.62	59.27	62.01	58.11	62.12
新 疆	60.72	57.78	57.94	62.60	64.68	60.73
合 计	62.75	61.25	60.73	63.24	62.48	62.47

资料来源:南开大学公司治理数据库。

第五节 主板上市公司信息披露100佳评价

一、主板上市公司信息披露100佳比较分析

如表15.11所示,信息披露100佳上市公司信息披露评价指数平均值为78.77,信息披露可靠性、相关性、及时性的平均值依次为85.00、73.59、70.06,其中可靠性披露指标最好。100佳上市公司的信息披露水平相比总体样本来说更为集中,信息披露水平的标准差为2.09,极差为8.99。

表15.11 主板上市公司信息披露100佳描述性统计

项 目	样 本	平均值	中位数	标准差	极 差	最小值	最大值
信息披露	100佳	78.77	78.33	2.09	8.99	75.83	84.82
	样本总体	62.47	62.2	8.44	48.02	36.81	84.82
可靠性	100佳	85.00	85.12	2.90	12.16	77.77	89.93
	样本总体	63.19	61.42	13.31	52.36	37.57	89.93
相关性	100佳	73.59	73.39	6.07	27.62	57.68	85.30
	样本总体	59.71	59.72	11.55	49.29	36.04	85.32
及时性	100佳	70.06	67.45	5.82	23.96	63.98	87.93
	样本总体	66.51	66.86	5.65	57.23	30.7	87.93

资料来源:南开大学公司治理数据库。

二、主板上市公司信息披露100佳公司行业分布

表15.12关于上市公司信息披露100佳行业分布表明,信息披露100佳上市公司中有49家属于制造业,占制造业的6.63%;传播与文化产业、建筑业和房地产各有8家,分别占各自行业的30.77%、25%和6.96%。社会服务行业有6家,占其行业的12.24%。可以看出,信息披露最好的上市公司分布在各行业中,但也存在一定的行业差异。

表15.12 主板上市公司信息披露100佳公司行业分布

行　业		样本总体		100佳		
		数目	比例(%)	数目	比例(%)	占本行业比例(%)
农、林、牧、渔业		27	1.91	2	2.00	7.41
采掘业		54	3.82	5	5.00	9.26
制造业		739	52.34	49	49.00	6.63
其中	食品、饮料	63	4.46	2	2.00	3.17
	纺织、服装、皮毛	45	3.19	1	1.00	2.22
	木材、家具	5	0.35	—	—	—
	造纸、印刷	20	1.42	—	—	—
	石油、化学、塑胶、塑料	125	8.85	6	6.00	4.80
	电子	49	3.47	4	4.00	8.16
	金属、非金属	113	8.00	4	4.00	3.54
	机械、设备、仪表	223	15.79	23	23.00	10.31
	医药、生物制品	88	6.23	9	9.00	10.23
	其他制造业	8	0.57	—	—	—
电力、煤气及水的生产和供应业		75	5.31	2	2.00	2.67
建筑业		32	2.27	8	8.00	25.00
交通运输、仓储业		66	4.67	4	4.00	6.06
信息技术业		68	4.82	—	—	—
批发和零售贸易业		108	7.65	6	6.00	5.56
房地产业		115	8.14	8	8.00	6.96
社会服务业		49	3.47	6	6.00	12.24
传播与文化产业		26	1.84	8	8.00	30.77
综合类		53	3.75	—	—	—
合　计		1 412	100.00	100	100.00	7.08

资料来源:南开大学公司治理数据库。

三、主板上市公司信息披露100佳公司控股股东性质分布

表15.13显示,信息披露100佳上市公司中,较高比例的公司控股股东性质为国有控股和民营控股,其所占比例分别为61.97%、34.56%,分别占国有控股企业的8.34%和民营控股企业的4.92%。

表15.13 主板上市公司信息披露100佳公司控股股东分布

控股股东性质	样本总体		100佳		
	数目	比例(%)	数目	比例(%)	占本组比例(%)
国有控股	875	61.97	73	73.00	8.34
集体控股	13	0.92	2	2.00	15.38
民营控股	488	34.56	24	24.00	4.92
社会团体控股	4	0.28	—	—	—
外资控股	20	1.42	—	—	—
职工持股会控股	9	0.64	—	—	—
其他类型	3	0.21	1	1.00	33.33
合 计	1 412	100.00	100	100.00	7.08

资料来源:南开大学公司治理数据库。

四、主板上市公司信息披露100佳公司地区分布

在入选信息披露100佳上市公司中,有59家上市公司来自广东省、北京市、上海市、江苏省和浙江省,依次为17.00%、14.00%、10.00%、10.00%和7.00%。剩余41家零散分布在其他地区,而河北省、山西省、内蒙古、河南省、海南省、贵州省、甘肃省、宁夏八个地区无公司入选100佳。相对来说,经济较发达地区,入选信息披露100佳的比例也越高。见表15.14。

表15.14 主板上市公司信息披露100佳公司地区分布

地 区	样本总体		100佳		
	数目	比例(%)	数目	比例(%)	占本地区比例(%)
北京市	119	8.43	14	14.00	11.76
天津市	29	2.05	5	5.00	17.24
河北省	32	2.27	—	—	—
山西省	30	2.12	—	—	—

续表

地 区	样本总体		100佳		
	数目	比例(%)	数目	比例(%)	占本地区比例(%)
内蒙古	20	1.42	—	—	—
辽宁省	47	3.33	4	4.00	8.51
吉林省	31	2.20	6	6.00	19.35
黑龙江省	28	1.98	1	1.00	3.57
上海市	135	9.56	10	10.00	7.41
江苏省	107	7.58	10	10.00	9.35
浙江省	101	7.15	7	7.00	6.93
安徽省	46	3.26	3	3.00	6.52
福建省	46	3.26	2	2.00	4.35
江西省	22	1.56	1	1.00	4.55
山东省	74	5.24	2	2.00	2.70
河南省	36	2.55	—	—	—
湖北省	59	4.18	2	2.00	3.39
湖南省	42	2.97	3	3.00	7.14
广东省	136	9.63	17	17.00	12.50
广 西	25	1.77	1	1.00	4.00
海南省	22	1.56	—	—	—
重庆市	30	2.12	1	1.00	3.33
四川省	58	4.11	4	4.00	6.90
贵州省	14	0.99	—	—	—
云南省	19	1.35	1	1.00	5.26
西 藏	8	0.57	1	1.00	12.50
陕西省	30	2.12	2	2.00	6.67
甘肃省	19	1.35	—	—	—
青海省	9	0.64	1	1.00	11.11
宁 夏	11	0.78	—	—	—
新 疆	27	1.91	2	2.00	7.41
合 计	1 412	100.00	100	100.00	7.08

资料来源:南开大学公司治理数据库。

主 要 结 论

主板上市公司作为中国上市公司中最重要的一部分,其信息披露的状况整体上与所有公司的信息披露状况相似,但也有其独特的特点。

第一,与所有公司样本的信息披露类似,2010—2015年的信息披露以及三个子因素当中,及时性表现最好,其次为可靠性,最后为相关性,各指标之间的差异不大。

第二,除了及时性指数外,2015年主板公司信息披露指数、可靠性与相关性均有所下降,但下降幅度不同,相关性指数下降幅度最大,其次是信息披露指数,而可靠性指数变化幅度非常小。相比较于所有上市公司相关性提升而言,主板上市公司2015年度相关性指数表现最差。

第三,与全部上市公司中民营控股上市信息披露水平高于国有控股上市公司不同,2015年主板国有控股上市公司信息披露平均水平高于民营控股上市公司。

第四,从地区来看,虽然各地区上市公司信息披露水平分布不平衡,但差距不大。福建省、广东省、陕西省、贵州省的信息披露水平最高;海南省的信息披露水平最低,重庆市、内蒙古、黑龙江省、广西四地主板上市公司信息披露质量也较差,2015年山西省上市公司信息披露质量排在末尾。

第五,信息披露100佳上市公司中国有控股上市公司所占比例最高,其次是民营控股上市公司。信息披露100佳上市公司行业、地区分布不平衡,从行业来看,制造业上市公司所占比例最高;从地区来看,北京市、广东省、上海市、江苏省和浙江省的上市公司所占比例较高。相对来说,经济欠发达地区,入选信息披露100佳的比例也较少,甚至没有。

第十六章 主板上市公司利益相关者治理评价

第一节 主板上市公司利益相关者治理总体分析

一、2015年主板上市公司利益相关者治理总体描述

2015年中国上市公司主板市场非金融类公司样本量为1 412家,利益相关者治理指数的均值为61.03,标准差为11.05,利益相关者治理指数基本服从正态分布。

表16.1 主板上市公司利益相关者治理总体状况描述性统计

项目	平均值	中位数	标准差	极差	最小值	最大值
利益相关者治理指数	61.03	60.12	11.05	72.17	20.98	93.15
参与程度	49.13	46.20	16.70	76.30	17.70	94.00
协调程度	75.60	77.00	12.79	75.00	25.00	100.00

资料来源:南开大学公司治理数据库。

从利益相关者治理指数的两个主要因素来看,样本公司利益相关者参与程度较低,平均值为49.13;利益相关者协调程度较高,平均值为75.60。

二、2010—2015年主板上市公司利益相关者治理比较

从最近六年的发展趋势看(见表16.2),利益相关者治理指数平均值总体上呈现上升的趋势,虽然2013年略有下降,但2014年开始较快提升,2015年达到最高点。这表明一方面利益相关者参与机制日益完善,虽然在实施过程中有所波动,但提高态势向好。另一方面,上市公司履行对利益相关者的社会责任,提高利益相关者协调程度。

从利益相关者治理的两个分指数来看,利益相关者参与程度在2010—2011年间呈现逐年上升的态势,而2012—2013年有所下降,2014年和2015年均有大幅提升,2015年达到49.13,超过以往各年,主板上市公司正逐步加强中小股东参与公司治理程度,同

时通过完善投资者关系管理制度,向机构投资者等利益相关者披露了更多的信息。在制度不断完善时,实际实施过程中仍存在一定的问题。利益相关者协调程度六年来均值都在60以上,自2012年开始超过75,2014年达到76.71,而2015年略有下降。这表明上市公司在合规经营的基础上,能够充分重视与顾客、供应商、政府、社区居民等利益相关者之间的关系,勇于承担社会责任,重视加强环境保护,与利益相关者的和谐程度较高。近四年来,利益相关者协调程度企稳,提升遇到瓶颈。

表16.2 主板上市公司利益相关者治理指数描述性统计六年比较

项目	2010	2011	2012	2013	2014	2015
利益相关者治理指数	53.79	54.10	57.76	57.02	58.99	61.03
参与程度	44.02	44.13	43.11	42.22	44.50	49.13
协调程度	65.76	66.29	75.77	75.12	76.71	75.60

资料来源:南开大学公司治理数据库。

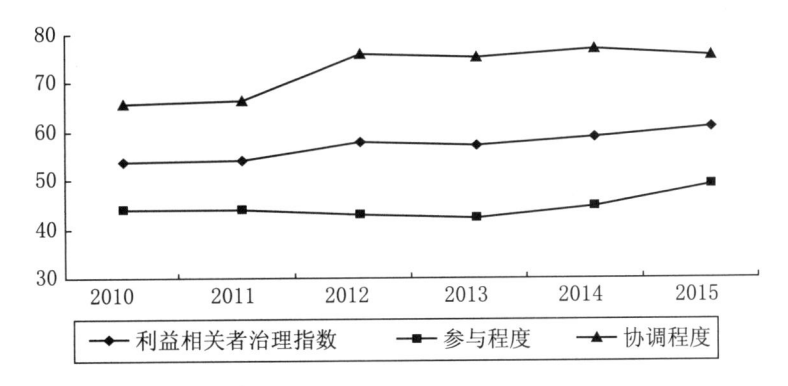

资料来源:南开大学公司治理数据库。

图16.1 主板利益相关者治理指数平均值六年折线图比较

第二节 主板上市公司利益相关者治理分行业评价

一、2015年主板上市公司利益相关者治理分行业总体描述

从行业分布状况可以看出,各行业利益相关者治理指数存在差异。其中平均值最高的行业分别为,交通运输、仓储业,采掘业和制造业,平均值分别为62.86,62.52和62.02;平均值最低的三个行业分别是建筑业,农、林、牧、渔业,批发和零售贸易业,平均

值分别为 59.03、58.86 和 57.00。见表 16.3。

表 16.3 主板上市公司利益相关者治理指数分行业描述性统计

行业	数目	比例(%)	平均值	中位数	标准差	极差	最小值	最大值
农、林、牧、渔业	27	1.91	58.86	56.92	11.67	49.22	35.39	84.60
采掘业	54	3.82	62.52	61.99	11.46	50.57	38.53	89.10
制造业	739	52.34	62.02	61.35	10.95	72.17	20.98	93.15
其中 食品、饮料	63	4.46	64.35	61.92	9.79	45.83	39.80	85.64
纺织、服装、皮毛	45	3.19	60.93	60.12	9.80	50.76	38.34	89.10
木材、家具	5	0.35	60.04	59.67	9.40	19.88	49.70	69.58
造纸、印刷	20	1.42	61.67	59.15	10.95	35.55	48.74	84.29
石油、化学、塑胶、塑料	125	8.85	60.56	60.12	10.52	55.08	34.92	90.00
电子	49	3.47	62.04	59.80	12.78	51.48	36.27	87.75
金属、非金属	113	8.00	62.68	61.65	11.04	51.28	38.53	89.81
机械、设备、仪表	223	15.79	61.41	61.34	11.17	65.23	20.98	86.21
医药、生物制品	88	6.23	64.03	63.78	11.24	53.79	39.36	93.15
其他制造业	8	0.57	60.19	61.69	9.48	26.56	44.37	70.93
电力、煤气及水的生产和供应业	75	5.31	59.26	58.64	10.53	49.36	37.63	86.99
建筑业	32	2.27	59.03	57.42	8.47	33.02	43.92	76.94
交通运输、仓储业	66	4.67	62.86	61.11	11.16	46.52	43.93	90.45
信息技术业	68	4.82	60.67	59.98	10.42	39.02	40.77	79.79
批发和零售贸易业	108	7.65	57.00	54.92	10.86	50.64	38.46	89.10
房地产业	115	8.14	59.58	59.08	10.99	59.71	27.28	86.99
社会服务业	49	3.47	60.64	60.12	12.26	56.42	34.93	91.35
传播与文化产业	26	1.84	60.06	56.97	11.00	44.03	39.81	83.84
综合类	53	3.75	60.95	60.05	11.86	54.43	32.42	86.85
合 计	1 412	100.00	61.03	60.12	11.05	72.17	20.98	93.15

资料来源：南开大学公司治理数据库。

从利益相关者治理的两个分指数来看，参与程度平均值最高的行业是采掘业、综合类和社会服务业，平均值分别为 53.42、50.41 和 50.39，利益相关者参与程度平均值最低的行业是电力、煤气及水的生产和供应业，传播与文化产业以及批发和零售贸易业，平均值分别为 47.26、46.57 和 44.51；利益相关者协调程度平均值最高的行业是交通运输、仓储业，制造业和传播与文化产业，平均值分别为 80.11、76.66 和 76.58，利益相关者协调程度平均值最低的行业是建筑业，批发和零售贸易业，农、林、牧、渔业，平均值分别为 72.53、72.28 和 71.96。见表 16.4。

表16.4 主板上市公司利益相关者治理分指数分行业描述性统计

行业	数目	比例(%)	利益相关者治理指数	参与程度	协调程度
农、林、牧、渔业	27	1.91	58.86	48.14	71.96
采掘业	54	3.82	62.52	53.42	73.65
制造业	739	52.34	62.02	50.06	76.66
其中 食品、饮料	63	4.46	64.35	54.51	76.38
纺织、服装、皮毛	45	3.19	60.93	49.38	75.07
木材、家具	5	0.35	60.04	45.20	78.20
造纸、印刷	20	1.42	61.67	48.29	78.05
石油、化学、塑胶、塑料	125	8.85	60.56	47.84	76.13
电子	49	3.47	62.04	49.19	77.76
金属、非金属	113	8.00	62.68	49.67	78.59
机械、设备、仪表	223	15.79	61.41	49.85	75.57
医药、生物制品	88	6.23	64.03	53.04	77.47
其他制造业	8	0.57	60.19	44.81	79.00
电力、煤气及水的生产和供应业	75	5.31	59.26	47.26	73.93
建筑业	32	2.27	59.03	47.99	72.53
交通运输、仓储业	66	4.67	62.86	48.76	80.11
信息技术业	68	4.82	60.67	47.91	76.28
批发和零售贸易业	108	7.65	57.00	44.51	72.28
房地产业	115	8.14	59.58	47.60	74.23
社会服务业	49	3.47	60.64	50.39	73.18
传播与文化产业	26	1.84	60.06	46.57	76.58
综合类	53	3.75	60.95	50.41	73.83
合计	1 412	100.00	61.03	49.13	75.60

资料来源:南开大学公司治理数据库。

二、2010—2015年主板上市公司利益相关者治理分行业比较

从表16.5的统计数据可以看出,2015年除建筑业以及批发和零售贸易业外,其余行业的利益相关者治理指数都比2014年有所提升。六年来采掘业和交通运输、仓储业一直表现较好,而批发和零售贸易业、综合类利益相关者治理指数一直较低。

表 16.5　主板上市公司利益相关者治理指数分行业描述性统计六年比较

行　　业	2010	2011	2012	2013	2014	2015
农、林、牧、渔业	50.00	52.93	55.92	57.92	58.27	58.86
采掘业	60.72	59.04	57.26	59.07	61.34	62.52
制造业	54.13	54.75	58.48	57.66	59.31	62.02
电力、煤气及水的生产和供应业	55.57	53.07	57.88	56.80	57.20	59.26
建筑业	54.10	56.33	55.98	59.56	61.01	59.03
交通运输、仓储业	59.08	58.30	59.66	59.90	61.19	62.86
信息技术业	52.70	53.45	57.28	56.78	58.70	60.67
批发和零售贸易业	48.21	49.03	56.32	53.06	57.66	57.00
房地产业	51.44	51.58	55.07	54.51	57.35	59.58
社会服务业	53.77	53.82	59.25	56.53	58.68	60.64
传播与文化产业	58.28	55.72	56.99	54.74	57.69	60.06
综合类	52.36	52.03	56.46	56.11	58.78	60.95
合　　计	53.79	54.10	57.76	57.02	58.99	61.03

资料来源：南开大学公司治理数据库。

第三节　主板上市公司利益相关者治理分控股股东性质评价

一、2015年主板上市公司利益相关者治理分控股股东性质总体描述

利益相关者治理指数由高到低分别为集体控股、外资控股、社会团体控股、民营控股、国有控股和职工持股会控股上市公司，均值分别为64.58、64.48、64.02、61.21、60.81和55.87。2015年各类控股上市公司的利益相关者治理水平较2014年有所提升。见表16.6。

表 16.6　主板上市公司利益相关者治理指数分控股股东性质描述性统计

控股股东性质	数目	比例(%)	平均值	中位数	标准差	极差	最小值	最大值
国有控股	875	61.97	60.81	60.00	11.36	72.17	20.98	93.15
集体控股	13	0.92	64.58	60.98	9.02	24.02	54.28	78.29
民营控股	488	34.56	61.21	60.12	10.57	56.42	34.92	91.35
社会团体控股	4	0.28	64.02	65.43	10.83	22.36	51.44	73.80
外资控股	20	1.42	64.48	63.50	10.66	36.63	51.13	87.75
职工持股会控股	9	0.64	55.87	54.72	8.03	28.35	40.33	68.68
其他类型	3	0.21	71.13	74.25	6.56	11.96	63.59	75.55
合　　计	1 412	100.00	61.03	60.12	11.05	72.17	20.98	93.15

资料来源：南开大学公司治理数据库。

第三节 主板上市公司利益相关者治理分控股股东性质评价

从利益相关者治理两个分指数来看,利益相关者参与程度均值由高到低分别为外资控股、社会团体控股、民营控股、国有控股、集体控股和职工持股会控股上市公司;利益相关者协调程度均值由高到低分别为集体控股、社会团体控股、外资控股、国有控股、民营控股和职工持股会控股上市公司。国有控股上市公司在利益相关者参与程度方面略低于民营控股上市公司,而协调程度方面高于民营控股上市公司。

表 16.7 主板上市公司利益相关者治理分指数分控股股东性质描述性统计

控股股东性质	数目	比例(%)	利益相关者治理指数	参与程度	协调程度
国有控股	875	61.97	60.81	48.61	75.72
集体控股	13	0.92	64.58	48.58	84.15
民营控股	488	34.56	61.21	49.96	74.97
社会团体控股	4	0.28	64.02	51.58	79.25
外资控股	20	1.42	64.48	52.82	78.75
职工持股会控股	9	0.64	55.87	41.22	73.78
其他类型	3	0.21	71.13	61.97	82.33
合　计	1 412	100.00	61.03	49.13	75.60

资料来源:南开大学公司治理数据库。

二、2010—2015 年主板上市公司利益相关者治理分控股股东性质比较

表16.8列出了2010—2015年六年国有控股和民营控股上市公司的利益相关者治理指数,总体上看,2010—2014年国有控股上市公司的利益相关者治理状况一直优于民营控股上市公司,2015年民营控股上市公司的利益相关者治理水平超过国有控股上市公司。从利益相关者治理两个分指数来看,国有控股上市公司的利益相关者协调程度一直好于民营控股上市公司,2015年民营控股上市公司的利益相关者参与程度超过国有控股上市公司。

表 16.8 主板国有和民营控股公司利益相关者治理指数描述性统计六年比较

年　份	控股股东性质	利益相关者治理指数	参与程度	协调程度
2010	国有	54.31	44.18	66.69
	民营	53.32	43.45	63.16
2011	国有	54.72	44.66	67.02
	民营	52.91	43.05	64.97

续表

年　份	控股股东性质	利益相关者治理指数	参与程度	协调程度
2012	国有	58.22	43.25	76.54
	民营	56.75	42.48	74.21
2013	国有	57.11	42.15	75.41
	民营	56.64	42.15	74.36
2014	国有	59.08	44.34	77.12
	民营	58.74	44.79	75.80
2015	国有	60.81	48.61	75.72
	民营	61.21	49.96	74.97

资料来源：南开大学公司治理数据库。

第四节　主板上市公司利益相关者治理分地区评价

一、2015年主板上市公司利益相关者治理分地区总体描述

上市公司利益相关者治理指数排在前三名的地区是福建省（64.59）、湖南省（63.36）和云南省（63.06）；利益相关者治理指数排名后三位的地区是新疆（57.59）、宁夏（57.40）和西藏（55.29）。见表16.9。

表16.9　主板上市公司利益相关者治理指数分地区描述性统计

地　区	数目	比例(%)	平均值	中位数	标准差	极差	最小值	最大值
北京市	119	8.43	62.48	62.38	10.73	66.45	20.98	87.44
天津市	29	2.05	60.81	57.87	10.16	32.40	47.53	79.92
河北省	32	2.27	61.18	58.35	11.87	40.43	45.20	85.64
山西省	30	2.12	59.30	56.65	11.22	42.68	39.80	82.49
内蒙古	20	1.42	60.00	58.71	7.98	35.86	43.93	79.79
辽宁省	47	3.33	60.36	58.77	11.12	47.68	42.12	89.81
吉林省	31	2.20	62.16	61.47	13.29	56.68	32.42	89.10
黑龙江省	28	1.98	58.40	58.51	9.74	38.63	39.36	77.99

续表

地区	数目	比例(%)	平均值	中位数	标准差	极差	最小值	最大值
上海市	135	9.56	58.88	57.42	10.89	56.87	36.27	93.15
江苏省	107	7.58	62.38	64.18	10.51	53.72	37.63	91.35
浙江省	101	7.15	61.68	60.12	10.56	48.59	41.86	90.45
安徽省	46	3.26	60.84	58.33	10.04	46.98	42.13	89.10
福建省	46	3.26	64.59	65.99	10.99	42.30	44.69	86.99
江西省	22	1.56	58.26	56.91	13.89	61.37	28.63	90.00
山东省	74	5.24	62.19	60.77	10.47	47.05	39.80	86.85
河南省	36	2.55	61.59	58.86	11.01	45.24	43.86	89.10
湖北省	59	4.18	62.26	60.56	11.83	55.96	35.39	91.35
湖南省	42	2.97	63.36	62.15	10.21	43.89	42.06	85.95
广东省	136	9.63	60.78	60.73	12.86	60.47	27.28	87.75
广 西	25	1.77	59.89	60.25	10.36	40.50	37.63	78.13
海南省	22	1.56	60.15	61.93	10.02	33.23	43.40	76.64
重庆市	30	2.12	61.70	60.02	10.31	37.87	39.80	77.68
四川省	58	4.11	60.13	60.05	10.34	42.68	37.11	79.79
贵州省	14	0.99	61.67	61.40	9.12	34.95	47.54	82.49
云南省	19	1.35	63.06	62.69	12.16	37.22	46.48	83.70
西 藏	8	0.57	55.29	56.79	9.74	31.03	38.53	69.56
陕西省	30	2.12	57.66	57.17	11.60	44.79	35.31	80.10
甘肃省	19	1.35	62.52	61.33	7.30	28.16	47.90	76.07
青海省	9	0.64	61.53	63.00	13.30	37.03	43.79	80.82
宁 夏	11	0.78	57.40	60.89	10.97	35.17	38.84	74.01
新 疆	27	1.91	57.59	54.72	11.84	46.08	38.53	84.60
合 计	1 412	100.00	61.03	60.12	11.05	72.17	20.98	93.15

资料来源:南开大学公司治理数据库。

二、2010—2015年主板上市公司利益相关者治理分地区比较

据表16.10可以看出,福建省和江苏省等地区的利益相关者治理状况总体相对较好,2010—2015年六年来利益相关者治理指数均高于总体均值;而西藏和辽宁省的利益相关者治理状况较差,2010—2015年六年来利益相关者治理指数均低于总体均值。

表 16.10　主板上市公司利益相关者治理指数分地区描述性统计六年比较

地 区	2010	2011	2012	2013	2014	2015
北京市	55.52	56.02	57.25	58.04	60.38	62.48
天津市	57.54	55.98	59.23	59.35	58.99	60.81
河北省	53.68	56.83	58.52	56.80	56.07	61.18
山西省	53.63	57.50	60.89	57.81	56.96	59.30
内蒙古	52.68	49.32	53.94	59.40	60.13	60.00
辽宁省	52.31	50.25	55.69	53.56	55.64	60.36
吉林省	53.87	51.37	55.89	54.16	58.70	62.16
黑龙江省	52.29	52.01	55.48	58.62	55.22	58.40
上海市	53.98	53.22	56.15	56.40	58.55	58.88
江苏省	56.96	56.18	59.78	59.11	60.65	62.38
浙江省	54.89	52.80	56.82	58.38	61.54	61.68
安徽省	58.53	56.79	59.52	58.99	60.14	60.84
福建省	56.87	54.41	57.53	58.82	59.61	64.59
江西省	54.56	52.74	56.02	59.70	58.82	58.26
山东省	54.58	56.02	59.19	57.56	58.38	62.19
河南省	52.72	54.10	57.71	57.83	63.04	61.59
湖北省	53.47	54.32	58.58	55.03	58.36	62.26
湖南省	51.99	56.59	60.10	56.99	57.55	63.36
广东省	52.76	53.81	58.88	55.92	59.89	60.78
广 西	53.92	49.73	57.87	54.63	58.09	59.89
海南省	48.20	50.20	55.55	54.46	55.10	60.15
重庆市	46.82	50.31	57.17	53.04	56.62	61.70
四川省	52.91	54.35	56.80	56.57	59.87	60.13
贵州省	54.74	55.43	57.96	56.62	59.43	61.67
云南省	56.58	57.23	60.16	57.06	57.48	63.06
西 藏	47.82	51.99	50.11	52.97	56.98	55.29
陕西省	50.25	52.45	58.32	60.17	57.11	57.66
甘肃省	50.32	52.07	57.00	54.43	57.89	62.52
青海省	55.98	53.52	60.03	56.52	61.43	61.53
宁 夏	48.96	58.05	59.59	55.13	51.81	57.40
新 疆	48.27	51.03	56.89	57.25	58.87	57.59
合 计	53.79	54.10	57.80	57.02	58.99	61.03

资料来源：南开大学公司治理数据库。

第五节 主板上市公司利益相关者治理100佳评价

一、主板上市公司利益相关者治理100佳比较分析

如表16.11所示,利益相关者治理100佳上市公司利益相关者治理评价指数平均值为82.81,利益相关者参与程度和利益相关者协调程度的均值分别为79.67和86.66;100佳上市公司的利益相关者治理水平更为集中,利益相关者治理水平的标准差为3.85,极差为15.47。

表16.11 主板上市公司利益相关者治理100佳描述性统计

项 目	样 本	平均值	中位数	标准差	极 差	最小值	最大值
利益相关者治理指数	100佳	82.81	82.17	3.85	15.47	77.68	93.15
	样本总体	61.03	60.12	11.05	72.17	20.98	93.15
参与程度	100佳	79.67	78.80	8.33	31.00	63.00	94.00
	样本总体	49.13	46.20	16.70	76.30	17.70	94.00
协调程度	100佳	86.66	88.00	8.26	41.00	59.00	100.00
	样本总体	75.60	77.00	12.79	75.00	25.00	100.00

资料来源:南开大学公司治理数据库。

二、主板上市公司利益相关者治理100佳公司行业分布

表16.12关于上市公司利益相关者治理100佳行业分布表明,从绝对数角度,入选利益相关者治理100佳上市公司最多的行业是制造业,有56家;从相对数角度,交通运输、仓储业有8家入选,占本行业比例为12.12%;建筑业没有公司进入100佳。利益相关者治理最好的上市公司存在行业差异。

表16.12 主板上市公司利益相关者治理100佳公司行业分布

行 业	样本总体		100佳		
	数目	比例(%)	数目	比例(%)	占本行业比例(%)
农、林、牧、渔业	27	1.91	1	1.00	3.70
采掘业	54	3.82	5	5.00	9.26

续表

行　业	样本总体		100 佳		
	数目	比例(%)	数目	比例(%)	占本行业比例(%)
制造业	739	52.34	56	56.00	7.58
其中　食品、饮料	63	4.46	6	6.00	9.52
纺织、服装、皮毛	45	3.19	1	1.00	2.22
木材、家具	5	0.35	—	—	—
造纸、印刷	20	1.42	2	2.00	10.00
石油、化学、塑胶、塑料	125	8.85	5	5.00	4.00
电子	49	3.47	7	7.00	14.29
金属、非金属	113	8.00	12	12.00	10.62
机械、设备、仪表	223	15.79	15	15.00	6.73
医药、生物制品	88	6.23	8	8.00	9.09
其他制造业	8	0.57	—	—	—
电力、煤气及水的生产和供应业	75	5.31	3	3.00	4.00
建筑业	32	2.27	—	—	—
交通运输、仓储业	66	4.67	8	8.00	12.12
信息技术业	68	4.82	5	5.00	7.35
批发和零售贸易业	108	7.65	5	5.00	4.63
房地产业	115	8.14	8	8.00	6.96
社会服务业	49	3.47	2	2.00	4.08
传播与文化产业	26	1.84	2	2.00	7.69
综合类	53	3.75	5	5.00	9.43
合　计	1 412	100.00	100	100.00	7.08

资料来源：南开大学公司治理数据库。

三、主板上市公司利益相关者治理100佳公司控股股东性质分布

表16.13显示，利益相关者治理100佳中，第一大股东性质为国有控股和民营控股的上市公司所占比例分别为69.00%、27.00%，分别占国有控股企业的7.89%和民营控股企业的5.53%；集体控股和外资控股的上市公司所占比例分别为2.00%、2.00%，分别占集体控股企业的15.38%和外资控股企业的10.00%。

表 16.13 主板上市公司利益相关者治理 100 佳公司控股股东分布

控股股东性质	样本总体		100 佳		
	数目	比例(%)	数目	比例(%)	占本组比例(%)
国有控股	875	61.97	69	69.00	7.89
集体控股	13	0.92	2	2.00	15.38
民营控股	488	34.56	27	27.00	5.53
社会团体控股	4	0.28	—	—	—
外资控股	20	1.42	2	2.00	10.00
职工持股会控股	9	0.64	—	—	—
其他类型	3	0.21	—	—	—
合 计	1 412	100.00	100	100.00	7.08

资料来源:南开大学公司治理数据库。

四、主板上市公司利益相关者治理 100 佳公司地区分布

在入选利益相关者治理 100 佳上市公司中,从绝对数来看,广东省、北京市、上海市和湖北省进入 100 佳上市公司较多,分别为 13 家、9 家、7 家和 7 家;从比例来看,占本组比例最高的地区是青海省、云南省、河北省和湖北省,分别为 22.22%、21.05%、15.63%和 11.86%。海南省、重庆市、西藏、甘肃省和宁夏没有公司进入利益相关者治理 100 佳。见表 16.14。

表 16.14 主板利益相关者治理 100 佳公司地区分布

地 区	样本总体		100 佳		
	数目	比例(%)	数目	比例(%)	占本地区比例(%)
北京市	119	8.43	9	9.00	7.56
天津市	29	2.05	2	2.00	6.90
河北省	32	2.27	5	5.00	15.63
山西省	30	2.12	2	2.00	6.67
内蒙古	20	1.42	1	1.00	5.00
辽宁省	47	3.33	3	3.00	6.38
吉林省	31	2.20	3	3.00	9.68
黑龙江省	28	1.98	1	1.00	3.57
上海市	135	9.56	7	7.00	5.19
江苏省	107	7.58	4	4.00	3.74

续表

地区	样本总体		100佳		
	数目	比例(%)	数目	比例(%)	占本地区比例(%)
浙江省	101	7.15	6	6.00	5.94
安徽省	46	3.26	4	4.00	8.70
福建省	46	3.26	5	5.00	10.87
江西省	22	1.56	2	2.00	9.09
山东省	74	5.24	4	4.00	5.41
河南省	36	2.55	4	4.00	11.11
湖北省	59	4.18	7	7.00	11.86
湖南省	42	2.97	4	4.00	9.52
广东省	136	9.63	13	13.00	9.56
广西	25	1.77	1	1.00	4.00
海南省	22	1.56	—	—	—
重庆市	30	2.12	—	—	—
四川省	58	4.11	3	3.00	5.17
贵州省	14	0.99	1	1.00	7.14
云南省	19	1.35	4	4.00	21.05
西藏	8	0.57	—	—	—
陕西省	30	2.12	1	1.00	3.33
甘肃省	19	1.35	—	—	—
青海省	9	0.64	2	2.00	22.22
宁夏	11	0.78	—	—	—
新疆	27	1.91	2	2.00	7.41
合计	1 412	100.00	100	100.00	7.08

资料来源：南开大学公司治理数据库。

主 要 结 论

第一，2015年中国上市公司主板市场非金融类公司样本量为1 412家，利益相关者治理指数的均值为61.03，标准差为11.05，利益相关者治理指数基本服从正态分布。

第二，主板上市公司的利益相关者治理水平因行业和股权性质不同而呈现一定的差异。利益相关者平均值最高的行业分别为交通运输、仓储业，采掘业和制造业，平均值最低的三个行业分别是建筑业，电力、煤气及水的生产和供应业，批发和零售贸易业。

2015年除建筑业以及批发和零售贸易业外,其余行业的利益相关者治理指数都比2014年有所提升。六年来采掘业和交通运输、仓储业一直表现较好,而批发和零售贸易业、综合类的利益相关者治理指数一直较低。

第三,从总体上看,2010—2014年国有控股上市公司的利益相关者治理状况一直优于民营控股上市公司,2015年民营控股上市公司的利益相关者治理水平超过国有控股上市公司。从利益相关者治理两个分指数来看,国有控股上市公司的利益相关者协调程度一直好于民营控股上市公司,2015年民营控股上市公司的利益相关者参与程度超过国有控股上市公司。

第四,从地区来看,虽然各地区上市公司利益相关者治理水平分布不平衡,福建省、湖南省和云南省的上市公司利益相关者治理指数较高,新疆、宁夏和西藏的上市公司利益相关者治理指数较低。福建省和江苏省等地区的利益相关者治理状况总体相对较好,2010—2015年六年来利益相关者治理指数均高于总体均值;而西藏和辽宁省的利益相关者治理状况较差,2010—2015年六年来利益相关者治理指数均低于总体均值。

第五,主板上市公司利益相关者治理100佳上市公司中国有控股上市公司所占比例高于民营控股上市公司,占本组比例也高于民营控股上市公司。利益相关者治理100佳上市公司行业、地区分布不平衡。从行业来看,制造业上市公司进入100佳上市公司的绝对数最多,而建筑业没有公司进入利益相关者治理100佳;从地区来看,广东省、北京市、上海市和湖北省进入100佳上市公司的绝对数较多,海南省、重庆市、西藏、甘肃省和宁夏没有公司进入利益相关者治理100佳。

第六,从2010—2015年连续六年的发展趋势看,利益相关者参与程度在2010—2011年间呈现逐年上升的态势,而2012—2013年有所下降,2014年和2015年均有大幅提升,2015年达到49.13,超过以往各年,主板上市公司正逐步加强中小股东参与公司治理程度,同时通过完善投资者关系管理制度,向机构投资者等利益相关者披露了更多的信息。在制度不断完善时,实际实施过程中仍存在一定的问题。利益相关者协调程度六年来均值都在60以上,自2012年开始超过75,2014年达到76.71,而2015年略有下降。这表明上市公司在合规经营的基础上,能够充分重视与顾客、供应商、政府、社区居民等利益相关者之间的关系,勇于承担社会责任,重视加强环境保护,与利益相关者的和谐程度较高。近四年来,利益相关者协调程度企稳,提升遇到瓶颈。

第十七章 中小企业板上市公司治理评价

第一节 中小企业板公司治理评价总体分析

一、中小企业板上市公司治理总体描述

2015年度公司治理样本中共有728家中小企业板上市公司,其治理评价指数描述性统计见表17.1。其中,公司治理指数的平均值为63.61,中位数为63.73,最小值为51.26,最大值为72.08,标准差为3.14。

从公司治理评价的六个分指数来看,中小企业板上市公司的股东治理指数、董事会治理指数、监事会治理指数、经理层治理指数、信息披露指数和利益相关者治理指数的平均值分别为69.14、63.92、57.20、59.62、66.18和64.97。其中,中小企业板上市公司股东利益治理指数最高,信息披露指数、利益相关者治理、董事会治理指数较高,而经理层治理指数较低,监事会治理水平最低。监事会治理成为中小企业板上市公司治理水平提升的短板。利益相关者指数在中小企业板上市公司中的差异较大,标准差为11.32。

与2014年评价结果相比,公司治理总指数略有提高,这主要是因为股东治理指数、董事会治理指数、经理层治理指数、信息披露指数有一定幅度提高,而利益相关者治理指数和监事会治理指数则出现不同程度的下降。

表 17.1 中小企业板上市公司治理指数描述性统计

项 目	平均值	中位数	标准差	极 差	最小值	最大值
公司治理总指数	63.61	63.73	3.14	20.83	51.26	72.08
股东治理指数	69.14	69.64	7.10	38.83	46.01	84.83
董事会治理指数	63.92	64.00	2.15	16.78	52.67	69.45
监事会治理指数	57.20	56.14	5.62	41.62	30.73	72.35
经理层治理指数	59.62	60.09	6.27	31.42	43.32	74.74
信息披露指数	66.18	65.75	7.70	38.74	45.85	84.59
利益相关者治理指数	64.97	64.85	11.32	60.99	31.71	92.70

资料来源:南开大学公司治理数据库。

二、中小企业板上市公司股东治理状况总体描述

从股东治理评价的三个主要因素来看,样本公司独立性、中小股东权益保护和关联交易的平均值分别为 68.66、66.75 和 71.76,其中,独立性比上一年度有所提升,中小股东权益保护与上一年度差别微小,关联交易比上一年度有所下降。股东治理指数主要得益于独立性和关联交易指数较高。样本公司中小股东权益保护方面指数最低,独立性指数公司间差异最大,极差为 75.29,标准差为 15.92。如何切实强化中小股东权益保护机制是中小企业板上市公司提升股东治理水平的关键。股东治理指数三项分指标的描述性统计情况如下表 17.2 所示。

表 17.2 中小企业板上市公司股东治理指数描述性统计

项目	平均值	中位数	标准差	极差	最小值	最大值
股东治理指数	69.14	69.64	7.10	38.83	46.01	84.83
独立性	68.66	73.67	15.92	75.29	20.71	96.00
中小股东权益保护	66.75	67.75	10.60	56.85	35.30	92.15
关联交易	71.76	72.00	9.41	45.00	42.00	87.00

资料来源:南开大学公司治理数据库。

三、中小企业板上市公司董事会治理状况总体描述

从董事会治理的五个主要因素来看,样本公司董事会组织结构指数的平均值为 69.07,在董事会分指数中表现最好,说明我国大多数中小企业板上市公司已经建立了相对比较完善的专业委员会,并发挥了一定作用。董事会运作效率指数的均值为 67.12,在分指数中相对较高,董事权利与义务指数平均值为 61.84,独立董事制度指数为 60.87。董事薪酬指数最低,平均值为 59.63。与 2014 年相比,董事会治理指数的改善主要得益于董事会运作效率的提高。见表 17.3。

表 17.3 中小企业板上市公司董事会治理指数描述性统计

项目	平均值	中位数	标准差	极差	最小值	最大值
董事会治理指数	63.92	64.00	2.15	16.78	52.67	69.45
董事权利与义务	61.84	62.00	4.87	29.00	46.50	75.50
董事会运作效率	67.12	67.56	4.09	19.55	54.91	74.46
董事会组织结构	69.07	70.00	4.82	53.00	35.00	88.00
董事薪酬	59.63	59.00	5.38	24.00	50.00	74.00
独立董事制度	60.87	61.00	4.46	23.75	48.75	72.50

资料来源:南开大学公司治理数据库。

四、中小企业板上市公司监事会治理状况总体描述

2015年中小企业板上市公司监事会治理指数的三个分项情况见表17.4。从监事会指数的三个主要因素来看,样本公司的监事会运行指数表现最好,平均值为72.58;监事会的胜任能力指数水平表现较好,平均值为54.46;而监事会结构指数水平最低,平均值只有46.76。监事会的结构及履职能力仍是今后建设的重点。

表17.4 中小企业板上市公司监事会治理指数描述性统计表

项 目	平均值	中位数	标准差	极 差	最小值	最大值
监事会治理指数	57.20	56.14	5.62	41.62	30.73	72.35
规模结构	46.76	40.00	11.56	40.00	40.00	80.00
运行状况	72.58	78.40	10.06	78.40	0.00	78.40
胜任能力	54.46	53.90	5.24	25.65	44.20	69.85

资料来源:南开大学公司治理数据库。

五、中小企业板上市公司经理层治理状况总体描述

2015年中小企业板上市公司经理层治理指数的三个分项情况见表17.5。从经理层的三个主要评价维度来看,执行保障指数平均值为61.42,是经理层治理中表现最好的一个因素。中小企业板上市公司的经理层激励约束指数表现最差,平均值只有56.93,且各机构间差距较大,标准差为15.44。此外,经理层任免制度指数平均值为60.86。经理层治理整体上均有待提高。

表17.5 中小企业板上市公司经理层治理指数描述性统计表

项 目	平均值	中位数	标准差	极 差	最小值	最大值
经理层治理指数	59.62	60.09	6.27	31.42	43.32	74.74
任免制度	60.86	61.11	4.47	24.44	46.67	71.11
执行保障	61.42	61.67	9.24	60.00	33.33	93.33
激励约束	56.93	60.00	15.44	55.71	27.14	82.86

资料来源:南开大学公司治理数据库。

六、中小企业板上市公司信息披露治理状况总体描述

从信息披露的三个主要因素来看,中小企业板上市公司信息披露的可靠性、相关性和及时性的平均值依次为63.34、69.48和67.97,其中信息披露的相关性表现最好,可

靠性表现最差。从极差来看,信息披露最好和最差的公司在可靠性、相关性和及时性方面都存在非常大的差距。见表17.6。

表17.6 中小企业板上市公司信息披露治理指数描述性统计表

项目	平均值	中位数	标准差	极差	最小值	最大值
信息披露治理指数	66.18	65.75	7.700	38.74	45.85	84.59
可靠性	63.34	61.42	13.10	52.36	37.57	89.93
相关性	69.48	71.59	8.660	49.27	36.05	85.32
及时性	67.97	66.81	6.190	45.87	30.70	76.57

资料来源:南开大学公司治理数据库。

七、中小企业板上市公司利益相关者治理状况总体描述

2015年中小企业板上市公司利益相关者治理指数比2014年有一定幅度下降,从66.30下降到64.97。从利益相关者治理指数的两个主要因素来看,中小企业板上市公司的利益相关者参与程度以及利益相关者协调程度均有一定幅度下降,利益相关者参与程度均值为53.60,利益相关者协调程度均值为78.88;从极差来看,利益相关者参与程度的离散情况明显高于利益相关者的协调程度。利益相关者治理指数两个方面的描述性统计情况如表17.7所示。

表17.7 中小企业板上市公司利益相关者治理指数描述性统计表

项目	平均值	中位数	标准差	极差	最小值	最大值
利益相关者治理指数	64.97	64.85	11.32	60.99	31.71	92.70
参与程度	53.60	51.80	18.20	72.30	17.70	90.00
协调程度	78.88	80.50	10.16	64.00	36.00	100.00

资料来源:南开大学公司治理数据库。

第二节 中小企业板上市公司治理评价分组比较

在对我国中小企业板上市公司的治理状况做总体描述之后,为了更进一步深入考察不同类型公司治理状况的差异,我们分别对控股股东性质、地区等不同类别进行了对比分析。

一、中小企业板上市公司治理分控股股东性质比较

对于728家中小企业板上市公司,从其控股股东看,国有控股109家,治理指数平均值为62.66;集体控股6家,治理指数平均值为63.48;民营控股599家,治理指数平均值为63.79;外资控股12家,治理指数平均值为62.81。民营控股所占比重最高,其次是国有控股。从治理指数平均值来看,民营控股上市公司治理水平最高,集体控股略高于外资控股,而国有控股上市公司最低。见表17.8。

表17.8 中小企业板上市公司按控股股东性质的总指数分类统计

控股股东性质	数目	比例(%)	平均值	中位数	标准差	极差	最小值	最大值
国有控股	109	14.97	62.66	62.27	3.41	18.11	53.97	72.08
集体控股	6	0.82	63.48	64.28	3.33	9.20	58.85	68.06
民营控股	599	82.28	63.79	64.07	3.06	20.24	51.26	71.49
外资控股	12	1.65	62.81	63.36	2.88	9.27	57.24	66.51
社会团体控股	1	—						
其他类型	1	—						
合计	728	100.00	63.61	63.73	3.14	20.83	51.26	72.08

资料来源:南开大学公司治理数据库。

不同控股股东各分指数统计特征见表17.9。从六个公司治理分指数看,在股东治理方面,集体控股上市公司表现较好,其次是民营控股和外资控股,国有控股上市公司表现最差。在董事会治理方面,不同控股股东性质间差异不大,集体控股和民营控股上市公司表现较好,而国有控股和外资控股上市公司相对较低。在监事会治理方面,国有控股较高,而集体控股和民营控股相对较低,外资控股最低。在经理层治理方面,民营

表17.9 中小企业板上市公司按控股股东性质的各分指数统计

控股股东性质	公司治理指数	股东治理指数	董事会治理指数	监事会治理指数	经理层治理指数	信息披露治理指数	利益相关者治理指数
国有控股	62.66	64.56	63.29	61.34	59.01	64.72	62.59
集体控股	63.48	72.03	64.44	58.66	57.06	63.70	65.60
民营控股	63.79	69.96	64.05	56.47	59.82	66.43	65.35
外资控股	62.81	67.89	62.86	55.36	55.98	68.26	65.82
合计	63.61	69.14	63.92	57.20	59.62	66.18	64.97

资料来源:南开大学公司治理数据库。

控股上市公司和国有控股上市公司表现较好,其次是集体控股上市公司,外资控股在监事会治理方面表现最差。在信息披露方面,外资控股上市公司最高,其次是民营控股和国有控股,而集体控股上市公司最低。在利益相关者治理方面,其中外资控股上市公司最高,其次是民营控股和集体控股上市公司,国有控股上市公司最低。整体上看,2015年民营控股上市公司治理总指数最高,其次是集体控股和外资控股,国有控股表现较差。

二、中小企业板上市公司治理分地区比较

从地区分布来看,728家中小企业板上市公司中,广东省、浙江省和江苏省最多,分别有156家、122家和95家。而青海省和宁夏最少,各仅有1家。从公司治理指数平均值水平来看,重庆市、青海省和西藏的中小企业板上市公司公司治理水平较高,分别为65.93、65.68和64.84;陕西省、天津市和吉林省的均值较低,分别为58.78、61.31和62.56。见表17.10。

表17.10 中小企业板上市公司治理指数分地区描述性统计表

地区	数目	公司治理指数	股东治理指数	董事会治理指数	监事会治理指数	经理层治理指数	信息披露治理指数	利益相关者治理指数
北京市	41	64.56	69.36	64.09	57.75	63.28	66.36	65.94
天津市	6	61.31	60.38	64.70	58.17	54.64	63.10	67.20
河北省	10	62.84	64.59	63.59	57.60	61.82	65.21	62.82
山西省	2	63.89	71.31	65.22	48.49	63.89	65.57	66.86
内蒙古	2	62.96	59.24	62.83	64.45	59.61	61.41	74.00
辽宁省	13	64.38	71.42	63.70	54.98	61.24	67.03	67.58
吉林省	6	62.56	71.08	62.98	55.43	58.89	64.68	60.98
黑龙江省	3	63.73	72.57	63.53	49.21	61.91	64.32	71.22
上海市	28	63.80	67.56	63.93	57.31	61.81	67.54	62.83
江苏省	95	62.91	69.59	63.36	55.63	58.54	64.99	64.96
浙江省	122	63.84	68.70	64.21	56.85	59.16	67.78	65.34
安徽省	25	63.76	69.25	64.46	57.63	60.24	67.10	62.15
福建省	32	63.25	69.56	63.74	57.24	58.14	66.27	63.74
江西省	7	62.83	67.02	65.19	55.29	60.32	62.52	66.30
山东省	58	63.63	69.61	64.00	57.61	59.18	66.19	64.59
河南省	23	64.04	72.17	63.82	60.27	60.77	64.44	62.54
湖北省	10	63.07	66.32	64.48	58.07	60.22	67.92	58.15
湖南省	20	63.05	68.09	64.16	58.07	60.29	64.98	61.25

续表

地 区	数目	公司治理指数	股东治理指数	董事会治理指数	监事会治理指数	经理层治理指数	信息披露治理指数	利益相关者治理指数
广东省	156	63.92	70.86	63.96	56.75	59.89	65.94	65.85
广 西	6	62.97	69.20	63.10	53.13	61.50	65.02	64.81
海南省	3	63.18	68.79	62.45	65.02	57.63	68.30	54.72
重庆市	3	65.93	71.45	63.83	56.56	63.15	72.32	66.70
四川省	23	63.41	67.24	64.04	57.51	58.89	66.55	65.66
贵州省	5	64.24	67.42	65.10	62.20	58.54	62.38	72.73
云南省	8	63.65	65.49	62.56	63.07	54.85	68.38	69.10
西 藏	2	64.84	70.14	65.65	61.89	60.43	67.37	62.28
陕西省	3	58.78	56.91	62.69	68.79	50.24	56.15	60.10
甘肃省	4	63.23	61.86	64.21	56.56	57.30	66.23	74.83
青海省	1	65.68	63.39	60.78	62.87	53.03	82.32	71.38
宁 夏	1	62.97	63.42	62.98	54.43	63.68	67.40	63.71
新 疆	10	63.01	63.22	63.81	62.59	56.79	64.73	68.29
合 计	728	63.61	69.14	63.92	57.20	59.62	66.18	64.97

资料来源：南开大学公司治理数据库。

主 要 结 论

2015年中小企业板上市公司治理评价结果表明，中小企业板上市公司治理具有以下特征。

第一，中小企业板上市公司总体治理质量相对于上一年度略有上升。2015年中小企业板上市公司治理指数的平均值为63.61。从分指数看，中小企业板上市公司股东治理指数最高，信息披露治理、利益相关者治理、董事会治理指数较高，而经理层治理指数较低，监事会治理水平最低。监事会治理成为中小上市公司治理水平提升的短板。与2014年评价结果相比，公司治理总指数略有提高，这主要因为股东治理指数、董事会治理指数、经理层治理指数、信息披露指数有一定幅度提高，而利益相关者治理指数和监事会治理指数则出现不同程度的下降。

第二，在股东治理方面，股东治理指数主要得益于独立性和关联交易指数较高。样本公司中小股东权益保护方面指数最低，如何切实强化中小股东权益保护机制是中小上市公司提升股东治理水平的关键；在董事会治理方面，中小企业板上市公司董事会组织结构和董事会运作效率表现较好,而董事会薪酬、独立董事制度和董事会运作效率表现欠佳。与2014年相比,董事会治理指数的改善主要得益于董事会运作效率的提高;在监事会治理方面,中小板上市公司的监事会运行指数表现最好,其次是监事会的胜任能力指数,而监事会结构指数水平最低。监事会的结构及履职能力仍是今后建设的重点。在经理层治理方面,执行保障指数最高,中小企业板上市公司的经理层激励约束指数表现最差,平均值低于60,经理层治理整体上均有待提高;在信息披露治理方面,其中信息披露的相关性表现最好,可靠性表现最差。且信息披露好和信息披露差的公司在可靠性、相关性和及时性方面都存在非常大的差距;在利益相关者治理方面,利益相关者协调程度比利益相关者参与程度表现要好,但相对于2014年,中小企业板上市公司的利益相关者参与程度以及利益相关者协调程度均有一定幅度下降。

第三,不同控股股东性质公司治理指数表明,民营控股上市公司治理水平最高,集体控股略高于外资控股,而国有控股上市公司则最低。民营控股上市公司治理水平优于国有控股上市公司主要体现在股东治理、董事会治理、经理层治理、信息披露治理和利益相关者治理方面,但国有控股上市公司在监事会治理方面具有较大优势。

第四,从地区分布来看,728家中小企业板上市公司中,主要集中在东部沿海发达地区,其中广东省、浙江省和江苏省最多,分别有156家、122家和95家。而青海省和宁夏最少,各仅有1家。从公司治理指数平均值水平来看,重庆市、青海省和西藏的中小板上市公司公司治理水平较高,陕西省、天津市和吉林省相对较低。

第十八章　创业板上市公司治理评价

第一节　创业板上市公司治理评价总体分析

一、创业板上市公司治理总体描述

自 2011 年起,中国公司治理研究院持续关注创业板上市公司治理状况,2015 年继续对创业板上市公司治理评价进行专门研究。本年度共有 406 家创业板上市公司样本,公司治理指数的平均值为 63.84,中位数为 64.03,最小值为 53.60,最大值为 70.88,标准差为 2.76。见表 18.1。

从创业板上市公司治理的六个分指数分别来看,股东治理指数、董事会治理指数、监事会治理指数、经理层治理指数、信息披露指数和利益相关者治理指数的平均值分别为 71.05、63.29、56.50、61.12、66.95 和 62.80。其中股东治理指数最高;而监事会治理指数偏低,尚不足 60,成为创业板上市公司治理水平提升的短板。

表 18.1　创业板上市公司治理指数描述性统计

项　　目	平均值	中位数	标准差	极　差	最小值	最大值
公司治理指数	63.84	64.03	2.76	17.28	53.60	70.88
股东治理指数	71.05	71.58	6.27	36.78	47.31	84.09
董事会治理指数	63.29	63.64	2.54	19.24	49.73	68.97
监事会治理指数	56.50	56.11	5.24	41.60	30.24	71.84
经理层治理指数	61.12	61.85	5.41	29.60	44.29	73.89
信息披露指数	66.95	66.91	8.40	42.73	41.03	83.77
利益相关者治理指数	62.80	62.75	9.15	49.74	37.56	87.30

资料来源:南开大学公司治理数据库。

二、股东治理状况总体描述

股东治理评价三个主要影响因素独立性、中小股东权益保护和关联交易的平均值分别为 75.01、66.40 和 73.71。其中独立性和关联交易相对较高,而中小股东权益保护方面指数最低,因此创业板上市公司在提升股东治理水平时应当首先注重切实强化中小股东权益保护机制。其中,各样本公司之间独立性和中小股东权益保护两项分指标差距较大,样本公司独立性最大值为96.00,而最小值仅28.00;中小股东权益保护最大值为91.30,最小值仅为32.80;两项分指标极差和标准差都很大。股东治理指数三项分指标的描述性统计情况如表18.2所示。

表18.2 创业板上市公司股东治理指数描述性统计

项目	平均值	中位数	标准差	极差	最小值	最大值
股东治理指数	71.05	71.58	6.27	36.78	47.31	84.09
独立性	75.01	76.95	12.10	68.00	28.00	96.00
中小股东权益保护	66.40	66.55	10.53	58.50	32.80	91.30
关联交易	73.71	72.00	8.87	51.00	36.00	87.00

资料来源:南开大学公司治理数据库。

三、董事会治理状况总体描述

创业板上市公司董事会治理的五个主要影响因素中最高的是董事会组织结构,平均值为66.86,反映出我国大多数创业板上市公司已经建立了相对比较完善的董事会组织结构,并能够发挥一定的作用。同时董事会运作效率也较高,平均值为66.54,相比于2014年60.88平均值,创业板上市公司中董事会运作效率有明显的提高。最低的是独立董事制度,为58.72,可见在提升董事会治理水平时需要在静态的结构之外注重加强独立董事制度的作用。具体指标的描述性统计情况如表18.3所示。

表18.3 创业板上市公司董事会治理指数描述性统计

项目	平均值	中位数	标准差	极差	最小值	最大值
董事会治理指数	63.29	63.64	2.54	19.24	49.73	68.97
董事权利与义务	63.93	64.50	4.77	22.75	51.00	73.75
董事会运作效率	66.54	66.41	4.02	22.71	51.75	74.46
董事会组织结构	66.86	70.00	9.24	79.00	0.00	79.00
董事薪酬	61.07	62.00	4.70	25.00	50.00	75.00
独立董事制度	58.72	58.88	4.25	22.50	48.75	71.25

资料来源:南开大学公司治理数据库。

四、监事会治理状况总体描述

监事会治理状况具体指标如表18.4所示,监事会治理分指数一直以来是各分指数中的短板,并且三项分指标差距较大。其中监事会运行状况指数最高,达到73.43,且该指标中位数和最大值相等,可见一半以上公司监事会运行状况良好。各公司规模结构指数普遍偏低,平均值仅为43.62,说明创业板上市公司监事会的结构有待加强和完善。

表18.4 创业板上市公司监事会治理指数描述性统计表

项目	平均值	中位数	标准差	极差	最小值	最大值
监事会治理指数	56.50	56.11	5.24	41.60	30.24	71.84
运行状况	73.43	78.40	12.26	78.40	0.00	78.40
规模结构	43.62	40.00	8.75	30.00	40.00	70.00
胜任能力	54.86	54.40	5.43	29.10	43.80	72.90

资料来源:南开大学公司治理数据库。

五、经理层治理状况总体描述

经理层治理的各个影响因素差别较小,其中最高的是执行保障,为62.88;最低的是激励约束,为60.31,并且激励约束指标各公司间差距较大,标准差达到11.74,可见各公司在激励约束方面还有待进一步完善。见表18.5。

表18.5 创业板上市公司经理层治理指数描述性统计表

项目	平均值	中位数	标准差	极差	最小值	最大值
经理层治理指数	61.12	61.85	5.41	29.60	44.29	73.89
任免制度	60.36	60.00	4.68	25.56	45.56	71.11
执行保障	62.88	63.33	9.72	53.33	38.33	91.67
激励约束	60.31	64.29	11.74	55.71	27.14	82.86

资料来源:南开大学公司治理数据库。

六、信息披露状况总体描述

样本公司信息披露指数及其三个影响因素普遍较高,都在60以上,并且各指标差别很小。说明目前各公司都非常重视信息披露,能够及时向社会公开相关信息。但是可靠性和相关性指标的标准差普遍偏高,可见样本公司在信息披露的可靠性和相关性之间的差别也很大。相比较其他指标,信息披露的及时性最低,创业板上市公司需要注意提高披露信息的及时性。

表 18.6　创业板上市公司信息披露指数描述性统计表

项　目	平均值	中位数	标准差	极　差	最小值	最大值
信息披露指数	66.95	66.91	8.40	42.73	41.03	83.77
可靠性	67.80	62.83	13.71	51.79	38.14	89.93
相关性	66.39	69.07	11.44	47.94	37.28	85.21
及时性	65.43	65.08	4.54	35.96	34.41	70.37

资料来源:南开大学公司治理数据库。

七、利益相关者治理状况总体描述

从利益相关者治理的两个主要因素来看,创业板上市公司的利益相关者参与程度和协调程度平均值分别为 51.43 和 76.71。其中,利益相关者参与程度的标准差较大,说明创业板上市公司利益相关者的参与水平差别较大,有些公司在该指标方面有待进一步提升。

表 18.7　创业板上市公司利益相关者治理指数描述性统计表

项　目	平均值	中位数	标准差	极　差	最小值	最大值
利益相关者治理指数	62.80	62.75	9.15	49.74	37.56	87.30
参与程度	51.43	51.80	15.15	72.30	17.70	90.00
协调程度	76.71	76.00	9.47	58.00	38.00	96.00

资料来源:南开大学公司治理数据库。

第二节　创业板上市公司治理评价分组比较

在对我国创业板上市公司的治理状况做总体描述之后,为了进一步深入考察不同类型公司治理状况的差异,我们分别对控股股东性质、地区等不同类别进行了对比分析。

一、创业板上市公司治理分控股股东性质比较

本年度 406 家创业板上市公司样本中,民营控股比重最大,共 379 家,占比 93.35%,其公司治理总指数均值为 63.89;其次是国有控股,共 17 家,占比 4.19%,公司治理总指数均值为 63.31;其他类型控股 7 家,占比 1.72%,公司治理总指数均值为 63.86;外资控股 3 家,占比 0.74%,公司治理总指数均值为 59.99;民营控股上市公司数量最大,并且公司治理指数均值最高,说明其公司治理状况优于其他控股股东性质的公司,且民营控股上市公司之间治理指数没有明显差异。具体情况见表 18.8。

表 18.8　创业板上市公司按控股股东性质的总指数分类统计

控股股东性质	数目	比例(%)	平均值	中位数	标准差	极差	最小值	最大值
国有控股	17	4.19	63.31	63.03	3.51	12.21	56.70	68.91
民营控股	379	93.35	63.89	64.07	2.71	17.28	53.60	70.88
外资控股	3	0.74	59.99	59.83	0.53	1.02	59.57	60.59
其他类型	7	1.72	63.86	64.38	3.11	9.96	58.18	68.15
合　计	406	100.00	62.76	62.83	2.47	10.12	57.01	67.13

资料来源:南开大学公司治理数据库。

按照控股股东进行分类,创业板上市公司本年度公司治理分指数状况如表 18.9 所示。股东治理方面,国有控股上市公司最低,民营控股和其他类型控股上市公司表现较好。董事会治理中,不同控股股东性质的公司大致相当,水平相对平均。监事会治理方面,国有控股上市公司一马当先,监事会治理指数显著高于其他公司。经理层治理方面,国有控股、民营控股和其他类型控股上市公司表现较好,外资控股上市公司表现一般。信息披露方面,其他类型控股上市公司最高,民营控股和国有控股上市公司表现也较好,外资控股表现较差。利益相关者治理方面,除外资控股上市公司外,其他控股股东性质的上市公司表现比较平均且较高,国有控股上市公司较为突出。综合来看,民营控股上市公司各分指数表现较好,可见其整体治理状况良好。

表 18.9　创业板上市公司按控股股东性质的各分指数统计

控股股东性质	股东治理指数	董事会治理指数	监事会治理指数	经理层治理指数	信息披露指数	利益相关者治理指数
国有控股	62.92	62.38	60.26	61.41	66.74	66.02
民营控股	71.47	63.34	56.34	61.16	66.97	62.71
外资控股	64.84	62.38	50.79	58.33	63.97	55.92
其他类型	70.77	63.02	58.35	59.45	67.49	63.27

资料来源:南开大学公司治理数据库。

二、创业板上市公司分地区比较

从地区分布来看,本年度 406 家创业板上市公司样本中,广东省、北京市和江苏省数量最多,分别为 86 家、64 家和 48 家。广西、宁夏、青海省和西藏没有 1 家公司进入样本。从治理指数平均值水平来看,甘肃省最高,达到 67.70,而海南省最低,为 60.46。值得进一步指出的是,各地区的治理指数平均值水平都超过了 60 大关。具体分布见表 18.10。

表 18.10 创业板上市公司分地区的总指数描述性统计表(地区顺序进行了调整)

地 区	数目	公司治理指数	股东治理指数	董事会治理指数	监事会治理指数	经理层治理指数	信息披露指数	利益相关者治理指数
安徽省	8	63.92	71.65	63.07	57.02	63.23	61.36	68.79
北京市	64	64.04	69.66	63.60	56.86	63.05	66.97	62.33
福建省	11	65.09	74.04	64.10	55.13	60.12	70.30	65.42
甘肃省	64	64.04	69.66	63.60	56.86	63.05	66.97	62.33
广东省	86	63.57	71.75	63.37	55.98	61.61	64.89	62.88
广 西	2	60.46	68.44	61.66	57.63	64.08	51.94	60.30
贵州省	1	67.3	71.26	65.15	63.00	63.23	74.53	64.80
海南省	5	66.65	75.68	63.74	59.85	65.27	70.02	64.33
河北省	7	64.18	75.01	63.66	57.86	63.53	64.23	59.27
合 计	406	63.84	71.05	63.29	56.50	61.12	66.95	62.8
河南省	8	64.76	73.13	63.28	57.21	60.46	68.52	65.38
黑龙江省	1	61.54	76.78	62.32	53.27	56.41	65.03	51.83
湖北省	13	62.95	68.69	62.29	55.10	58.55	70.27	60.00
湖南省	12	63.75	68.66	62.71	57.35	61.16	68.63	62.26
吉林省	2	61.24	74.07	63.32	48.90	58.67	66.57	50.06
江苏省	48	64.29	71.87	63.10	56.21	59.32	71.26	61.58
江西省	3	66.86	74.32	63.83	58.10	60.39	76.1	66.74
辽宁省	10	63.75	70.65	63.40	58.01	62.08	64.47	63.40
内蒙古	3	65.14	75.65	64.84	60.31	57.01	67.92	65.23
宁 夏	7	64.18	75.01	63.66	57.86	63.53	64.23	59.27
青海省	7	63.21	69.70	64.81	56.07	63.59	62.41	61.06
山东省	19	63.14	72.77	62.46	56.30	58.57	64.49	64.47
山西省	2	62.53	67.50	65.02	58.26	58.68	62.19	63.00
陕西省	3	62.50	61.63	63.04	60.21	58.86	65.83	65.14
上海市	31	63.50	70.40	63.05	57.62	60.83	65.43	62.95
四川省	1	63.30	65.86	67.17	54.43	62.14	71.27	51.57
天津市	7	63.21	69.70	64.81	56.07	63.59	62.41	61.06
西 藏	2	67.70	72.55	65.42	55.53	65.79	71.79	75.50
新 疆	2	62.53	67.50	65.02	58.26	58.68	62.19	63.00
云南省	7	63.24	66.91	63.01	59.11	59.07	64.60	67.71
浙江省	41	63.69	70.40	63.39	54.96	60.71	68.70	61.67
重庆市	9	63.8	71.77	61.65	57.21	60.54	66.19	65.74

资料来源:南开大学公司治理数据库。

主要结论

2014年创业板上市公司治理评价结果表明,创业板上市公司治理具有以下特征。

第一,2015年共有406家创业板上市公司样本,公司治理指数的平均值为63.84,中位数为64.03,最小值为53.60,最大值为70.88,标准差为2.76。从创业板上市公司治理的六个分指数分别来看,股东治理指数最高,均值超过70,而监事会治理指数偏低,尚不足60,成为创业板上市公司治理水平提升的短板。

第二,股东治理评价三个主要影响因素中,独立性和关联交易相对较高,而中小股东权益保护方面指数最低;因此创业板上市公司在提升股东治理水平时应当首先注重切实强化中小股东权益保护机制。

第三,董事会治理的五个主要影响因素中最高的是董事会组织结构,反映出我国大多数创业板上市公司已经建立了相对比较完善的董事会组织结构,并能够发挥一定作用。同时董事运作效率也较高,且同往年相比有较大提高。最低的是独立董事制度,可见加强独立董事制度的建设和对制度实施监管的必要性。

第四,监事会治理的影响因素中,监事会运行状况指数最高,且该指标中位数和最大值相等,可见一半以上公司监事会运行状况良好。各公司规模结构指数普遍偏低,可见创业板公司监事会的结构有待加强和完善。

第五,经理层治理的各个影响因素差别较小,其中最高的是执行保障,最低的是激励约束,并且各公司间差距较大,可见各公司在激励约束方面还有待进一步完善。

第六,信息披露指数及其三个影响因素普遍较高,并且各指标差别很小。说明目前各公司都非常重视信息披露,能够及时向社会公开相关信息。但是各指标的标准差普遍偏高,可见样本公司之间的差别也很大。相比较其他指标,信息披露的及时性最低,创业板上市公司需要注意提高披露信息的及时性。

第七,从利益相关者治理的两个主要因素来看,创业板上市公司的利益相关者参与程度和协调程度平均值分别为51.43和76.71。其中,利益相关者参与程度的标准差较大,说明创业板上市公司利益相关者的参与水平差别较大,有些公司在该指标方面有待进一步提升。

第八,不同控股股东性质公司治理指数表明,民营控股上市公司数量最大,并且公司治理状况继续稳定居于前列,说明其公司治理状况优于其他控股股东性质的上市公司;而其他控股股东性质的上市公司之间治理指数没有明显差异。

第九,广东省、北京市和江苏省数量最多,分别为86家、64家和48家。广西、宁夏、青海省和西藏没有1家公司进入样本。从治理指数平均值水平来看,甘肃省最高,达到67.70;而海南省最低,为60.46。总体来看,各地区治理指数平均值都超过了60。

第十九章 上市金融机构治理评价

金融机构在经营目标、代理关系、监管压力等方面与一般公司具有较大的差别。这些差别导致了金融机构公司治理中存在着许多不同于一般公司的特征。因此,将金融机构与一般公司分开,单独讨论其公司治理特性是有必要的。

第一节 上市金融机构治理评价总体分析

一、2015年上市金融机构公司治理总体描述

2015年,在国内上市的金融类上市公司共有44家,比2014年增加2家。除国信证券(002736)、宁波银行(002142)、山西证券(002500)和西部证券(002673)四家公司在中小企业板上市外,其他金融类上市公司均在主板上市。44家样本中超过一半集中在北京市、上海市、广东省三个地区,其中北京11家、上海7家、广东8家。控股股东性质方面,44家金融机构样本中,有33家为国有控股,5家为民营控股,集体控股和外资控股各2家,社会团体控股1家,还有1家为其他类型控股。此外,44家样本中,银行类上市公司占16家,证券类占18家,保险类占5家,其他类占5家。

表19.1给出了金融业公司治理指数及各分指数的描述性统计指标,可以看出,

表 19.1 上市金融机构公司治理指数总体描述性统计

项 目	平均值	中位数	标准差	极 差	最小值	最大值
公司治理指数	64.30	64.79	3.01	13.99	56.30	70.29
股东治理指数	66.40	68.16	7.21	30.83	46.99	77.82
董事会治理指数	65.97	66.17	2.78	13.28	57.90	71.18
监事会治理指数	65.88	67.11	6.21	25.58	51.84	77.41
经理层治理指数	56.41	55.01	6.12	28.28	46.63	74.90
信息披露指数	65.58	65.28	6.05	27.03	51.84	78.87
利益相关者治理指数	66.52	65.93	10.61	41.12	49.33	90.45

资料来源:南开大学公司治理数据库。

2014年度金融行业的公司治理指数平均值为64.30,中位数为64.79,标准差为3.01,最小值为56.30,最大值为70.29。

表19.2给出了金融业和非金融业上市公司治理指数和各分指数的描述性统计对比,从对比中可以看出,从均值意义上讲,金融机构的公司治理状况总体优于非金融机构。在各项分指数中,除了经理层治理指数之外,金融机构均高于非金融机构。尤其是在董事会治理、监事会治理和利益相关者治理方面,金融机构的治理状况都大幅度优于非金融机构,从而导致公司治理指数的平均值也高于非金融机构。

表19.2　金融与非金融行业治理指数描述性统计比较

项目	样本	平均值	中位数	标准差	极差	最小值	最大值
公司治理指数	2 546	62.03	62.10	3.53	22.23	49.85	72.08
	44	64.30	64.79	3.01	13.99	56.30	70.29
股东治理指数	2 546	65.06	65.39	8.77	52.59	32.24	84.83
	44	66.40	68.16	7.21	30.83	46.99	77.82
董事会治理指数	2 546	63.43	63.64	2.36	20.23	49.73	69.95
	44	65.97	66.17	2.78	13.28	57.90	71.18
监事会治理指数	2 546	58.42	57.19	6.75	45.72	30.24	75.96
	44	65.88	67.11	6.21	25.58	51.84	77.41
经理层治理指数	2 546	57.82	57.79	6.39	36.85	41.21	78.06
	44	56.41	55.01	6.12	28.28	46.63	74.90
信息披露指数	2 546	64.25	64.13	8.46	48.02	36.81	84.82
	44	65.58	65.28	6.05	27.03	51.84	78.87
利益相关者治理指数	2 546	62.44	61.92	10.98	72.17	20.98	93.15
	44	66.52	65.93	10.61	41.12	49.33	90.45

资料来源:南开大学公司治理数据库。

二、上市金融机构股东治理状况分析

表19.3给出了2015年金融行业44家样本股东治理评价方面各指标的描述性统计,从表中可以看出,股东治理评价方面,独立性指数和关联交易指数平均值较高,分别为69.94和69.00,中小股东权益保护指数平均值较低,为62.03,股东治理指数的平均值为66.40,标准差为7.21。

表 19.3 上市金融机构股东治理指数描述性统计

项　目	平均值	中位数	标准差	极　差	最小值	最大值
股东治理指数	66.40	68.16	7.21	30.83	46.99	77.82
独立性	69.94	71.69	16.67	84.67	8.95	93.62
中小股东权益保护	62.03	62.39	8.94	37.48	43.57	81.05
关联交易	69.00	72.00	11.66	51.00	36.00	87.00

资料来源:南开大学公司治理数据库。

三、上市金融机构董事会治理状况分析

表 19.4 给出了 2015 年金融业 44 家样本董事会治理方面的描述性统计,从表中可以看出,从均值意义上讲,董事会组织结构最高,平均值达到了 78.48;董事薪酬最低,平均值只有 59.03。董事会治理指数的平均值为 65.97,标准差为 2.78,表明金融机构在董事会评价方面的差异比较小。

表 19.4 上市金融机构董事会治理指数描述性统计

项　目	平均值	中位数	标准差	极　差	最小值	最大值
董事会治理指数	65.97	66.17	2.78	13.28	57.90	71.18
董事权利与义务	63.84	62.63	5.10	22.75	51.75	74.50
董事会运作效率	68.14	68.28	2.94	12.94	61.53	74.46
董事会组织结构	78.48	79.00	10.15	44.00	44.00	88.00
董事薪酬	59.03	59.00	2.68	14.00	51.00	65.00
独立董事制度	60.20	59.75	4.60	15.75	52.25	68.00

资料来源:南开大学公司治理数据库。

四、上市金融机构监事会治理状况分析

表 19.5 给出了 2015 年 44 家样本监事会治理方面的描述性统计,从表中可以看出,

表 19.5 上市金融机构监事会治理指数描述性统计

项　目	平均值	中位数	标准差	极　差	最小值	最大值
监事会治理指数	65.88	67.11	6.21	25.58	51.84	77.41
规模结构	61.36	60.00	14.32	40.00	40.00	80.00
运行状况	73.05	68.60	4.94	9.80	68.60	78.40
胜任能力	64.24	64.87	5.29	24.67	49.30	73.97

资料来源:南开大学公司治理数据库。

监事会的运行状况指数最高,平均值为 73.05;监事的胜任能力次之,均值为 64.24;监事会的规模结构最低,均值为 61.36。同时,不同金融类公司的监事会规模结构差异较大,样本的标准差为 14.32。监事会治理指数的平均值为 65.88,标准差为 6.21。

五、上市金融机构经理层治理状况分析

表 19.6 给出了 2015 年 44 家样本经理层治理方面的描述性统计,从表中可以看出,平均值意义上讲,经理层三个维度差异巨大,最高的执行保障平均值达到了 69.01,而最低的激励约束维度,平均值只有 42.34。经理层治理指数也偏低,平均值为 56.41,标准差为 6.12。

表 19.6 上市金融机构经理层治理指数描述性统计

项 目	平均值	中位数	标准差	极 差	最小值	最大值
经理层治理指数	56.41	55.01	6.12	28.28	46.63	74.90
任免制度	59.97	61.11	5.37	21.11	47.78	68.89
执行保障	69.01	71.67	10.15	36.67	51.67	88.33
激励约束	42.34	37.14	11.32	42.86	32.86	75.71

资料来源:南开大学公司治理数据库。

六、上市金融机构信息披露状况分析

表 19.7 给出了 2015 年 44 家样本经理层治理方面的描述性统计,从表中可以看出,平均值意义上讲,信息披露的可靠性和及时性较高,均值分别为 67.62 和 68.20。信息披露的相关性较低,均值为 61.54。同时在信息披露的可靠性和相关性方面,样本的标准差较大,说明不同金融上市公司之间存在显著差异。信息披露指数的平均值达到了 65.58,标准差为 6.05。

表 19.7 上市金融机构信息披露评价指数描述性统计

项 目	平均值	中位数	标准差	极 差	最小值	最大值
信息披露指数	65.58	65.28	6.05	27.03	51.84	78.87
可靠性	67.62	68.03	10.10	29.45	48.84	78.29
相关性	61.54	61.55	11.51	41.73	41.90	83.63
及时性	68.20	67.45	6.14	32.36	48.47	80.83

资料来源:南开大学公司治理数据库。

七、上市金融机构利益相关者治理状况分析

表 19.8 给出了 2015 年 44 家样本公司利益相关者治理方面的描述性统计,从表中

可以看出,平均值意义上讲,利益相关者治理两个维度之间存在巨大差异。参与程度的均值为52.12,而协调程度的均值达到了84.14,同时两者的标准差均较大。利益相关者治理指数的平均值为66.52,标准差为10.61。

表19.8 上市金融机构利益相关者治理指数描述性统计

项目	平均值	中位数	标准差	极差	最小值	最大值
利益相关者治理指数	66.52	65.93	10.61	41.12	49.33	90.45
参与程度	52.12	51.80	15.36	61.80	28.20	90.00
协调程度	84.14	88.50	11.97	43.00	54.00	97.00

资料来源:南开大学公司治理数据库。

第二节 上市金融机构治理评价分组比较

这一节我们按照控股性质、地区分布和主营业务三个方面对42家金融机构进行分组,然后比较各组的公司治理状况。

一、上市金融机构治理分控股股东性质比较

按照控股性质分组,虽然上市金融机构的控股性质可以分为六种:国有、民营、外资、集体、社会团体和其他类型。但社会团体控股和其他类型均只包含各1个样本,故而不将这两者纳入统计分析之中。表19.9给出了按最终控制人性质分组的金融机构治理指数统计指标对比,从表中可以看出,在平均值意义上讲,外资控股金融机构公司治理指数最高,国有控股和集体控股次之,民营控股公司治理水平相对较低。

表19.9 上市金融机构公司治理分控股股东性质比较

控股股东性质	样本数	平均值	中位数	标准差	极差	最小值	最大值
国有控股	33	64.71	65.09	2.39	10.01	60.28	70.29
集体控股	2	63.83	63.83	3.35	4.73	61.47	66.20
民营控股	5	60.44	59.75	3.91	10.62	56.30	66.91
外资控股	2	68.95	68.95	1.85	2.62	67.64	70.26
合计	42	64.36	65.03	3.05	13.99	56.30	70.29

资料来源:南开大学公司治理数据库。

二、上市金融机构治理分地区比较

按照金融机构所属地区分组,大部分的上市金融机构集中于北京市、上海市、广东

省等经济发达地区,所以我们仅比较这三个地区金融机构的治理状况,如表 19.10 所示。从表中可以看出,均值意义上讲,北京市金融机构公司治理指数最高,广东省次之,而上海市金融机构公司治理水平相对较弱。

表 19.10 上市金融机构治理指数分地区描述性统计

地 区	样本数	平均值	中位数	标准差	极 差	最小值	最大值
北京市	11	65.53	66.06	1.68	5.98	62.52	68.50
上海市	7	63.89	63.17	3.87	10.53	59.75	70.29
广东省	8	64.68	65.37	4.20	13.97	56.30	70.26

资料来源:南开大学公司治理数据库。

三、上市金融机构治理分行业比较

最后,按照金融机构不同业务性质分组,金融机构可以分为证券公司、银行、保险公司以及包括信托和投资公司在内的其他金融机构等。表 19.11 给出了这四类金融机构公司治理指数的描述性统计,可以看出,从平均值意义上讲,银行类金融机构的公司治理水平较高,其平均值达到了 66.31;保险类和证券类金融机构次之,均值分别为 65.71 和 63.28;其他金融机构最低,均值仅为 60.09。

表 19.11 上市金融机构分银行与非银行公司治理比较

行 业	样本数	平均值	中位数	标准差	极 差	最小值	最大值
银 行	16	66.31	66.17	1.55	5.94	64.32	70.26
证 券	18	63.28	63.12	2.49	9.34	59.36	68.70
保 险	5	65.71	64.40	3.19	7.77	62.52	70.29
其 他	5	60.09	59.87	2.51	6.74	56.30	63.03
合 计	44	64.30	64.79	3.01	13.99	56.30	70.29

资料来源:南开大学公司治理数据库。

第三节 上市金融机构治理年度比较

一、上市金融机构治理总体状况分年度比较

从整体趋势上讲,在 2011 年和 2012 年,上市金融机构公司治理指数的平均值为别为 63.34 和 63.44,保持在相对稳定的水平。而在 2013 年,上市金融机构公司治理指数

的均值出现了下滑,之后在 2014 年又出现了回升,并超过了 2011 年和 2012 年的水平,达到了 64.27。2015 年的均值比 2014 年略有提升,达到了 64.30。见表 19.12。

表 19.12 上市金融机构公司治理指数年度比较

年 份	样本数	平均值	中位数	标准差	极 差	最小值	最大值
2011	35	63.34	63.32	3.30	16.08	54.37	70.44
2012	41	63.44	63.27	2.43	13.10	56.53	69.63
2013	42	61.81	62.20	3.46	17.76	50.95	68.71
2014	42	64.27	64.42	2.86	13.75	55.82	69.58
2015	44	64.30	64.79	3.01	13.99	56.30	70.29

资料来源:南开大学公司治理数据库。

二、上市金融机构股东治理状况分年度比较

表 19.13 给出了 2011—2015 年五年间股东治理指数的平均值与标准差的对比,可以看到,从平均值意义上讲,股东治理指数呈现出稳中有降的态势。在经历了 2014 年的小幅回升之后,2015 年股东治理指数再一次出现了下滑,并跌至近五年的最低值。其主要原因在于,股东的独立性出现了明显的下降。

表 19.13 上市金融机构股东治理指数分年度比较

年份与指标		股东治理指数	独立性	中小股东权益保护	关联交易
2011	平均值	69.42	71.40	60.07	77.77
	标准差	7.18	15.62	12.99	7.45
2012	平均值	69.47	68.49	56.44	83.00
	标准差	5.66	12.58	12.34	4.52
2013	平均值	67.29	72.43	58.83	73.17
	标准差	8.22	10.20	11.23	11.20
2014	平均值	67.48	75.03	61.32	69.86
	标准差	6.95	11.38	9.42	11.39
2015	平均值	66.4	69.94	62.03	69.00
	标准差	7.21	16.67	8.94	11.66

资料来源:南开大学公司治理数据库。

三、上市金融机构董事会治理状况分年度比较

表 19.14 给出了 2011—2015 年董事会治理方面各指标平均值与标准差的对比,从

董事会治理指数上讲,在经历了 2013 年和 2014 年的上升之后,2015 年董事会治理指数的均值出现了小幅下降,降至 65.97。五个维度中,除董事会运作效率指数有所提高之外,其他维度在 2015 年均出现了不同程度的下降。

表 19.14 上市金融机构董事会治理指数分年度比较

年份与指标		董事会治理指数	董事权利与义务	董事会运作效率	董事会组织结构	董事薪酬	独立董事制度
2011	平均值	63.34	66.24	58.85	73.61	59.63	61.44
	标准差	1.55	4.45	2.44	2.79	3.42	4.26
2012	平均值	63.00	64.15	58.24	73.54	59.76	61.46
	标准差	1.46	4.49	2.57	2.79	2.93	3.74
2013	平均值	64.11	63.29	59.64	76.12	60.46	62.21
	标准差	1.56	4.03	2.33	2.13	3.79	4.68
2014	平均值	66.29	67.89	61.45	80.35	62.71	62.11
	标准差	2.46	3.92	2.97	7.71	6.13	4.46
2015	平均值	65.97	63.84	68.14	78.48	59.03	60.2
	标准差	2.78	5.1	2.94	10.15	2.68	4.6

资料来源:南开大学公司治理数据库。

四、上市金融机构监事会治理状况分年度比较

表 19.15 给出了 2011—2015 年五年间监事会治理方面各指标的平均值与标准差对比,可以看出,在 2011—2015 年间,监事会治理指数基本保持平稳,在 2012 年出现了小幅下降之后,2013—2015 年间一直保持在 65.50—66.00 之间小幅波动。各维度中,运行情况在 2015 年出现了明显下降,而规模结构在 2015 年显著提升。

表 19.15 上市金融机构监事会治理指数分年度比较

年份与指标		监事会治理指数	运行状况	规模结构	胜任能力
2011	平均值	65.13	68.57	64.29	63.03
	标准差	7.55	13.09	12.84	5.42
2012	平均值	63.76	68.29	61.22	62.42
	标准差	6.51	9.98	13.12	5.08
2013	平均值	65.84	72.86	62.14	63.53
	标准差	6.57	9.18	14.94	4.53

续表

年份与指标		监事会治理指数	运行状况	规模结构	胜任能力
2014	平均值	65.55	71.69	63.33	62.33
	标准差	8.25	11.31	13.95	9.25
2015	平均值	65.88	61.36	73.05	64.24
	标准差	6.21	14.32	4.94	5.29

资料来源:南开大学公司治理数据库。

五、上市金融机构经理层治理状况分年度比较

表19.16给出了2011—2015年五年间上市金融机构经理层治理指数的描述性统计对比,从表中可以看出,经理层治理指数在2015年出现了下降,并达到了近五年的最低值。同时任免制度、执行保障和激励约束三个维度也均出现了不同程度的降低。

表 19.16 上市金融机构经理层治理指数分年度比较

年份与指标		经理层治理指数	任免制度	执行保障	激励约束
2011	平均值	58.91	63.24	73.86	42.12
	标准差	4.58	8.26	7.74	11.73
2012	平均值	58.93	63.41	72.03	43.59
	标准差	4.92	6.74	6.71	9.76
2013	平均值	57.54	60.82	71.21	42.82
	标准差	5.39	5.04	8.98	10.48
2014	平均值	58.96	62.54	71.75	44.73
	标准差	5.76	5.04	9.55	10.63
2015	平均值	56.41	59.97	69.01	42.34
	标准差	6.12	5.37	10.15	11.32

资料来源:南开大学公司治理数据库。

六、上市金融机构信息披露状况分年度比较

表19.17给出了2011—2015年上市金融机构信息披露指标的描述性统计结果,从表中可以看出,五年间信息披露指数的均值除在2013年出现了短暂下降之外,在其他各年份均处在相对稳定的水平。各维度的变化趋势也基本类似。

表 19.17　上市金融机构信息披露指数分年度比较

年份与指标		信息披露指数	可靠性	相关性	及时性
2011	平均值	65.24	67.39	63.02	64.58
	标准差	6.93	8.62	9.24	11.15
2012	平均值	65.37	63.70	66.15	66.81
	标准差	8.17	12.32	15.02	11.21
2013	平均值	57.20	51.96	59.18	62.20
	标准差	7.79	16.47	9.20	9.97
2014	平均值	65.22	68.67	59.54	66.95
	标准差	7.00	4.53	15.04	14.39
2015	平均值	65.58	67.62	61.54	68.2
	标准差	6.05	10.1	11.51	6.14

资料来源：南开大学公司治理数据库。

七、上市金融机构利益相关者治理状况分年度比较

表 19.18 给出了 2011—2015 年五年间上市金融机构利益相关者治理指数的平均值和标准差，从表中可以看出，利益相关者治理指数在这五年间处于上升趋势。在 2015 年达到了历史新高的 66.52。两个分维度在 2015 年也出现了明显的提升。

表 19.18　上市金融机构利益相关者治理指数分年度比较

年份与指标		利益相关者治理指数	参与程度	协调程度
2011	平均值	56.90	46.67	69.42
	标准差	12.73	15.45	14.28
2012	平均值	59.53	46.93	74.95
	标准差	8.60	14.96	11.97
2013	平均值	60.26	45.95	77.64
	标准差	10.47	14.64	11.97
2014	平均值	61.46	45.52	80.95
	标准差	8.84	13.77	10.56
2015	平均值	66.52	52.12	84.14
	标准差	10.61	15.36	11.97

资料来源：南开大学公司治理数据库。

八、上市金融机构治理分控股股东性质的年度比较

我们重点关注国有控股和民营控股两种控股性质的金融机构,其他控股性质的金融机构样本太少,不具有代表性,我们不做关注。国有控股金融机构的公司治理水平在2013年出现下滑之后,在2014年和2015年保持回升的态势,并依旧领先于民营控股金融机构。民营控股金融机构的公司治理指数虽然在2014年也出现了回升,但是在2015年出现了明显的下降,与国有控股上市公司的差距更加明显。见表19.19。

表19.19 上市金融机构治理指数分控股股东性质的年度描述统计性比较

控股股东性质	年 份	平均值	标准差
国有控股	2011	63.51	3.25
	2012	63.30	2.51
	2013	62.07	2.45
	2014	64.33	2.38
	2015	64.71	2.39
民营控股	2011	62.82	2.39
	2012	63.84	2.50
	2013	61.97	7.85
	2014	63.15	4.28
	2015	60.44	3.91

资料来源:南开大学公司治理数据库。

九、上市银行与非上市银行金融机构治理比较

表19.20给出了银行与非银行金融机构治理指数在2011—2015年五年间的平均值与标准差对比,从表中可以看出,银行类金融机构的公司治理指数均值在2015年出现了小幅上升,而非银行金融机构则出现了小幅下降。同时,银行类金融机构在这五年间的公司治理指数一直高于非银行类金融机构。

表19.20 上市金融机构分银行和非银行的年度描述性统计比较

性 质	年 份	样本数	平均值	标准差
银 行	2011	16	64.80	2.71
	2012	16	64.71	2.15
	2013	16	63.22	3.01
	2014	16	65.96	1.81
	2015	16	66.31	1.55

续表

性　质	年　份	样本数	平均值	标准差
非银行	2011	19	62.12	3.32
	2012	25	62.62	2.27
	2013	26	60.94	3.48
	2014	26	63.23	2.92
	2015	28	63.14	2.99

资料来源：南开大学公司治理数据库。

主 要 结 论

第一，从平均值意义上讲，金融机构的公司治理指数要高于非金融机构。各项分指数中，除经理层治理指数之外，金融机构的其他分指数均优于非金融行业的上市公司。尤其是在董事会治理、监事会治理和利益相关者治理方面，金融机构的治理状况都大幅度优于非金融机构，从而导致公司治理指数的平均值也高于非金融机构。

第二，从平均值意义上讲，在2015年，民营控股金融机构的公司治理指数继续落后于国有控股金融机构；北京市和广东省金融机构的公司治理指数高于上海市的金融机构，说明相对于其他两个地区，上海市金融机构的公司治理水平较弱；银行类金融机构的公司治理水平较高，其平均值达到了66.31；非银行金融机构的公司治理水平稍低，平均值为63.14。

第三，2015年上市金融机构公司治理指数与2014年基本持平。各分指数中，经理层治理指数有所下降，而利益相关者指数有所上升，其他分指数基本保持稳定。另一方面，国有控股金融机构公司治理指数保持稳中有升的趋势，而民营控股金融机构的公司治理指数出现了下滑，从而导致了两者之间差距的增大。

参 考 文 献

[1] 成思危.中国股市回顾与展望:2002—2013[M].科学出版社,2015.

[2] 程新生,谭有超,刘建梅.非财务信息、外部融资与投资效率——基于外部制度约束的研究[J].管理世界,2012,(7):137—150.

[3] 高明华,苏然,方芳.中国上市公司董事会治理评价及有效性检验[J].经济学动态,2014,(2):24—35.

[4] 李维安,程新生.公司治理评价及其数据库建设[J].中国会计评论,2005,(2):387—400.

[5] 李维安,郝臣.公司治理手册[M].清华大学出版社,2015.

[6] 李维安,郝臣.中国上市公司监事会治理评价实证研究[J].上海财经大学学报,2006,(3):78—84.

[7] 李维安,李宝权.跨国公司在华独资倾向成因分析:基于股权结构战略的视角[J].管理世界,2003,(1):57—62.

[8] 李维安,李建标.股权、董事会治理与中国上市公司的企业信用[J].管理世界,2003,(9):103—109.

[9] 李维安,李威.中国公司治理质量如何?——2003—2008年中国公司治理指数$CCGI^{NK}$分析[J].资本市场,2009,(4):113—115.

[10] 李维安,牛建波.中国上市公司经理层治理评价与实证研究[J].中国工业经济,2004,(9):57—64.

[11] 李维安,孙文.董事会治理对公司绩效累积效应的实证研究——基于中国上市公司的数据[J].中国工业经济,2007,(12):77—84.

[12] 李维安,唐跃军.公司治理评价、治理指数与公司业绩——来自2003年中国上市公司的证据[J].中国工业经济,2006,(4):98—107.

[13] 李维安,唐跃军.上市公司利益相关者治理机制、治理指数与企业业绩[J].管理世界,2005,(9):127—136.

[14] 李维安,唐跃军.上市公司利益相关者治理评价及实证研究[J].证券市场导报,2005,(3):37—43.

[15] 李维安,王世权.利益相关者治理理论研究脉络及其进展探析[J].外国经济与管理,2007,(4):10—17.

[16] 李维安,张国萍.经理层治理评价指数与相关绩效的实证研究——基于中国上市公司治理评价的研究[J].经济研究,2005,(11):87—98.

[17] 李维安,张立党,张苏.公司治理、投资者异质信念与股票投资风险——基于中国上市公司的实证研究[J].南开管理评论,2012,(6):135—146.

[18] 李维安,张耀伟.中国上市公司董事会治理评价实证研究[J].当代经济科学,2005,(1):17—23.

[19] 李维安."治理指数"上市:开启价值导向的新机制[J].南开管理评论,2013,(4):1.

[20] 李维安."中国公司治理原则"问题笔谈中国公司治理原则——世界潮流与企业改革的呼唤[J].南开学报,2001,(1):1—5.

[21] 李维安.《中国公司治理原则(草案)》及其解说[J].南开管理评论,2001,(1):9—24.

[22] 李维安.董事会的"虚化"与"越位"[J].南开管理评论,2008,(4):1.

[23] 李维安.繁荣发展社会科学的思考[J].南开管理评论,2008,(3):1.

[24] 李维安.改革实践的呼唤:中国公司治理原则[J].中国改革,2000,(10):27—30.

[25] 李维安.公司治理的新进展:公司治理评价[J].南开管理评论,2004,(1):1.

[26] 李维安.公司治理评价体系:衡量治理风险的尺度[J].资本市场,2009,(4):110—112.

[27] 李维安.公司治理评价与指数研究[M].高等教育出版社,2005.

[28] 李维安.公司治理学[M].高等教育出版社,2005.

[29] 李维安.国际经验与企业实践——制定适合国情的中国公司治理原则[J].南开管理评论,2001,(1):4—8.

[30] 李维安.回望中国公司治理十五年[J].中外管理,2006,(11):117.

[31] 李维安.制定适合国情的《中国公司治理原则》[J].南开管理评论,2000,(4):1.

[32] 李维安.中国公司治理指数十年:瓶颈在于治理的有效性[J].南开管理评论,2012,(6):1.

[33] 李维安.中国上市公司治理评价[J].中国金融,2012,(12):41—43.

[34] 李维安.中国公司治理与发展报告 2012[M].北京大学出版社,2012.

[35] 李维安.中国公司治理与发展报告 2013[M].北京大学出版社,2014.

[36] 李维安.中国公司治理与发展报告2014[M].北京大学出版社,2015.

[37] 李维安.中国上市公司治理评价研究报告2003[M].商务印书馆,2007.

[38] 李维安.中国上市公司治理评价研究报告2004[M].商务印书馆,2007.

[39] 李维安.中国上市公司治理评价研究报告2005[M].商务印书馆,2012.

[40] 李维安.中国上市公司治理评价研究报告2006[M].商务印书馆,2012.

[41] 李维安.中国上市公司治理评价研究报告2007[M].商务印书馆,2014.

[42] 李维安.中国上市公司治理评价研究报告2008[M].商务印书馆,2011.

[43] 郝臣.中国上市公司治理案例[M].中国发展出版社,2009.

[44] 李慧聪,李维安,郝臣.公司治理监管环境下合规对治理有效性的影响——基于中国保险业数据的实证研究[J].中国工业经济,2015,(8):98—113.

[45] 鲁桐,吴国鼎.中小板、创业板上市公司治理评价[J].学术研究,2015,(5):79—86.

[46] 鲁桐,仲继银,叶扬,于换军,吴国鼎,党印.中国中小上市公司治理研究[J].学术研究,2014,(6):64—71.

[47] 南开大学公司治理评价课题组.中国上市公司治理评价系统研究[J].南开管理评论,2003,(3):4—12.

[48] 南开大学公司治理评价课题组.中国上市公司治理指数与治理绩效的实证分析[J].管理世界,2004,(2):63—74.

[49] 南开大学公司治理评价课题组.中国上市公司治理指数与公司绩效的实证分析——基于中国1 149家上市公司的研究[J].管理世界,2006,(3):104—113.

[50] 南开大学公司治理评价课题组.中国上市公司治理评价与指数分析——基于2006年1 249家公司[J].管理世界,2007,(5):104—114.

[51] 南开大学公司治理评价课题组.中国公司治理评价与指数报告——基于2007年1 162家上市公司[J].管理世界,2008,(1):145—151.

[52] 南开大学公司治理评价课题组.中国上市公司治理状况评价研究——来自2008年1 127家上市公司的数据[J].管理世界,2010,(1):142—151.

[53] 唐跃军,李维安.公司和谐、利益相关者治理与公司业绩[J].中国工业经济,2008,(6):86—98.

[54] 武立东.中国民营上市公司治理及其评价研究[M].南开大学出版社,2007.

[55] 杨瑞龙,杨其静.专用性、专有性与企业制度[J].经济研究,2001,(3):3—11.

[56] 叶银华,李存修,柯承恩.公司治理与评等系统[M].商智文化出版社,2002.

[57] B.S.Black, A.G.De Carvalho, J.O.Sampaio. The Evolution of Corporate Gov-

ernance in Brazil[J]. *Emerging Markets Review*, 2014, 20:176—195.

[58] Christian Strenger. The Corporate Governance Scorecard: A Tool for the Implementation of Corporate Governance[J]. *Corporate Governance: An International Review*, 2004, 12(1):11—15.

[59] E.Fama, M.Jensen. Separation of Ownership and Control[J]. *Journal of Law and Economics*, 1983, 26:301—325.

[60] HAN Al-Malkawi, R.Pillai, M.I.Bhatti. Corporate Governance Practices in Emerging Markets: The Case of GCC Countries[J]. *Economic Modelling*, 2014, 38:133—141.

[61] J.Bertomeu and R.P.Magee. Mandatory Disclosure and Asymmetry in Financial Reporting[J]. *Journal of Accounting and Economics*, 2015, 59:284—299.

[62] Jean C. Behard, Karlam. Johnstone. Earnings Manipulation Risk, Corporate Governance Risk, and Auditors' Planning and Pricing Decisions[J]. *The Accounting Review*, 2004, 29(2):277—304.

[63] Jean J.Chen, Xinsheng Cheng, Stephen X.Gong, Youchao Tan. Do Higher Value Firms Voluntarily Disclose More Information? Evidence from China[J]. *The British Accounting Review*, 2014, 46(1):18—32.

[64] M.C.Jensen, W.H.Meckling. Theory of the Firm: Managerial Behavior, Agency Costs and Ownership Structure[J]. *Journal of Financial Economics*, 1976, 3:305—360.

[65] M.Margaret Blair, D.Kruse. Worker Capitalists? Giving Employees an Ownership Stake[J]. *Brookings Review*, 1999, 17:23—26.

[66] M.Margaret Blair. *Ownership and Control: Rethinking Corporate Governance for the 21 Century*[M].Washington: The Brookings Institution, 1995.

[67] Mark L.Defond, Mingyi Hung.Investor Protection and Corporate Governance: Evidence from Worldwide CEO Turnover[J]. *Journal of Accounting Research*, 2004, 42(2):269—312.

[68] Michael S.Gibson. Is Corporate Governance Ineffective in Emerging Markets?[J]. *Journal of Financial and Quantitative Analysis*, 2003, 38(1):231—252.

[69] Nikos Vafeas. Board Meeting Frequency and Firm Performance[J]. *Journal of Financial Economics*, 1999(53):113—142.

[70] O.E.Williamson. Transaction Cost Economics: The Governance of Contractual

Relations[J]. *Journal of Law and Economics*, 1979, 22:233—261.

[71] R.E.Freeman, D.L.Reed. Stockholders and Stakeholders: A New Perspective on Corporate Governance[J]. *California Management Review*, 1983, 25(3):93—94.

[72] R.K.Mitchell, B.R.Agle, D.J.Wood. Toward a Theory of Stakeholder Identification and Salience: Defining the Principle of Who and What Really Counts[J]. *The Academy of Management Review*, 1997, 22(4):853—886.

[73] Ruth V.Aguilera, Gregory Jackson. The Cross-national Diversity of Corporate Governance: Dimensions and Determinants[J]. *Academy of Management Review*, 2003, 28(3):447—465.

[74] S.C.Das. Corporate Governance in India: An Evaluation[M]. PHI Learning Pvt. Ltd., 2012.

[75] S. P. Baginski, S. B. Clinton, S. T. Mcguire. Forward-Looking Voluntary Disclosure in Proxy Contests[J]. *Contemporary Accounting Research*, 2014, 31(4): 1008—1046.

[76] Standards and Poors' Company. Standard & Poors' Corporate Governance Scores: Criteria, Methodology and Definitions[R]. *Report*, 2002, (2004 revised).

[77] William D.Schneper, Mauro F.Guillen.Stakeholder Rights and Corporate Governance: a Cross-national Study of Hostile Takeovers[J]. *Administrative Science Quarterly*, 2004, 49:263—295.